観光マーケティングの現場

ブランド創出の理論と実践

吉田 春生【著】

大学教育出版

観光マーケティングの現場
—— ブランド創出の理論と実践 ——

目　次

序　章　いかに観光マーケティングは必要とされるか……………………1

　　　本章のポイント　1

　1. 何が起きているのか —— 観光の現状　3

　　　LCC と「ななつ星 in 九州」　4

　　　新しい観光の状況　6

　2. 細分化手法の一例 —— 多様なる旅行形態　10

第Ⅰ部　観光マーケティングの考え方

第1章　コトラーはなぜ有効でないのか ………………………………… 17

　　　本章のポイント　17

　1. 旅行会社の役割 —— コトラーに欠ける部分　19

　　　コトラー『ホスピタリティと観光のマーケティング』の特徴　19

　2. 市場細分化の前に —— グループ旅行をどう考えるか　21

　　　コトラーによる細分化の手法　21

　　　旅行会社のグループ旅行への対応　22

　　　日本人の旅行形態　25

　3. 地域にとっての観光マーケティング　30

　　　コトラーのマーケティング理論　30

　　　地域にとって計画的陳腐化はあり得るのか　32

　　　場所の限定性から始まる観光マーケティング　34

第2章　どこから始めるか ………………………………………………… 37

　　　本章のポイント　37

　1. 赤福とクリスチャン・ディオール　39

　　　赤福の教訓　39

　　　有名ブランド　二つの選択肢　41

　2. 観光マーケティングの出発点 —— 具体的事例をもとに　43

　　　由布院温泉と黒川温泉　43

　　　エコツーリズムとスモール・ツーリズム　46

目　次　*iii*

　　　鹿児島県南さつま市の場合 —— 2008年度地方の元気再生事業　*47*

　3.「ツーリズムの様態」から決定する　*50*

　　　マス・ツーリズムの三つのタイプ　*51*

　　　スモール・ツーリズムからの始まり —— 源泉かけ流しの小規模温泉旅館　*52*

　　　温泉旅館とミディアム・ツーリズム —— 酸ケ湯と鶴の湯　*54*

第3章　重要なものは何か —— 観光マーケティングと経験価値 ……………*57*

　　　本章のポイント　*57*

　1.　コモディティとコモディティ化　*60*

　　　経済システムの変遷 —— コモディティ経済から変革経済まで　*60*

　　　コモディティの本質　*62*

　2.　経験価値をめぐって —— ブランドとの関連性　*63*

　　　ブランドによる経験価値　*63*

　　　経験とは何か　*65*

　　　手段としての経験・目的としての経験　*66*

　3.　経験価値をどう見いだすか　*69*

　　　旅行における経験価値　*69*

　　　観光形態と経験価値　*73*

　4.「ブランド＝経験価値」マーケティング論に欠落するもの　*75*

　　　ブランド論の動向　*75*

　　　観光地の新規ブランド構築への道筋　*78*

第Ⅱ部　新商品の誕生

第4章　旅行商品とは何か ………………………………………………………*83*

　　　本章のポイント　*83*

　1.　旅行商品はいかに生まれたか　*84*

　　　旅行会社の仕事　*84*

　　　（1）手配旅行　*85*

　　　（2）主催旅行（募集型企画旅行）　*86*

iv

（3）組織内募集旅行とオーガナイザー　*88*

2. 旅行商品の構成要素　*91*

システムアップ商品としての旅行商品　*91*

旅行素材と観光素材　*92*

旅行会社によるサービス提供　*93*

（1）添乗員・現地ガイド　*93*

（2）ハワイの受け入れ体制　*98*

3. 旅行商品を崩すもの　*99*

旭山動物園　*99*

黒川温泉　*100*

モアナ・サーフライダー・ホテル（ワイキキ）　*101*

「はとバス」　*105*

九州新幹線とクルーズトレイン「ななつ星 in 九州」　*106*

第5章　標的マーケティングの事例 ………………………………… *111*

本章のポイント　*111*

1. 標的マーケティングの位置づけ　*112*

2. 南極旅行　*116*

リンドブラッド社の方法　*116*

ヴァリューツアーの誕生 —— 日本からの南極旅行①　*119*

効率化（＝大衆化）の方向 —— 日本からの南極旅行②　*121*

3. 極限への旅 —— エベレスト登頂と宇宙旅行　*125*

映画「エベレスト 3D」　*125*

「宇宙旅行」の現実　*128*

4. ホテル・エベレスト・ビュー　*131*

宮原巍の経歴　*132*

宮原のこだわり　*134*

目　次　*v*

第Ⅲ部　具体例から考える —— ブランド創出の現場

第6章　ゼロからのブランド・エクイティ構築 —— 観光マーケティングのための「サターン・ストーリー」研究 …………………………… *139*

本章のポイント　*139*

1. ブランド・エクイティとは何か　*141*

　アーカーのブランド・エクイティ論　*141*

　ケラーのブランド・エクイティ論　*143*

2. 「サターン・ストーリー」をめぐって　*145*

　ブランド・アイデンティティ　*145*

　経験価値 —— ブランド構築に不可欠なもの　*147*

　サターンの成功と消滅　*149*

3. サターン社の労使パートナーシップ　*150*

　サターン誕生の裏側 —— UAW の存在　*151*

　GM とサターンの関係　*153*

4. 観光マーケティングへ向けて　*154*

　経験価値との関連　*154*

　観光マーケティングの原点 —— サターン消失の意味　*156*

第7章　地域はどう観光ブランドを創るか ……………………………… *159*

本章のポイント　*159*

1. 安心院方式と南信州観光公社　*161*

　安心院方式とは何か　*162*

　安心院とマス・ツーリズム　*166*

　南信州観光公社はなぜ評価されるのか　*169*

　ランドオペレーターとしての南信州観光公社　*172*

　国の観光政策から考える　*177*

2. 小樽運河保存運動からのブランド構築　*179*

　小樽運河の建設　*179*

　小樽運河保存運動の顛末　*181*

外部の視線とポスト運河保存運動　*184*

観光ブランド小樽の現状と未来　*186*

3. 北九州フィルム・コミッション　*190*

西島秀俊「MOZU」と「東京ドラマアウォード2014」　*191*

高倉健「あなたへ」ロケ地が示すこと　*192*

フィルム・コミッション事業の始まり　*193*

北九州が得たもの、鹿児島が逸したもの　*195*

神戸フィルムオフィス　*198*

北九州フィルム・コミッションの意義　*200*

4. 別府八湯ウォークからオンパクへ　*202*

別府八湯竹瓦倶楽部誕生の意義　*202*

別府八湯ウォークへの広がりと外部の視線　*205*

幻想性の機制 —— JR九州のパンフレットから始まること　*208*

オンパクとは何か　*211*

オンパクの本質　*214*

5. 「長崎さるく」　*216*

「長崎さるく博'06」実施まで　*216*

ブランドとしての「長崎さるく」　*220*

6. まとめ —— 観光マーケティングの視点から　*224*

最初の意思決定とそれ以前　*225*

流通と外部からの視線　*227*

ブランド・エクイティの構築　*230*

あとがき……………………………………………………………………………………　*234*

観光マーケティングの現場
―― ブランド創出の理論と実践 ――

序　章

いかに観光マーケティングは必要とされるか

▶本章のポイント

　日本の観光現場において有効とされるような観光マーケティングの理論は存在するだろうか？　一般的に言って、日本でのマーケティング理論はアメリカの理論を下敷きとしている。観光マーケティングにおいては、日本とアメリカではかなりの事情の違いがある。ここを踏まえなくては日本における観光マーケティング理論の確立は覚束ない。具体的にいえば、私たちは旅行形態・観光形態を重要な要素と考えるべきである。私たちがマーケティングについて考えようとするとき、アメリカのマーケティング理論はSTP、すなわち細分化、標的設定、ポジショニングが最初に重要視され、その後具体的な手段としてマーケティング・ミックス（製品、価格、流通、プロモーション）が必要なのだとされる。しかし、日本における観光マーケティングに関していえば、私たちはまずツーリズムの様態、すなわちマス・ツーリズムかスモール・ツーリズムかを決定する必要がある。また、旅行形態と観光形態における細分化の手法に習熟しなくては何も始まらない。

現在のところ、日本の観光ビジネスの現場で有効とされるような、観光とい
う社会現象固有の原理に立脚したマーケティング理論は存在するだろうか。この
問いで重要なのは、「観光固有の原理に立脚しているかどうか」という点である。
この条件を消費者（＝観光客）、観光事業者、流通チャネル、旅行商品・観光商
品、地域などの観点それぞれにおいて、その独自性において十分に論考している
書物は存在しないというのが筆者の印象である。

　アメリカからマーケティングに関する多くの研究成果がもたらされ、その枠組
みを使って日本における観光マーケティング理論を形成するというのが1990年
代である。この時期の良質な入門書としては長谷政弘編著の『観光マーケティン
グ —— 理論と実際』（1996）がある。当時の状況は、「観光マーケティングは、
学問的にはかなり立ち遅れており、また、実践的な面でもその活用が十分ではな
い」という長谷の「まえがき」の文章において示されているだろう。

　同書の構成は、観光マーケティングの基礎的理論の理解を目的とした「理論
編」と、宿泊、運輸、旅行会社からテーマパーク、博物館・美術館、水族館など
多くの観光媒体、観光対象を個別に検証する「実際編」に分かれている。「理論
編」はほぼアメリカのマーケティング理論を下敷きにして日本における観光マー
ケティングを考えるというスタイルであり、観光固有の原理が必ずしも明らかと
はなっていない。一方、「実際編」の各論はそれぞれの観光媒体、観光対象の現
状を明らかにしてはいるものの、土台となる観光マーケティングの理論から論考
されているわけではなかった。

　アメリカからの（製品を中心とした）マーケティング研究の成果は十分に活
用されるべきだが、それは観光ビジネスの現場を熟知した人間によって取り入れ
られなければならない。この点で大きな前進となったのは2008年に出版された
森下昌美編著『観光マーケティング入門』である。例えば、マーケティングの基
礎知識がほぼすべて詰まっている野口智雄著『マーケティングの基本』で解説さ
れていることのほとんどが、観光ビジネスの現場でどのように適用されるかかが
具に図解で示されている。アメリカで形成されたマーケティング理論の観光ビジ
ネスへの活用の仕方という点では大学の学部生にも分かりやすい内容となってい
る。ただ、観光固有の原理が明らかとなるような本質的な問題が取り扱われてい
るかといえば、必ずしも十分ではなかった、と筆者には思われる。つまり、**消費**

者たる観光客の旅行形態・観光形態をどう細分化するのか、あるいは企業や地域の取り組み方としてスモール・ツーリズムとマス・ツーリズムのどちらを選択するのか、といった問題のことである。これらは旅行商品・観光商品流通以前の、観光という社会現象固有の問題系である。日本における観光マーケティング理論確立のためには、こうした問題系の克服は至上課題であろう。

　以下の節で、日本における観光マーケティング理論確立のためにはどのようなことが必要かを整理しておきたい。

　⇒ アメリカのマーケティング研究をそのまま日本に当てはめることの不都合は、コトラーらの『ホスピタリティと観光のマーケティング』を事例として第１章で検証される。細分化に必須の日本人の旅行形態については同じく第１章で詳述される。

　⇒ マーケティングをどこから始めるかについては温泉旅館などを事例に第２章、観光形態については経験価値との関連で第３章で詳述される。

1.　何が起きているのか —— 観光の現状

　近年、観光ビジネスの分野でどのようなことが起きているだろうか。大きな潮流ということでいえば2012年の東京スカイツリーの開業、2014年のユニバーサル・スタジオ・ジャパン（以下、USJと表記）が映画「ハリー・ポッター」のアトラクションを新設して人気を博したことが挙げられるだろう。

　東京スカイツリーは2012年5月22日の開業後1カ月で、展望台や付設の大型商業施設への来場者数は年間目標の2割弱に当たる550万人を超える人気ぶりだった。東京の一人勝ち状態が続くと予想されたものだった。西のUSJは2014年7月にできた「ハリー・ポッター」のアトラクションが集客に貢献し、2015年の上半期の入場者数は対前年18％増の654万人で過去最高となった。一方、東京ディズニーリゾート（以下、TDRと表記）は4.8％減の1,437万人だった。さらに2015年10月の入場者数はUSJが175万人なのに対し、TDRは160万人だったとされる（USJの推計として各紙が報道した）。ホテルや美術館、百貨店も入る地上60階、高さ300メートルの日本一の超高層ビル「あべのハルカス」が2014年3月7日に開業していることもあり、東京にいったん動いた観光

4

客の流れが大阪に移ったとも見られている。いずれにしろ、観光における流れは激しいものがある。ただ、これは一方から一方への転換を示すというよりは、観光における多様性を見せているだけと考えることもできる。相反する次のようなトピックスがあるからだ。

LCC と「ななつ星 in 九州」

　2012 年は LCC（ロー・コスト・キャリア）元年とも呼ばれ、全日空系の LCC ピーチ・アビエーションが 3 月に運航を開始し、7 月には日本航空系のジェットスター、翌 8 月には全日空系のエアアジア・ジャパンが就航した。LCC は多少サービスが低下していても広く消費者に低価格でアピールできるはず、という発想に立っている。今日、マーケティングで重視されつつある経験価値、あるいは自己表現的便益などという観点を欠落させ、ひたすら 2 地点を移動するという機能的便益――「空飛ぶ電車」というピーチ・アビエーション CEO の発言も報道されている――に絞ることによってビジネスモデルを確立したのである。

　そのためにはコスト削減が徹底して図られる。駐機料の安い地方空港の使用、空港外の低い家賃の事務所に中古の備品、人件費の抑制、機内での食事・飲み物や毛布は有料、チッキにする手荷物も有料、予約はインターネットのみで受付、といった合理化である。しかしながら、乗り心地や安全面ということでは、座席足元の空間的な狭さや通路の幅に不安を覚える乗客がいても不思議ではない。また、搭乗便が整備不良などで運休となった場合の代替便の用意に不安を感じる人がいるかもしれない。定刻の到着が必須のビジネス客だけでなく、頻繁に飛行機を利用することで利用可能な空港ラウンジの快適なサービスや、CA との言葉のやり取りに心地よさを感じるリピーターにとって LCC は当然ながら搭乗対象とはならない。

　LCC を時代の寵児と表現するのはまだ早いかもしれない。少なくとも、欧米やアジアでそうなっても日本では同じ状態にはならないかもしれない。なぜなら、マレーシアに本拠を置くエアアジア X は直販率 9 割だが、日本市場でのクアラルンプール便については 8 割、最も多い時期には 3 割を旅行会社に卸していたという（『週刊トラベルジャーナル』2012 年 2 月 6 日号）。つまり、販売手数料がゼロの LCC の単品販売はありえないから、どこかの旅行会社が旅行商品の

素材として仕入れをしたということである。もっとも、情報リテラシーという観点からは、これを額面どおりに受け取ることもできるが、さらに拡大してエアアジアXが日本市場においては旅行会社の協力なくしては立ち行かないと考えている証左だと見ることもできる。同誌による次のような分析も可能だからである。

　エアアジアXが大手旅行会社を流通チャネルとして重視するのは、修学旅行によるシンガポール・マレーシアへの利用者増を目論むからである。個人レベルでの、国際線のLCC利用者は限られる。一人で海外での出入国手続きのできる人、あるいは家族・グループの中にそのような能力のある人が含まれていること、さらに相当早い時期からスケジュールの決められる人という必須の条件を満たせる人はそう多くはない。国内線のLCCのように、漠然とした潜在顧客を当てにすることはできない。ところが、修学旅行であれば単年度でなく継続的な利用が見込める。

　エアアジアX側からは、価格面もさることながら、数年前から実施計画が動き出す修学旅行においては国際線での燃油サーチャージ見通しが難しいが、当社は燃油サーチャージを設定していないから安心して利用してもらえる、との働きかけが旅行会社に対してなされている。しかし修学旅行は信用第一とされる旅行形態である。先に触れたようなLCCの座席や通路の設計は、何よりも安全を重視する生徒の親や学校側を説得できるものであろうか。そうした観点からは —— 旅行形態の特色、すなわち観光固有の原理からすれば —— 旅行会社としてリスクを冒すメリットがあるかどうかは疑問である（学校側が旅行費低減を図るため旅行会社にLCCの利用を強いるなら、リスクは学校側が負うことになる）。

　このLCCと正反対の運輸機関が大ブームとなっている。いうまでもなく、2013年10月に運行を開始したJR九州のクルーズトレイン「ななつ星in九州」のことである。それは運輸機関というよりは、日本初のそれ自体が観光対象となるクルーズと銘打った列車である。3泊4日と1泊2日の2コースは大変な予約倍率であり、まさにブームといってよい状況である。この列車については第4章で詳述するのでここでは触れないが、LCCとは対極にある商品であり、経験価値マーケティングという観点から理解されなければならない。

　ここで触れたLCCと「ななつ星in九州」はまったく相反する性格を有する運輸機関である。両者の併存は観光の多様性を示している。こうした現象も観光

6

マーケティングの理論は説明していかねばならない。

新しい観光の状況

　上記ほど大きな話題ではないものの、日本において確実に進行している観光ビジネスでの近年の動きを簡単にスケッチしておこう。これらの現象を観光固有の原理に基づいて分析し、観光マーケティング理論によって解明できなければ、新たな観光マーケティングの思考を展開することはできないはずである。

1. **温泉の見直し**……直接のきっかけは 2002 年に宮崎県日向市の温泉施設サンパークで起きたレジオネラ属菌感染事件だった。死者が 7 人、感染が 295 人という数字が世間を騒がせ、その 2 年後には全国の著名温泉地で偽装温泉が次々に暴露されていった。この偽温泉騒動の結果、源泉かけ流しの温泉旅館が見直されるようになった。ただ、こうした嗜好の変化は、レジオネラ属菌感染事件以前に（社）日本温泉協会のアンケート調査で明らかになっていた。温泉旅館の施設や交通の便、露天風呂かどうかなど外形にかかわることよりも、温泉そのものに対する関心が温泉愛好家の間では大幅に伸びていたからである（吉田 2010：102-103）。こうした源泉かけ流しの温泉旅館については大手旅行会社も 15％程度しか商品化することができない（吉田 2010：108-109）。この状況を観光マーケティングとしてどう考えるべきか、すなわち観光施設や旅行素材にとって強力な流通チャネルである旅行会社との関係性をどのようなものにしていくかは、理論構築のための重要な分岐点である。→**温泉旅館については第 2 章参照**

2. **修学旅行における農業・漁業・林業体験のブーム**……漁業体験についてはまだブームというところまでいっていないかもしれないし、林業体験についてはまだまだこれからというところであろう。しかし、農業体験ということについては大きく事情が変わってきた。農林水産省が新政策「新しい食料・農業・農村政策の方向」において農村の新たな振興策としてグリーン・ツーリズムを取り上げたのは 1992 年だった。新政策が発表されたのと同年度にぶどう農家などの有志 8 人によって「アグリツーリズム研究会」を発足させていた大分県安心

院町（現：宇佐市）では、後に「安心院方式」として全国的に知られる「会員制農村民泊」という手法が生み出された（吉田 2006）。知名度の高くなった安心院には修学旅行生も訪れるようになり、全国でグリーン・ツーリズムといえば修学旅行というような空気も生まれた。→「安心院方式」については第 7 章参照

3. 「まち歩き」による地域資源の発掘・有効活用……ただ観光バスに乗って慌ただしく著名な観光対象を見て回る、といった効率重視のマス・ツーリズム型でない観光形態として「まち歩き」は近年有力な手段・目的となってきた。特に注目すべきは、林道や遊歩道を歩くこと自体が目的となっている場合よりも、その土地の人でないと由来の分からない地域資源をゆっくり歩きながら楽しむ手段としての「まち歩き」である。高度経済成長期やバブル期に殷賑を極めたものの、その後低迷することになった熱海、和歌山県白浜、北陸の温泉地などと違って、別府は来訪者が激減することなく健闘している。それは 1999 年に始まる「竹瓦かいわい路地裏散歩」から広まっていった別府八湯ウォーク、さらには 2001 年に始まる地域資源を活かしたオンパク（温泉泊覧会）、及びそこから派生する「幻想性の機制」という観光独自の仕組みのもたらす効果が大きかったのだと見ることができる（吉田 2010：131-159）。**この推移を観光マーケティングの理論は適切に説明できなければならない**。地域の空間的条件からは、別府よりさらに多彩なウォーキングが可能な長崎市は「長崎さるく」という新しい地域の観光振興手法を生み出している。また、小樽や函館などでも、市内に残る明治・大正時代の建造物を歩いて自由に見て回ることが大きな魅力となっており、別府同様の「幻想性の機制」が生まれる可能性が高い（すでにそうなっていると見ることもできる）。→ 別府、長崎、小樽は第 7 章参照

4. 地域資源が人気観光対象に大化け……こんなことはめったに起こらないが、起こる場合もある。全国にある市立美術館、博物館、動物園、植物園は基本的にはその都市人口の入場者があれば十分だとされる。本来その地域住民へのサービスとして運営されているからである。それらは地域資源ではあっても観光資源ではありえなかった。国立美術館・博物館、あるいは上野動物園のよう

に、潤沢な予算で全国から入場者を期待する施設ではなかった。一時はつぶれかけていた旭川市の旭山動物園は、動物の見せ方を工夫したところ、その行動展示が話題となり、入場者数においては上野動物園を上回るような勢いである。話題性が高くなった旭山動物園は、旅行会社にとっては北海道旅行における重要な観光素材となった。2003年までは旅行商品に組み込まれることはほとんどなかったが、2004年には420本、2005年には7月までの段階で8倍以上となっていた（『週刊トラベルジャーナル』2005年8月5日号）。旅行商品の造成という観点から観光マーケティング理論形成の上で欠かせない事例である。→旭山動物園については第4章参照

5. 神社・仏閣などのパワースポットとしての見直し……女性誌を中心としてこうした動きがあり、旅行会社も従来から取り扱っていた観光対象をパワースポットとして捉えなおし募集パンフレットを作っている。1～4までのケースと較べると、最も軽い流行のレベルとも考えられる。また、新たな観光対象を求める旅行会社の焦りが出ているともいえる。若い女性の間でこうしたパワースポットが注目されるようになったのは、彼女たちの支持が高い歌手の安室奈美恵がある年の年末年始を恋人と過ごしたアメリカのセドナが霊的なスポットとして知られたことがきっかけではなかったかと思える。→「癒し」については第3章参照

6. 旅行商品に占める添乗員・企画担当者の重要性……関西ではカリスマ添乗員としてかなり以前から日本旅行の平田進也の名前は知られていたが、2004年と2008年に自らのノウハウを披露する著書を出したことで、より広く、そして本質的な——旅行商品を造成する上で観光マーケティングはどのようなことに留意するべきかという——部分が知られることになった。宴会場での女装パフォーマンスのみでなく、むしろ旅行商品を造成する上での企画という点で卓越した発想力があったことが明らかとなっている。旅行商品とは何かという、本質的であるにもかかわらずこれまで明らかにされてこなかったことが、平田の2冊の著書によってかなり明確になった。それは2000年前後にマーケティングにおける経験価値の重要性がいわれたことの観光における反映であり、理

序　章　いかに観光マーケティングは必要とされるか　*9*

論化への可能性の道が開けたことを意味する。→ **第4章参照**

7. インバウンドの急増……ここ1，2年でのインバウンド、すなわち訪日外客
数の増加は著しいものがある。2015年、アウトバウンド、すなわち日本人の海
外旅行者数が対前年4.1%減の1,621万人だった一方で、インバウンドについて
は対前年47.1%増の1,973万7,000人で45年ぶりにアウトバウンドを上回った。
中国人の爆買いについても日常的に報道されるようになった。ただし、7，8年
前に中国人旅行者の買い物が話題となったのは、日本橋三越での高級時計・宝
飾品、秋葉原での電化製品や化粧品のセットなど高額な商品だったからである。
現在ではクルーズ船で訪れる中流クラスの中国人が多くなっているのであり、
その買い物はおむつや粉ミルク、カップ麺など日常的な商品に変わってきてい
る。インバウンド重視が叫ばれるが、国内の宿泊旅行者の延べ人数では、イン
バウンドは1割を占めるにすぎない。多くの地域にとってはまだまだ日本人を
中心に観光振興を考える段階である。

　以上見てきた観光の新たな動向は、観光対象の見直し・拡張化、観光形態の
更新（多様化）、経験価値という視点の導入によって考えてみなければならない。
観光マーケティングは当然ながら、こうした動向について明確な指針を与えるこ
とができなければならない。そのためには、観光という社会現象固有の原理に基
づいた観光マーケティング理論が確立されていなければならない。現状ではそこ
に至っていないというのが筆者の認識である。次節では、そのために必要なベー
スとなる手法について考えてみたい。

　⇒1〜6については観光形態ごとにどのような場で経験価値が生まれるのか
（旅行者に感受されるのか）第3章で述べられる。
　⇒6を含めた旅行商品全般については第4章、旅行会社による革新的な旅行
商品開発については第4章の他、第5章でも詳述される。
　⇒また、観光マーケティングにおいてはブランド化が重要な課題となってき
ているが、その具体的事例については第7章で現場に沿った考察がなされる。

2. 細分化手法の一例——多様なる旅行形態

　観光という社会現象は観光客、観光対象（観光の目的となる自然・人文観光資源や観光施設など）、観光媒体（宿泊施設・運輸機関、旅行会社、ガイドブックなど）、地域社会という四つの構成要素が相互・複合的に関係することで生まれる。この関係のかたちをどうするかをまず考えなければならない。観光客の願望を叶えることを重視し、資金を投入して多彩な観光施設・設備を用意して大量の観光客を呼び寄せようとするマス・ツーリズムを目指すのか、それとも自分たちが無理なく用意できる地域資源を活かして少数の観光客の誘致で満足するスモール・ツーリズムを目指すのかという「ツーリズムの様態」に関して意思決定をしなければならない。これは STP（Segmentation 市場細分化、Targeting 標的設定、Positioning 市場位置設定）やマーケティング・ミックス（Product 製品、Price 価格、Place 流通、Promotion プロモーション）を検討する以前に決定されるべきことである。ただし、この意思決定に際して、特に細分化が明瞭に意識されていればその方が望ましい。しかしながら、**最初に決定されるべきなのは、やはり観光（ビジネス）に向かう姿勢なのである。**そこから個別の観光マーケティングの課題に取り組むこととなる。

　さて、観光という社会現象にあっては、観光対象、観光媒体、地域社会のそれぞれが消費者（観光客、または来訪者）についての細分化の認識を必要とする。日本における観光マーケティング研究においてはこの部分での現実認識が十分になされていないため理論形成に至る道筋が見えないのである。

　現実とは次のようなことである。

　ここに一人の医師がいるとする。この人は消費者としてどのように細分化されるべきだろうか。コトラーなどアメリカの研究者であればすぐさまデモグラフィック（人口統計学上の）属性（男女別、年齢別、職業、学歴など）やサイコグラフィック要因（行動様式や価値観など）で捉えようとするだろう。あるいは、地域的な特性で細分化が試みられるかもしれない。しかし、観光固有の原理で考えるというのは次のような細分化のための現実を認識し、旅行形態や観光形態を細分化するところから始まる。

この医師が旅行するのは次のようなケースとなるだろう。

① 医師個人の観光旅行
② 医師夫妻の新婚旅行・銀婚式など節目となる記念旅行
③ 医師会仲間・大学同窓生との仲間・親睦旅行
④ 都道府県や市単位の医師会での（地域密着型）組織内募集旅行
⑤ 子どもづれの家族旅行
⑥ 経営する病院従業員のための職場旅行
⑦ 医師がメンバーであるロータリークラブ、あるいはライオンズクラブの全国的に募集される国際大会参加旅行（組織内募集旅行）
⑧ 同上クラブの単一地区クラブでの仲間・親睦旅行
⑨ 医学関係の学会参加旅行

ここで重要なのは、**同じ一人の人間がさまざまな旅行形態で旅行するという事実**であるし、夫婦だけの旅行での観光形態と、子どもづれの場合、さまざまな仲間・親睦旅行、職場旅行、国際大会や学会参加旅行とでは**現地での行動・観光形態に違いが生まれる**ということである。観光客を誘致しようとする観光対象や観光媒体、地域社会はこのように多様な旅行形態に対応した細分化ができているだろうか。これは少なくとも、上記の①から⑨の内、個人ベースの観光マーケティングが可能なのは①②⑤に限定されることを意味している。他の旅行形態であれば別の要因で旅行先は決まる可能性がある。

　観光における表層的な理解として、かつては団体旅行、いまは個人・グループ旅行に中心が移ってきているという見方がある。観光マーケティングにおける細分化を考える上では極めて浅い理解である。その旅行者たちの本質を知るには、**表面的な人数ではなく、どのような旅行形態なのかを見極める必要がある。**それが判明して初めて細分化の作業に入ることができる。

　日本での観光マーケティングを考える上で見逃されているのは、大きな団体旅行ではもちろんのこと、15人程度の小団体旅行や10人未満のグループ旅行でも、まったく個人の意思だけで旅行の実施、あるいはデスティネーション（旅行目的地）が決定されているのではないという側面である。したがって、そこを無

12

視してデモグラフィック属性であれ、サイコグラフィック要因であれ、**個人的要因のみで消費者像を考えるのは観光マーケティングにおいては適切ではない**。例えば、住宅や電化製品のような高額商品の購入に際しても個人の意思でなく、家族でよく相談するということはあるだろう。旅行・観光に関しても、家族旅行の場合であれば同様の相談がなされるかもしれない。多くの旅行形態の場合にはそれ以上である。少なくとも日本においては、**社会構造の反映として旅行が実施されている**ケースが少なからずある、という認識を欠くことはできない。先の医師のケースでいえば、職場や同業者、加入している親善・奉仕団体など社会の仕組みの中で個人の意思とは離れて旅行が発生するからである。

　アメリカの文化人類学者バーレン・L.スミスはかつて観光客の類型を次のように分類した（Smith1989：12）。原語とその訳、もしくは筆者の解釈を掲げる。

① Explorer 探検家
② Elite 自力で活動できる能力のある観光客
③ Off-beat あまり人の行かないデスティネーション（旅行目的地）のツアーを好む観光客
④ Unusual 特別な関心を持つ観光客
⑤ Incipient Mass 初期のマス・ツーリスト
⑥ Mass 観光地に絶え間なく流入するマス・ツーリスト
⑦ Charter 同時に大量に観光地を訪れる団体観光客。

　これは消費者個人の旅行行動の選択肢として示された類型である。①から⑦にいくにつれて観光客数は多くなるとされる（①は原語が示すように観光客であるよりは探検家そのものであり、②についても観光客というよりは旅人というべきである）。また、観光客個人の特徴として①は現地生活水準を容易に受け入れることができるものの、その度合いは順次下がって⑦に至ると西洋的な快適さがないと困る、といった順応性の違いがあるとされる。観光客個人の好み、あるいは行動の選択について、いわばサイコグラフィック要因からの消費者の細分化と見ることができる。これは製品購入ともまったく共通するような手法である。

　日本における観光固有の原理に基づいて観光マーケティングを考えるとき、こ

うした製品同様の消費者個人に限定して作業を進めるのは適切ではない。修学旅行、職場旅行、報奨旅行、招待旅行、永年勤続旅行、仲間・親睦旅行、組織内募集旅行など社会の仕組みを反映して行なわれる旅行は、旅行者個人の意思が必ずしも反映されているわけではない。もちろん時代の推移によって、個人意思の反映が図られるケースも生まれているが、旅行先を誰が決定しているか、だれが旅行費を支払っているかなどを考えれば、どのように観光マーケティングが展開されなければならないかは明白となる。

　⇒ 細分化は消費者個人というよりも、医師の例で見たようにさまざまな旅行形態別に考えられるべきものであり、4人以上のグループ旅行を観光マーケティングとしてどう考えるかは第1章で詳述される。デモグラフィック属性やサイコグラフィック要因ではごく一部の旅行形態の細分化しかできず、多くの旅行形態において社会構造の反映として理解することの重要性が指摘される。観光マーケティングの理論における核心部分である。

参考文献

Smith L. Valene 1989 "Hosts and Guests" University of Pennsylvania Press

野口智雄　1994＝2005『マーケティングの基本』（第2版）日本経済新聞出版社

長谷政弘編著　1996『観光マーケティング ── 理論と実際』同文館

森下昌美編著　2008『観光マーケティング入門』同友館

吉田春生　2006『観光と地域社会』ミネルヴァ書房

吉田春生　2010『新しい観光の時代』原書房

第 I 部

観光マーケティングの考え方

第 1 章

コトラーはなぜ有効でないのか

▶**本章のポイント**

　フィリップ・コトラーはマーケティング研究の第一人者であり、『マーケティング・マネジメント』など、現在なお読み継がれている。コトラーはマーケティング概念の拡張をしたことでも業績を残しており、『ホスピタリティと観光のマーケティング』はその代表作である。しかし、私たち日本人はそこに違和感を抱く。その大きな理由は、日本では観光ビジネスにおいて旅行会社が果たす役割が比較的大きいのであるが、コトラーの著書では、アメリカの現状に合わせてホテルの役割を重視して記述がなされているからである。また、旅行形態や観光形態に関して細分化の作業が十分ではない。こうした点から、日本における観光マーケティング原理確立のためには、コトラー理論の検証が必要である。

18 第Ⅰ部 観光マーケティングの考え方

　現代マーケティング研究の第一人者として、多くの人がまず名前を挙げるのは
フィリップ・コトラーであろう。例えば、アメリカのマーケティング史を辿るた
め、個別経済的マーケティング論で6名、社会経済的マーケティング論で6名の
代表的な研究者を取り上げている『マーケティング学説史（アメリカ編）』（マー
ケティング史研究会 1993＝2008）では、コトラーに「現代マーケティング学界
の第一人者」と見出しをつけている。

　コトラーはマーケティング・マネジメント理論研究の第2世代と位置付けら
れており、セオドア・レビットのマーケティング近視眼、E.マッカーシーの
マーケティング・ミックス、W.スミスの市場細分化といった先行研究の成果を
著書に多く引用している。そして、言及はされていないものの、1967年初版の
独自の理論書『マーケティング・マネジメント —— 分析、計画、そして統制』
は、その10年前に出たJ.A.ハワードの『マーケティング・マネジメント ——
分析と意思決定』を土台としたものだといわれている（マーケティング史研究会
2008：102）。

　コトラーはハワードの理論枠組みを踏襲した上で、新たな試みを四つ提示して
いる（マーケティング史研究会 2008：103-104）。

　第一には、近年の数量的分析や行動科学による成果を積極的に採り入れ、意
思決定アプローチ、分析的アプローチ、学際的アプローチをはっきりと統合的に
活用したことである。第二には、それまでハワードやマッカーシーによって要素
羅列的であり、プロセスが明確でなかったマーケティング・マネジメントの手順
について、分析、組織、計画、統制といった具合に時間差を明確にした。第三に
は、マーケティング・マネジメントが対象とする消費者像を、経済理論が想定す
る、経済的合理性に基づいて行動する「経済人」としてではなく、心理学、行動
科学、文化人類学など諸学の知見を活用して理解しようとした。第四には、マー
ケティングの機能に着目するだけでなく、マーケティングの理念を研究すること
で、社会に果たすマーケティングの役割の広がりを探求する道筋を作った。

　上記第四の試みは、非営利組織のマーケティングなどその原理・理論の適用
範囲を広げていくことになるのだが、1996年に出版された『ホスピタリティと
観光のマーケティング』という大著もそうした試みの一環である。コトラーは共
著者2人の協力を得て膨大な事例を使い観光分野のマーケティングを試みるのだ

が、日本において観光マーケティングを考えようとする筆者にはなぜか違和感が生じてならない。

それはなぜであろうか。その違和感の生ずる理由を考えることから、観光マーケティング原理確立の考察を始めてみたい。

1. 旅行会社の役割 —— コトラーに欠ける部分

コトラーらの『ホスピタリティと観光のマーケティング』は日本における観光の現状にそぐわない一面を持っている。その最大の理由は、旅行会社への言及の少なさである。後述するが、それはコトラーらが旅行会社について、その大著で中心的に言及されるホテルの媒介者としての側面ばかりを重視しているからである。もちろん、その認識はアメリカにおける業界関連の現実を反映したものと考えられる。

日本では、観光分野において旅行会社の果たしている役割は大きく、無視できない。すでに旅行業界やそれ以外の観光業界の仕事に携わる人で、大手旅行会社ばかりでなく、中小の旅行会社まで含めて、旅行代理店という名称を思い浮かべる人は稀であろう（旅行業法上は第1種旅行業者、第2種旅行業者、第3種旅行業者、旅行代理業と区分されており、代理業も旅行会社の代理をするという点で、1960年代に使われていた旅行代理店という意味合いとはまったく違う）。なぜなら、大手の旅行会社ばかりでなく、全国展開されるパッケージツアー商品を造成していない —— ホールセラーと位置付けられていない旅行会社を意味する —— ケースでも、団体旅行を扱う旅行会社のほとんどにおいて、その仕事の最も重要な部分とは、旅行商品というシステムアップ商品を造成し、売ることだからである。代理業でなく、現在の旅行業法でいえばパッケージツアーなどの募集型企画旅行、そして多くの団体旅行が含まれる受注型企画旅行というシステムアップ商品を造成し、売ることこそが旅行会社の仕事となっているからである。

コトラー『ホスピタリティと観光のマーケティング』の特徴

コトラーらは、第1章において、「観光と呼ばれる活動を成り立たせている2つの主たる産業は、ホスピタリティ産業と旅行産業である。すなわち、本書で

は、全体を通してホスピタリティ産業と旅行産業について言及していく」（コトラー他 1996＝1997：11）、と述べているにもかかわらず、旅行会社が造成する旅行商品がシステムアップ商品であるという実態がアメリカではおそらく稀薄であるため —— 旅行会社を旅行代理店と捉えているため ——、翻訳書で 800 頁に達する『ホスピタリティと観光のマーケティング』で旅行会社のマーケティングに取り組んでいる箇所はごくわずか、おそらく分量としては数十分の一である。

　コトラーらが取り上げる事例で圧倒的に多いのは、ホスピタリティ産業でもあり、旅行にまつわるところで需要が生まれている旅行産業という意味でのホテルである。次いでファーストフードを含むレストランであろう。なにしろ、コトラーらが挙げるホスピタリティ産業の偉大なるリーダー 4 人はホテル業界人が 3 人、ファーストフード業界人が 1 人なのである（コトラー他 1996＝1997：14-20）。

　同書がどのような趣旨で実質的に書かれているのかを示す典型は、第 8 章において団体客市場がテーマであるものの、日本での常識と違って、そこではホテルにとっての市場しか意識されていないことである。もちろん、日本においても会議やコンベンションがホテルにとって重要なビジネス機会であることは確かだが、同時にそこに至るまでの運輸機関の確保など、旅行会社にとっても大きなビジネス機会となっており、少なくとも等分の記述がなされるべきところである。また 15 章「流通チャネル」では、**旅行会社はホテル側が展開するマーケティングにおける媒介者として触れられるのみで、章全体では、主役であるホテルが必要とする流通チャネルはどのようなものかという視点が中心となっている**。ホテルのセールスレップや、コンソーシアム、航空会社の予約システム、インターネットと並んで、それらとほぼ同等の分量の記述がツアーホールセラーと専門業者（ツアーブローカー、報奨旅行専門代理店、カジノ旅行専門代理店）についてなされるにすぎない。そして皮肉なことに、それら媒介者の内、最も多い記述は旅行会社ならぬ旅行代理店に関するものとなっている。すなわち、ホールセラーに限らない、旅行会社にとってのシステムアップ商品である旅行商品という最も重要である点についてのマーケティングには触れられていない。

　いま見てきたように、コトラーらの『ホスピタリティと観光のマーケティング』が筆者に違和感をもたらすのは、単に構成上の問題からでなく、旅行会社に

ついての捉え方が本質的に日本の現状に合っていないからだった。マーケティングがアメリカで育ってきたことからすれば当然だが、コトラーらが言っていることが日本においても適切であるかどうかについては、時代状況や商品事情、日本社会の仕組みなどを加味してよく考えてみなければならない。

2. 市場細分化の前に ―― グループ旅行をどう考えるか

　旅行会社に対する見方以外の、コトラーが日本における観光マーケティングの研究や実践にとってさほど有効でないもう一つの大きな理由は、マーケティングに限らず、欧米の研究者が観光動機を個人ベースでしか考えていないところから来る。アプローチの仕方ということでいえば、**この発想は日本の観光研究者においても、いまなお多い**。日本の観光現場で真剣にマーケティングを考えようとする人たちにとって、これは最大の怪訝な事態となっているはずである。

コトラーによる細分化の手法

　コトラーらは市場細分化を行なうための変数として次の4分類を提示する（コトラー他 1996＝1997：264）。①気候や地理的な位置、人口をもとに区分される**地理的変数**、②年齢、性別、所得、職業、世帯規模などによる**人口統計学的変数**、③社会階層、ライフスタイル、パーソナリティによる**サイコグラフ的変数**、④購買状況、使用率、製品に対する態度などによる**行動変数**、である。**これらはいずれも強く個人を意識して細分化を行なう際の手法である**。どの変数を重視するかは商品の性格によって異なるが、購買者（消費者）を個人ベースで考えている手法である。

　あるいはコトラーらは、第8章の「観光市場の細分化と調査分析」と題する節で、「個人が可処分所得を旅行に使うか新しい家具やボートを買うか、他の代替物にするかという決定には、重要な心理的要因が関与する」と述べ、観光需要の個人における決定要因としてプレステージ、逃避、性的機会、自己啓発、交流、家族のつながり、リラクセーション、自己発見の八つを挙げている（コトラー他 1996 ＝ 1997：743-744）。

　こうした傾向はコトラーだけに限らない。日本の観光研究においても、観光客

の旅行動機を個人ベースの心理から説明することが通例である。例えば、緊張感や開放感を求める心理から旅行をするというのである。しかし、現代日本の観光という社会現象は、日本における通説やコトラーらが主張するように、個人ベースの心理だけで説明できるわけではない。端的にいえば、**社会構造の反映として旅行が行なわれるケースがある。**教育制度の一環として行なわれる修学旅行や、優秀な販売員を褒美として旅行に行かせる報奨旅行、さまざまな同業者組織や団体に属することで発生する仲間・親睦旅行などでは、個々人の動機によって旅行目的地が決定されているわけではない。すなわち、そこでは**個人の旅行に向けた心理・動機よりも、社会の仕組みとして、自分がそこに含みこまれることで（所属することで）、それが理由となって旅行に参加することがある。**旅行会社はこうした動向をよく理解しており、例えば、分社化したJTBは法人旅行（＝団体旅行）専門の会社を作っているし、大手旅行会社も例外なく団体旅行部門を持っている。

　法人が旅行代金を一括して支払う団体旅行では、旅行自体が目的というよりも手段として活用されるケースも多い。報奨旅行では販売員・代理店のモチベーションを高めることが真の目的であり、旅行の楽しさはその導入の役割ともいえる（旅行の内容が二の次ということではない。その内容がお粗末であれば真の目的も達成できない）。

　このような記述を、1960年代の高度経済成長期や1980年代後半のバブル期に盛んであった団体旅行全盛期には適切だが、個人・グループ旅行に時代が変わったといわれる今日では、マーケティングを考える上で適切ではないと感じる人もいるかもしれない。そう感じるのは、観光に関するさまざまなデータの読み込みや、観光の現場で何が起こっているかの理解が不十分だからである。おそらく、団体旅行から個人・グループ旅行の時代になったと単純に考えるならば、**マーケティングに必須の細分化の手立てを持つことができない。**観光マーケティングに取り組むことすらできないはずである。

旅行会社のグループ旅行への対応

　例えば、次のような現状がある。

　JTB、近畿日本ツーリスト、日本旅行といった大手旅行会社の海外へのパッ

第1章　コトラーはなぜ有効でないのか　*23*

ケージツアーでは、会社によって、また行き先によって適用人数には違いがあるものの、6人、あるいは8人以上のグループなら追加料金なしで専用車・専用ガイドを用意するというサービスが行なわれている。ハワイは以前より新婚夫婦のハネムーンだけでなく、ハワイの教会で結婚式を挙げるため両家の親族一同が10人以上の規模で出かけるということが珍しくはなかった。オーストラリアについても同じことがいえる。しかし、中国や台湾、シンガポールやバンコクの場合はどうであろうか。もっと別の解釈が必要である。

　日本旅行のパッケージツアー「マッハ」のオーストラリア・ニュージーランドのパンフレット（成田発2011年4月〜9月版）だけがその意図を明確に伝えている。「ファミリー、ご友人、卒業、社員旅行などを考えている皆様方へ日本旅行が現地到着後にしっかりとサポートします。幹事さん必見です」。実に明快である。因みに、日本旅行の割安なパッケージツアー「ベスト」のバンコク、シンガポール、香港・マカオ、台湾の各パンフレットによれば、10人以上の場合1回夕食が無料サービスとなっている。

　ここで明確になっているのは、日本人の旅行では —— 特に海外旅行においては ——、8人とか10人以上の申し込みがなされる旅行形態がいまなお存在しており、旅行者個人の旅行動機に訴えるばかりでなく、さまざまな集団に対する一定の配慮（＝無料サービス）をすることが有効なのだと大手旅行会社は考えているという現実なのである。

　こうした事情が何を物語っているかを理解することは、アメリカならぬ日本において、観光マーケティングに取り組むための第一歩である。それは次のような調査・統計の読み方とも係わっている。

　観光における統計は、これまで推計が多かった。最も代表的なもの —— それは最も信頼できるということと同義である —— は、（社）日本観光協会が出してきた『観光の実態と志向』である。そこでは無作為抽出によって選ばれた4,500人の内、アンケート回答に応じた7割ほどの人たちのデータをもとに、日本人の1年間での旅行回数、宿泊日数などを推計している。

　実数については、国レベルではやっと2007年1月より、全国統一基準による「宿泊旅行統計調査」が実施されるようになった。2009年1月から12月分については延べ宿泊者数で3億130万人泊、実宿泊者数は2億3,972万人である。

24　第Ⅰ部　観光マーケティングの考え方

2014年については、日本人延べ宿泊者数は4億2,868万人泊であり、外国人延べ宿泊者数は4,482万人泊、全体の9.5％だった。これは主として県ごとのデータを集積した結果であり、マーケティングに必須の調査項目が設けられているとはいえない。それとこの実数で重要なことは、インバウンドが盛んにいわれ、あたかも外国人旅行者によって日本経済が救われるような論調が多いものの――実際に中国人のクルーズ客によって洗剤や粉ミルク、インスタント麺などの消費が増えている――、地方の観光事業者にとってはそれは救いとならないことである。ゴールデンルートと称される大阪、京都、富士山、東京というような限定された周遊コースが大勢だからである。地域が観光振興を考えるなら、9割以上を占める日本人観光客をいかに引き付けるかこそ喫緊の課題であるはずだ。

　JTBが出している『JTB宿泊白書2010』では、JTBグループが実際に販売した延べ宿泊人数2,099万人（2009年度）のデータをもとに、観光地ごとに観光マーケティングを考える上のヒントを得ることができる。何よりも、そのデータから**大手旅行会社がなぜ海外パッケージツアーで6人以上のグループを重視しているかが類推できる。**

　例えば、東京と熱海を人数別のシェアで見てみる。

　東京都区内の約153万人泊の内訳を見ると、1人から4人までの人数は67.1％、5人から14人（JTBの区分ではグループ旅行として分類される）、及び15人以上、さらには別途集計されている修学旅行のシェアを合計すると32.9％となる。熱海の約17万人泊については、前者が47.9％、**後者（修学旅行は0）は52.0％**である。少人数が多い東京と、社会構造の反映というべき**10人前後のグループや団体旅行のいまなお多い熱海**とに傾向がはっきり分離していることが分かる。

　近年人気の高い熊本県の黒川温泉、大分県の湯布院（『JTB宿泊白書2010』での表記による）の数字を出してみれば、熱海がどのような観光マーケティングの視点に立てばよいか明瞭となる。黒川温泉は4人までの少人数のシェアが69％、5人以上の小グループと団体の合計が31.1％、湯布院の場合も前者が73.9％、後者が26.1％である。明らかに人気観光地・温泉地が4人までの小グループに依存していることが分かる。しかしここで、すべての観光地がそうすべきだと結論づけるべきではない。

第1章　コトラーはなぜ有効でないのか　*25*

　別府温泉は熱海と同様むかしからの大規模な人気温泉地だが、鬼怒川温泉や北陸地方の有名温泉地などが衰退しているのと較べて、急激には訪問者数が低下していないことで注目されている。別府八湯ウォークやオンパク（温泉泊覧会）の評価のこともあるが、熱海と同じ約17万人泊の人数別の構成比からもその一端を窺うことができる。4人までの少人数のシェアは51.6%、**5人以上が48.3%**である。これはJTBグループが実際に取り扱った宿泊客のデータであるため、後者の比率が高く出る可能性があるものの、旅行会社がどの観光地にはどのような営業政策で臨むべきかを明示している。少なくとも可能性として、別府の訪問者でそのようなデータが出ているならば、5、6人以上の小グループや団体に対応する（サービスとなる）工夫が必要であろう。

　大手旅行会社のパッケージツアーでなぜ6人以上の特典サービスが付加されているかは、観光マーケティングの始まりにおける顧客の細分化という点で重要な意味を持っている。つまり、たとえ5、6人であってもそれは明らかに日本の社会構造の反映として形成される旅行形態がいまなお健在であることを示している。かつて30人から40人であった規模が今日では5、6人から10人程度に減少しているかもしれないが、**マーケティングの基本として細分化を試みようとするならば、旅行形態の実態に着目しないわけにはいかないのである。**例えば、仲間・親睦旅行であれば、主婦の合唱グループの仲間同士であったり、同窓生の何十年かぶりの再会旅行であったり、同じ会社の先輩・後輩OL4人組であったりする。4、5人から7、8人のそうした女性グループに対して女子会のプランをホテルや温泉旅館は提示している。当然ながら、**このサイズのマーケットを大手旅行会社は意識していることが、先の海外旅行のパッケージツアー・パンフレットから読み取れるのである。**

日本人の旅行形態

　筆者は次のように旅行形態を細分化することが必要だと考えている（吉田2010：29-33）。

① **業務出張旅行**……所属する会社・団体からの業務命令による出張のケース。社内外のメンバーとともに見本市に出かける場合などでは⑩や⑪の

26　第Ⅰ部　観光マーケティングの考え方

ケースで旅行することも多くなっている。

② **個人観光旅行**……自らの意思でまったく自由に行程を組むことができる旅行形態。旅行費用も本人が負担する。事前に旅行会社やインターネットで移動手段、ホテルなどの手配は可能だが、トラブルが起きた場合には自ら処理する必要がある。必ずしも一人ということを意味するのではない。

③ **新婚旅行・家族旅行**……新婚旅行については親族一同で海外挙式に参加するための 10 人以上の旅行となるケースもある。家族旅行では子ども中心の観光形態になる可能性が大きい。

④ **修学旅行**……教育制度の一環として実施されるもので、おそらく韓国以外には存在しない日本固有の旅行形態。通常日本人が経験する最初の団体旅行であり、数年前から旅行費を積み立てし、全員が参加する。学校側が旅行先を決定するのが原則。近年では農家民泊と農業体験をセットにしている旅行が首都圏の学校を中心にブームといってよい状態となっている。

⑤ **職場旅行（社員旅行、慰安旅行）**……かつては慰安旅行と呼ばれていた。また、社員旅行という表記は⑦の旅行と区分が曖昧であり、職場旅行という名称が適切である。ただ、温泉旅館に 1 泊しての宴会など若い女性社員に不評で、1990 年代以降の不況で実施しない会社が多くなった。ただ、景気が上向く中、シティホテルに宿泊して、東京ディズニーリゾート、ショッピング、ミュージカル鑑賞などを日程に入れることで、またリゾートホテルに宿泊してスポーツをするなどの工夫によって復活する可能性はある。職場の全員が参加できるという点からは周年記念旅行もこの旅行形態の最も華やかなかたちと見ることができる。

⑥ **招待旅行**……メーカー、問屋、小売店、消費者という流通経路において、メーカーが問屋、小売店を、問屋が小売店を、小売店が消費者を、というように仕入れ額・購入額に応じて旅行に無料で行かせるスタイルである。流通経路におけるマージンが旅行経費に流用されているところからすでに 1960 年代において公正取引委員会から勧告を受けていた。現在では日本においてはほとんど行なわれなくなったが、1964 年の海外旅行自由化以降は最も盛んに行なわれた旅行形態だった。中国では、これから日本における流通経路とは異なるかたちでも盛んに行なわれると見込まれている。例えば、

第1章　コトラーはなぜ有効でないのか　*27*

2009年11月には、中国最大のポータルサイトである「百度（バイドゥ）」がバナー広告を出している大手企業の幹部120人を4泊5日の日本旅行へ招待している。

⑦　**報奨旅行**……メーカーや販売会社が自社社員や代理店を対象に、一定のセールス・キャンペーン期間の成績をもとに優秀者を褒美として旅行させるものである。企業にとっては不況であっても、社員のモチベーション向上の観点からも実施せざるを得ない重要な旅行形態である。外資系の企業であれば2,000人、3,000人規模の旅行も珍しくはない。日本企業では女性用下着販売のシャルレ（本社神戸市）が2007年に行なったギネス級の5,000人の香港への旅行が特筆される。毎年販売コンテストの報奨として実施されていたが、その年は一堂に会して一体感を共有するため5,000人の旅行となった。飛行機は定期便・チャーター便合わせて4機、現地観光バス173台、ホテル分宿28軒、添乗員174人という規模である。この旅行形態も中国では今後急激に伸びる可能性がある。記憶に新しいところでは、2010年9月、尖閣諸島沖での衝突事件をきっかけに中国の健康食品販売会社が成績優良な代理店・社員を対象としたと見られる1万人の訪日旅行を中止したことがあった。

⑧　**仲間・親睦旅行**……⑦ほどの1回の旅行における多数の人員は期待できないものの、旅行本数としては圧倒的に多数となる旅行形態である。かつては地域の商店街の店主たちの寄り合いである振興組合、寿司組合・理容組合のような同業者組合、各地の医師会・歯科医師会、大企業の協力会社間で形成される〇〇会というような親睦会組織等で実施される旅行形態だった。しかし今日では、女性においてさまざまな友人・交友関係の中で実施される。同窓生、趣味の仲間、ボランティア活動の仲間、子育てサークルに始まる友人関係、職場の仲間、そしてさらに今日的なものとしてはSNSなどインターネット上のつながりでもオフ会が旅行のかたちで実施されれば、この旅行形態となる。ホテル・旅館やJRなど女子会と銘打った企画はほとんどがこの旅行形態で販売されるべきものである。

⑨　**永年勤続旅行**……ある大手自動車メーカーでは25年勤続で香港旅行、35年勤続でハワイ旅行を配偶者と二人で旅行させていた。比較的小規模なタク

シー会社や自動車学校では10年未満で旅行させている。大企業の場合は従業員数の多さから団体旅行のかたちで実施され（形式上は募集型企画旅行に自らの意思で参加とするケースが多い）、小規模の会社の場合は旅行会社で使える旅行券を渡し、本人が行きたいところへ行けるというかたちをとっているケースもある。

⑩　**組織内募集旅行（地域密着型）**……現在の旅行業法ではパッケージツアーと同じ募集型企画旅行に分類されるが、観光マーケティングではこのような旅行形態として理解することが必須である。JA（農協）の組合員、地域密着型の金融機関である信用金庫・信用組合の預金者、国会・地方自治体議員の後援会会員など限定されたメンバーの中で募集される旅行である。金融機関には預金者だけでなく、融資を受ける企業も別途親睦組織を作っていることがあり、そのメンバーに対してだけビジネス上のツアーが募集されることがある。鹿児島相互信用金庫は取引先でつくる若手経営者の会「ブレーン21」で募集したビジネスツアーで、旅行期間中に香港で開かれていた、約400社が出展している「世界中小企業展」を訪問している。①で紹介したように個々の参加者にとっては業務出張旅行であるが、いま話題のMICEのEに当たるExhibition見本市を訪ねる組織内募集旅行でもある。ここでいう組織は厳密に考える必要はなく、さまざまな旅行を募集する際の母体という程度に考えた方がよい。なお、東京の多摩信用金庫の場合には、預金者に対して「たましんトラベルサークル」という組織を作っており、年度によっては日帰りや2泊3日など数種類の旅行が企画される。支店単位の編成となるため、ビジネス上も顧客サービスという点で意義深いものとなっている。

⑪　**組織内募集旅行（全国・広域募集型）**……全国的な組織が全国的に募集する場合の旅行。例えば、ロータリークラブやライオンズクラブの世界大会に参加する旅行が全国的に募集される場合が典型的である。参加旅行はいくつかのコースが設定されており、希望者は自ら好みのコースを選ぶことができる（地域のクラブが単独で、その地域のメンバーだけで世界大会参加旅行に出かける場合は、仲間・親睦旅行となる）。近年で注目すべきは歌手・グループのファンクラブ限定で募集される旅行である。例えば、EXILEは

2012 年 7 月に 5 コースで総数 3,000 人のハワイ旅行を実施している。申込金 6 万円、プラス旅行代金 30 万円という高額であるが、現地ではメンバーとの交流も予定され、組織内募集旅行としての価値は高いものだといえる。ましてや前回の第 1 回旅行が 2007 年であったことを思えば、絶頂期の 2012 年の第 2 回目の旅行は価値あるものといえる。GACKT や北島三郎など多くの歌手がこの旅行形態を実施している。

⑫　パッケージツアー・メディア募集旅行（新聞募集旅行）……かつては旅行業法によって⑩⑪とともに主催旅行と呼ばれていた。現在では募集型企画旅行と呼ばれる。予め出発日や滞在地、観光箇所などが決定されており、旅行代金も示してパンフレットなどで募集される。自分一人で好きなコースを選ぶことができる。なお地方のラジオ放送内で人気パーソナリティが同行するツアーの募集がされる場合は、ここでいうメディア募集旅行であるよりは、固定ファンを対象とした⑩の組織内募集旅行（地域密着型）と考える方が適切である。

　個人の心理面から観光動機を探求し、個人レベルで旅行目的地が決定されると考えることができるのは、上記のように旅行形態を細分化してみれば、②③⑫あたりだけだということが分かる。⑥⑦についていえば、旅行者本人は旅行費用を負担するわけでも、旅行先を自ら決定できるわけでもないからである。旅行先は多くの場合団体旅行として ── 近年では規模縮小となりグループ旅行として ──、招待主や勤務先の会社によって決定されるのが普通だからである。

　組織内募集旅行においても、全国・広域募集型はともかく、地域密着型では予め旅行コースは決定されており、参加するか参加しないかだけの選択となる。それでも地域内の顔見知りとの旅行となる可能性が高く、特に海外旅行の場合には緊張感なく旅行できるメリットが大きい。

　ここでの区分は決定的なものではない。⑩で示した鹿児島相互信用金庫の旅行の場合には業務出張旅行と組織内募集旅行（地域密着型）の両方の要素を有する。一つの旅行形態に限定することが目的なのではなく、複数の解釈が可能であっても、それによって旅行形態の実態を理解することが重要なのである。それは観光マーケティングにおける細分化の手立てを持つことを意味する。

30 第Ⅰ部　観光マーケティングの考え方

人数のみで観光マーケティングの手法を決定はできない。由布院温泉や黒川温泉が成功事例となったのは女性客を取り込んだからだとよく言われる。ともに現在ではあらゆる旅行形態の団体が訪れるが、少なくともその初期の段階において駆動力となったのは、⑧の仲間・親睦旅行に該当する、さまざまな女性グループを掴んだからだった。これも社会の仕組みを反映しているというべきである。女性のつながり方が、ボランタリー・アソシエーションと表現されたり、上野千鶴子が主張する選択縁であったりすることが、⑧の旅行形態の可能性を大きく広げている。

個人・グループ旅行と人数から一括りにするのではなく、**旅行形態から市場細分化することが観光マーケティングにおける、コトラーらの研究からは引き出せない有効策の第一歩なのである。**

3. 地域にとっての観光マーケティング

次に検証してみたいのは、コトラーのマーケティングにおける心臓部ともいうべき部分が、観光マーケティングにおいても機能するかどうかという問題である。**特に地域が観光振興を考える上で、市場細分化以前に、理念や思想という側面においてコトラーは有効かという問題の立て方をしてみたい。**

コトラーのマーケティング理論

コトラーらはマーケティングがどのような理念の下で行なわれなければならないかについて、次のような五つの概念を提示している（コトラー他 1996＝1997：33-41）。

顧客のことを忘れがちになる**生産指向と製品思考**、ただ売ることばかりに集中して顧客が満足かどうかを振り返ることのない、顧客との間で長期的な関係を確立することを意識していない**販売思考**。顧客のニーズに重点を置いている**マーケティング志向**。ここでは、「企業は顧客の満足に影響を与えるすべての活動を調整し、顧客の満足を創出し、維持することによって、その利益を獲得している」のだとされる。コトラーらはさらに、環境保全や資源不足、人口増加などの現代の諸問題を意識した**社会志向的マーケティング**も必要だと述べている。しかし、

いうまでもなく、コトラー理論の根幹はマーケティング志向にある。

コトラーの『マーケティング・マネジメント』のミレニアム版においても、21世紀において留意しなければならないこととしてグローバル化、テクノロジー、規制緩和がそれぞれさらに進展し、競争原理の働く市場経済は無限のチャンスをもたらすのだという、楽観的な見通しが示されている。しかしながら、現代文明のあり方や、その核心であるテクノロジー重視の方向性が適切であるのかどうかという問題のかたちは、スローフード運動やスモール・ツーリズムの思想においてすでに生まれていた。すなわち、かなり以前から、コトラーのマーケティング理論にはそぐわない発想が生まれていたのだということができる。にもかかわらず、21世紀への展望として、コトラーによっては従来どおりの、「マーケティングは、人と社会のニーズを探りそれを満たすことをテーマとしている」（コトラー 2000＝2001：2）、という欲望拡大型の原理が提示されたのである。

市場細分化によって精緻化されるマーケティングについて、コトラーらはすべての購買者に一つの製品を大量に生産・流通・販売するマス・マーケティングから、購買者に多種類の製品を買ってもらおうとする、選択の幅を広げるという意味での製品差別化マーケティングを経て、細分化された市場に対応した製品を用意しようとする標的マーケティングへ移行すべきだと考えている。この標的マーケティングは、もちろん、顧客志向のマーケティングであり、「企業が特定の顧客や購買組織のニーズにその提供物を適合させよう」とするものだといえる（コトラー他 1996＝1997：260-261）。あるいは、「つくることのできるものを売ろうとするのではなく、売れるものをつくれ」（同上：37）という発想である。欠乏感から生まれるニーズに留まらず、現代のマーケティングは顧客の自覚しなかったウォンツ（欲求）までをも生み出す知恵を持っている。願望（＝欲求）の絶えざる実現こそが現代マーケティングの課題ともなっている。こうした発想は、通常の商品についてはその廃棄の問題が別なかたちで生まれるものの、消費者の生活を豊かにするものだと見ることができた。しかし、観光マーケティングにおいてはどうであろうか。特に地域にとっての観光マーケティングということでいえば大きな問題（＝不可能性）を孕むことになる。

地域にとって計画的陳腐化はあり得るのか

　おそらく、一般的な商品についていえば、自動車であれ電化製品であれカップラーメンであれ、テクノロジーの進展により快適さ・安全性・便利さ・おいしさ等々、人間のさまざまな願望を実現してきた。観光についても同じことがいえる。特にシステムアップ商品を造成する大手旅行会社・中堅旅行会社にとっては、顧客の願望をどのように実現するかは大きなテーマである。それはマーケティングの手法というようなレベルの問題でなく、代理店ならぬ旅行会社の存在意義とすらいうべきものである。パッケージツアーの目的地やそこでの訪問個所の選定に当たっては、まさに「売れるものをつくれ」というのは最大原則である。たとえ送客手数料の入らない市立動物園であっても、評判になったことで顧客の間に関心が高まっている以上、旭山動物園は旅行商品を構成する重要な観光素材となる。そうした新たな観光素材を発掘して顧客の潜在的なウォンツを引き出すことは、システムアップ商品を造成する旅行会社にとって格段の関心事である。

　では、地域にとってはどうだろうか。むしろ逆の事態を想定しなければならない。

　新たな観光素材が発掘される一方で、従前の観光素材が旅行商品から欠落することが起こるが、それは次のような文脈で考えることができる。マーケティングの入門書では計画的陳腐化ということがいわれる。それは**副次的な機能を付けた製品や新しいデザインの製品を市場に出すために既存製品を陳腐化し、買い替え需要を創出するための戦略**だと説明される。そして、「その背景には適当な時期に買い替えたいという消費者のニーズ」（野口2005：82）があるのだとも説明される。いずれにしろ、次々に願望を実現していくためには――新たな商品を販売していくためには――、陳腐化していく商品も必要だということになる。

　コトラー自身はこのような説明の仕方をしていない。計画的陳腐化と非難されるようなことがファッション業界、家電製品業界、コンピュータ業界において見られるかもしれないが、それは「自由社会における競争力と技術力の正常な相互作用の結果」なのだとコトラーは見ており、意図的な戦略ではありえないとしている。「企業が新しい機能を保留しておくのは、まだ十分にテストされていなかったり、消費者が支払ってもよいと思う以上のコストがかかるなど、さまざ

第1章　コトラーはなぜ有効でないのか　*33*

まな正当な理由によるのである。これは競合他社に先を越されて市場を奪われるというリスクを冒していることでもある。(……) ほかのブランドに顧客を奪われたくはないので、故意に製品が故障するように設計するはずはない。それどころか、企業は製品が常に消費者の期待に沿うかそれ以上のものにするために、トータル・クオリティ・プログラムを実施しているのである」(コトラー 2000＝2001：631)。

　コトラーがいうように意図的ではないにしても、また計画的陳腐化という表現は適切でないにしても、システムアップ商品である旅行商品、例えばパッケージツアーでいえば、新たな旅行目的地や観光素材が新たなラインナップに加わることは必然であり、その一方では、当然ながら商品としての価値が認められなくなり、**旅行商品の構成物から脱落する旅行目的地や観光素材があってもおかしくはない**。ただ、ここで述べている発想は、**旅行商品を造成する側の論理**である。観光素材を提供する地域にとっては、自ら陳腐化を図ることなど考えがたいであろう。そのような、**顧客に新たな満足を与えるために旅行商品造成をするという旅行会社の論理は、地理的な空間である場所を変えるということが地域にできない以上、地域にとっては最大の厄介な問題となる**。

　テクノロジーによって雪そのものを有する人工的な空間は出現させることはできようが、沖縄に北海道の雪景色を自然としてもたらすことはできない。場所を移動させることはできないというこの限定性(＝不可能性)に思い当たるところから、地域にとっての観光マーケティングは出発しなければならない。

　小規模の温泉旅館や観光地はこのような場所の制約を受けている。大規模温泉旅館が新たな施設をつくったり、地域がその土地に似つかわしくない高層のリゾートホテルを誘致するのでなく、地域がそこに位置すること自体、すなわち、あるがままの地域のすがたを見てもらおうとする発想があってもおかしくはない。売れるものを新しく作ったり、顧客の願望を実現しようとするのではなく、提供できるもので満足してもらおうという発想なのである。いわば怠惰なマーケティングとでもいうべき方法しか取らない観光のあり方を私たちはスモール・ツーリズムと呼んでいる。読んで字のごとくただ小規模・少人数を意味するだけでなく、**顧客の願望をそれほど実現しようとはしない、そこで無理なく提供できるものだけで満足してもらおうとするツーリズムのかたちなのである**(実践例

34 第Ⅰ部　観光マーケティングの考え方

は第7章の「安心院方式」にて詳述）。ここでの発想は、コトラーらのいう「顧客ニーズに合わせそれを満たすことをより適切に行なうというマーケティング概念」（コトラー他 1996＝1997：384）とは大きく異なっている。

　観光地やそこに位置する小規模旅館は確かに場所という制約を受けている。大規模なホテルチェーンやリゾートホテルが自由にその設置場所を選んで進出（建物を新築）したり、ディズニーランドやユニバーサル・スタジオが世界中を見渡して立地を選定するのとは訳が違う。**観光地たろうとする地域はその位置する場所を変更することはできない。**

場所の限定性から始まる観光マーケティング

　地域はいかに観光マーケティングに取り組むべきか ――。

　コトラーらは、『ホスピタリティと観光のマーケティング』において、実は、いま筆者が述べてきていることとは異なるが、場所の限定性ということについてかすかに触れてはいる（コトラー他 1996＝1997：286）。

　例えば、立地による差別化として、ニューヨークのセントラルパークに面したホテルは、それの見えないホテルに較べて明らかな競争的優位性を有しているし、山の頂上にあるレストランや海の見えるレストランなども同じ場所的な優位性を有するとされる。あるいは、コトラーらは場所という特性に着目はしていないものの、サンフランシスコのシェラトン・パレス、シカゴのパーマー・ハウス、ニューヨークのウォルドルフ・アストリア、シンガポールのラッフルズといったホテルが、それらのホテルにまつわる歴史性故に、新しく建設されるホテルに対して優位性を持っているとの見方を示している。これもやはり、その場所に位置したことで過去のさまざまな思い出（＝歴史性）がまつわりついたのであり、場所による優位性と見ることができる。

　いうまでもなく、場所による限定性は、眺望の良さや東京などの大消費地（＝観光客の送り出し地）に近いなどの優位性をもたらす一方、別の観光地にとっては眺望に恵まれず、大消費地から遠いという不利な条件をもたらすかもしれない。**その場合の地域の選択は、新たな集客可能な施設をつくるという方向（マス・ツーリズム）と、その地域の現状に見合った観光のかたちを求めるという方向（スモール・ツーリズム）に分かたれる。**その分岐点においては慎重でなけれ

ばならない。前者の手法が宮崎県のシーガイアや、北海道のアルファリゾート・トマムのような破綻の事例を生み出す一方、後者については北海道の美瑛や、長崎県の小値賀などの成功例を生み出しているからである。

　地域は、市場細分化に向かうに当たって、同時にどのようなツーリズムのかたちを目指すのか決定する必要がある。コトラーらは先に触れた**標的マーケティング**について、4P と呼ばれる**製品**（Product）、**価格**（Price）、**流通**（Place）、**プロモーション**（Promotion）を検討する前に STP、すなわち**市場細分化**（Segmentation）、**市場標的設定**（Targeting）、**市場位置確定**（Positioning）という手順を踏むことが必要だとしているが（コトラー他 1996＝1997：261）、観光マーケティングの場合は、地域にとっては細分化を考える前か、少なくとも同時に「ツーリズムの様態」──マス・ツーリズムを目指すのかスモール・ツーリズムに留まるのか──を決定しておかねばならない。

　コトラーのいうターゲティングやポジショニングは、どちらかといえばマーケティングの手法として理解されているし、そのような叙述も見られる。しかしこの点は、特に地域にとってはむしろ観光マーケティングに向かう最初の選択・決定事項だと筆者には思われる。それは理念にかかわり、地域のあり方としての意思を示すものだといってよい。それほど地域にとって根幹にかかわるものなのである。「ツーリズムの様態」を地域の意思として確定するということは、市場標的設定や市場位置確定を市場細分化の作業に先立って、あるいはほぼ同時にそれをするということであり、コトラーの理論とは順路が違っている。

　ここでの最も肝要な点は、地域に与えられた現実の下でどのような生き方を選択するかということに他ならない。市場の細分化はその後でもかまわないし、どのように市場細分化が可能なのかの知識があれば賢明な選択ができるかもしれない。

　ところでコトラーには、D.H. ハイダー、I. レインとの共著となる『地域のマーケティング』（1993＝1996）という、地域が観光マーケティングを考える上では『ホスピタリティと観光のマーケティング』よりも参考になる著書もある。そこでは地域を売り込む方法が紹介されている。観光客やビジネス客を含むビジター、移住する人たち、企業・産業・プロ野球球団の誘致、輸出市場の四つが標的となっている。最後の輸出市場については、地域のマーケティングということ

36 第 I 部　観光マーケティングの考え方

で一般化するならば、日本国内においては移出市場というべきであり、地場産業として論じられることの方が日本のほとんどの市町村にとっては適切である。

　今日の、地域にとっての観光マーケティングは、観光客・ビジネス客を含む訪問者、地場産業、住みやすさから来る移住の三つが結び合うかたちで考慮されるべきである。種子島は多くのサーファーが移住することで、サーファー米という話題性に富む地場産業の一部を構成するものを生んだ。その話題性をいかに来訪者の増大に結び付けるかは観光マーケティングの重要な課題である。第一次産業、第二次産業、第三次産業を掛け合わせて、巷間、第六次産業と表現されるものも、地場産業までをも参入させた観光マーケティングのごく一部の手法にすぎない。

　いずれにしろ、地域が観光・交流による振興を図ろうとするとき、コトラーがいうような顧客のニーズにどんどん応えていく、顧客の願望を実現するという方向性のみで観光マーケティングはスタートすべきではない。それ以前に、どのような「ツーリズムの様態」で臨むのか、そのためにどのような市場細分化を試みるのかが決定されていなければならない。もちろん、すでに触れたように大手旅行会社であれば、典型的なシステムアップ商品であるパッケージツアーをSTPを考えることによって効果的に造成することは可能である。大規模温泉旅館・ホテルや全国的に展開されているホテルチェーンであればコトラーの理論はかなりの部分において該当する。しかし、日本全国の多くの市町村が地域にとっての観光マーケティングに乗り出そうとするとき、逆に混迷を生み出すかもしれない。

参考文献

コトラー，フィリップ，ハイダー，D.H. & レイン，I 著、井関利明監訳 1993 = 1996『地域のマーケティング』東洋経済新報社

コトラー，フィリップ & ボーエン，ジョン著、ホスピタリティ・ビジネス研究会訳　1996 = 1997『ホスピタリティと観光のマーケティング』東海大学出版会

コトラー，フィリップ著、恩蔵直人監修、月谷真紀訳　2000 = 2001『コトラーのマーケティング・マネジメント（ミレニアム版）』ピアソン・エデュケーション

(株) ジェイティービー　2010『JTB 宿泊白書 2010』ツーリズム・マーケティング研究所

(社) 日本観光協会　2008『観光の実態と志向（平成 19 年度版）』(社)日本観光協会

野口智雄　1994 = 2005『マーケティングの基本（第 2 版）』日本経済新聞出版社

マーケティング史研究会　1993 = 2008『マーケティング学説史（アメリカ編）』同文舘出版

吉田春生　2010『新しい観光の時代』原書房

第 2 章

どこから始めるか

▶**本章のポイント**

　今日、製品・サービスのマーケティングにおいては顧客志向が重視されている。コトラーらによってそれは当然のことのように考えられてきた。しかし、日本における観光マーケティングについても同じことがいえるだろうか。前章で明らかにしたように、スモール・ツーリズムを目指すのか、マス・ツーリズムを目指すのかという意思決定が先になされねばならない。市場細分化はそれからのことである。本章では赤福やフランスの高級ブランドの変質の事例を教訓として、エコツーリズムや由布院、黒川、酸ヶ湯、鶴の湯などの温泉地のケースにおいて、最初の意思決定がどのようになされるべきかについて具体的に考えてみる。

38 第Ⅰ部 観光マーケティングの考え方

　マーケティングはどこから始まったのか。この問いへの一般的な回答は、すでにマーケティングの歴史から明らかである。

　その基盤はすでに 19 世紀後半のアメリカにおいて準備されていた。アメリカは 1860 年から 1900 年の間に工業生産額を 6 倍にし、イギリスを抜いて世界一の工業国になった。その時期には鉄道と郵便制度も発達し、通信販売に見られるように流通に大きな変化がもたらされた。アメリカ全土が市場となる巨大市場の誕生と流通革命の進行は、生産部門におけるさらなる技術革新を要請した。アメリカで 1870 年以降に進んだ第二次産業革命では、キャンベル・スープの缶詰の自動生産ライン、デュークの自動紙巻タバコ製造機、プロクター・アンド・ギャンブルの連続石鹸製造機など効率主義が徹底され、規模の経済性が実現した。このような状況を背景に、20 世紀初め、メーカーの中には大量生産された製品の販売先を求めて流通や対ユーザー販売への働きかけが始まっていた。これが現代マーケティングの始まりだった。(池尾 1999：9-12)

　ただ、この時代におけるマーケティングとは、コトラーのいう**生産志向、製品志向、販売志向**の域を出るものではなかった。生産と流通の効率を高めることや、優れた改良品を開発すること、手持ちの製品を売ることばかりに関心が抱かれたマーケティング思考が支配的だった時代である。ここでは企業はまだ消費者のニーズや欲求を満たそうという発想には立っていなかった。

　アメリカにおける商品販売の推移が示すことは、**当初は企業内のマネジメントで済んでいたことが、外部の、他者である消費者や販売チャネルを強く意識する必要が生まれてきた**ということに他ならない。企業におけるさまざまなマネジメント、例えば組織のマネジメントや財務のマネジメントなどと比較するならば、次のような他者性を強く意識する必要がある。

　　　マーケティングのマネジメントは、顧客との関係の創造と維持をその目的とする、
　　　市場志向のマネジメントである。重要なのは、マーケティングが、「自分の意のままに
　　　はならない他者」との関係のマネジメントだという点である。(石井他 2004：2)

　製造企業にとってみれば消費者の選好のみならず、競争企業の動向や流通業者の判断、小売店の販売意欲など、いずれも自社の意のままになるものではない。もちろん、そうした不安定さを極小化するために**関係性マーケティング**も今日推

奨されている。

　おそらく**観光は、こうした他者性が最も濃厚に、かつ多方面にわたって現出しやすい社会現象**だということができる。なぜなら、観光とはもともと観光客（あるいは来訪者）、観光対象、観光媒体、地域社会という四つの構成要素が相互・複合的に関係することによって生まれる複雑系の社会現象だからである。本書では構成要素のそれぞれについて詳細な細分化を試みることが主要な課題となっているが、ここではなぜそうしなければならないか観光マーケティングの基本的な手順、最初の出発点を明らかにしたい。それはコトラーらが示すものと違っており、そこにこそ観光マーケティングの本質があるとさえいえる順路である。

1.　赤福とクリスチャン・ディオール

　顧客の立場に立ってものを考え、製品・サービスを提供し、自らも収益を上げることは自明の前提、肯定されるべきことだと一般には思われている。しかし、そうでないことがしばしば起きる。**そうした前提の前に決定されなければならないことがある。**近年の不祥事でいえば、赤福餅の偽装表示事件によって私たちはそのことを知らされたはずである。

赤福の教訓

　2007 年 10 月、創業 300 年という伝統を誇る、三重県伊勢市の（株）赤福がその主要商品である赤福餅の製造年月日について偽装表示を行なっていたことが発覚し、食品衛生法違反で無期限の営業禁止処分を受けた。

　その年は 8 月に北海道土産の定番であった石屋製菓の「白い恋人」が賞味期限の改ざんをしていたことがニュースとなり、ミートホープ社や不二家でも不祥事が起きていた。赤福餅は伊勢参宮の土産品としてばかりでなく、名古屋地区では百貨店や JR、名古屋鉄道などの主要駅売店でも販売され、地元住民にとって馴染み深い商品だった。その和菓子は餅を小豆餡でくるんだシンプルなものだが、「当日生産、当日販売」をモットーとしており、地域の人気商品だった。当時発覚したのは、回収した売れ残り商品を冷凍庫で保管し、必要に応じて解凍・再包装、その日を新たな製造年月日と表示した上で出荷するという行為だった。

40 第Ⅰ部　観光マーケティングの考え方

　赤福が冷凍設備を導入したのは、第1回の観光カリスマ認定（2002年12月26日）11人の中に名を連ねる浜田益嗣元社長時代の1973年だった。伊勢神宮の式年遷宮で観光客数の増加が見込まれる中、品不足にならないための拡大戦略である。しかしそれは、「当日生産、当日販売」という赤福餅の謳い文句に反するものだった。**全生産量の約2割を冷凍し、需要変動の調整弁として活用することは、「当日生産、当日販売」を信じている消費者を欺く行為だった。**

　2007年11月12日、赤福は再発防止策などを盛り込んだ改善報告書を東海農政局に提出した。赤福餅の冷凍・解凍工程を廃止し、1日の生産能力の範囲内で営業する販売体制への転換である。これは「作りたて」という原点復帰を目指すものだった。

　報告書では、「売り上げが拡大する中で、本来最も大切な品質がおろそかにされた」「法令順守の意識の欠如」といったことが指摘され、販売量拡大のため（日付を変えて再包装する）まき直しや、（出荷日を製造日とする）先付けなどが現場で起こっていたことが明かされた。具体的な改善策としては、「未出荷品、店頭売れ残り品などはすべて廃棄処分とする」「日産の供給能力の限界を超える商品受注、販促はしない」「冷解凍工程を経た赤福餅は販売しない」などが挙げられている。

　赤福のケースは何を示しているのだろうか。**それは本来一定量以上の販売はできないはずの商品について、無理をして —— 偽装表示までして ——、収益を上げるために生産量を拡大してしまったケースである。これは観光マーケティングを考えるにあたって、私たちが最初に決定しなければならない心構え・注意点と関係している。**

　赤福でいえば創業301年目の2008年2月6日、営業を再開した直営3店舗では列に並んでも買えない人が続出した。これを営業禁止処分明けの特殊な出来事と見るべきではない。和菓子とは限らないが、全国には小規模な生産しか行なわない食品関係の店がある。朝、列を作って並ばなければ買えない、あるいは午前10時に行ったのでは売り切れている、という話はいくらもある。それらの店が限度以上の生産をしないために起きる現象である。赤福も同じ道を選択できた。しかし事業欲に駆られて、あるいは地域により多くの雇用を生み出したいトポ

フィリア（場所愛）に駆られて、経営者は会社の規模を大きくしがちである。そのことは必ずしも批判されるべき行為というわけではない。しかし、自分たちが生産する商品がそうした拡大政策に上手くフィットするものかどうかには熟慮が必要であろう。

　同じことが世界的なブランドにおいても起こる。赤福とクリスチャン・ディオールを同列に論ずることができてこそ、観光マーケティングの出発点が確定できる。

有名ブランド　二つの選択肢

　ダナ・トーマスの『堕落する高級ブランド』は観光マーケティングを考える上で重要な示唆を与える書物である。その邦訳書名が示すように、かつて輝きを有していたブランドが、いまではさまざまな場所において、さまざまな商品について権利をばら撒くことで事業拡大している実態が明らかにされている。その成り行きは赤福餅と似ている。

　ダナ・トーマスによれば、1950年代にはオートクチュールを着る女性は世界中で20万人以上いたが、現在ではその顧客は200人しかいないという。なぜなら、かつてのブルジョワ階級の象徴であったオートクチュールのイブニングドレスは10万ドルという価格であり、しかも着る機会は限られ、同じ服を何回も着ることは社交界では無作法だとされていたからである。かつてクチュリエ（オートクチュールのデザイナー）はしばしば自分で仮縫いをし、顧客が着心地良く、一番美しく見えることを重視した、その人だけのために作られたドレスやスーツを製作した。しかしディオールは中間階層が将来高級ファッションの主たる市場になることを理解しており、すでに1950年代、アメリカのアパレルメーカーに対し、デザインの使用料とロイヤリティを受け取ることでディオールのデザインの要素を取り入れたドレスやスーツを売ることを認めていた。（トーマス2007＝2009：34-37）

　ディオールはデザインだけでなく名前も売った。商品はストッキングから、ハンドバック、紳士物シャツ、手袋、スカーフ、帽子、ニット、スポーツウェア、ランジェリー、眼鏡に至るまでライセンスを供与した。「ディオールはライセンスが、コストがかからず経営責任をとる必要もなく、より広い市場に高級ブラン

42 第Ⅰ部　観光マーケティングの考え方

ドビジネスを展開する一つの方法だとみた」のである。ディオールの事業拡大手法は、そのアシスタントであったピエール・カルダンやイヴ・サンローランにも引き継がれる。カルダンは大量生産の婦人既製服ばかりでなく、傘からタバコまでブランド名を供与した。イヴ・サンローランは 1966 年に若者層を狙って低価格帯の既製服のラインを導入した。ここに至って、オートクチュールを誂えることのできる本物の金持ちを頂点とし、同じデザイナーの既製服を購入する中間階層がいて、さらにその下にオーデコロンやアクセサリーなら買える人たちがいる、というように裾野が広がったのである。このライセンス・ビジネスの出現により、ブランドはその本質を変えてしまったのである。（トーマス 2007 = 2009：38-39）

　ディオールに始まった高級ブランドの事業拡大は、ルイ・ヴィトンやグッチなどにも引き継がれていくが、その最も極端な形成は創業者一族の手を離れたルイ・ヴィトンにおいて進んだ。手づくりの製品を卓越した技術で家族経営の小さな会社が販売するというかたちから、世界中の中間階層をターゲットに大量に売るというかたちに高級ブランドはその本質を変えたのである。ルイ・ヴィトンはモエ・ヘネシーと合併し、LVMH となって世界中の高級ブランドを買収していく。そうした企業群とエルメスはまったく違った生き方をする。

　エルメスの工場では 1 人の職人がかかりきりで、手づくりでバックを縫うのだが、ルイ・ヴィトンの工場では流れ作業で一度に 20 個のバッグを処理する。職人がさまざまなワニの皮革を調べ、バッグの各部位に最適な部分を裁断するエルメスと違って、グッチではコンピュータが素材のパターンをレイアウトし、技術者に教える。**エルメスにはルイ・ヴィトンやグッチに見られる効率主義の思想は見られない。むしろ逆に、エルメスの真髄は伝統的な職人技にあり、それを犠牲にすればブランドに傷がつくと考えているのである。**（トーマス 2007 = 2009：203-204）

　ダナ・トーマスは高級ブランドが中間階層をターゲットにビジネスを展開したことで、本物といっても通用するコピー商品を大量に生み出してしまった皮肉な現象についても言及しているが、私たちはここで赤福餅と共通する問題に行き当たっているのだということができる。赤福餅のように偽装表示ではないものの、高級ブランドが本来製造可能だった限界を越えてビジネスを展開していってし

第2章　どこから始めるか　*43*

まったことで、コピー商品という鬼子を生み出してしまったのである。

　赤福餅の偽装表示事件や、高級ブランドにおける商品造成の思想の違いは私たちにどのようなことを示唆するであろうか。規模の経済性を考えることは、生産のコストを抑えることにつながり、市場シェアも上昇するわけだから事業家として当然の発想だといえる。しかし赤福餅とクリスチャン・ディオールやLVMHのしてきたことを、私たちはとても全肯定はできないだろう。それは私たちが観光マーケティングに向かうに当たって、まず何を決定すべきかという、次のような意思決定への促しへとつながる。

2.　観光マーケティングの出発点 —— 具体的事例をもとに

　観光マーケティングでは、市場志向であろうとする前に、次の点を確定しておく必要がある。①大規模であろうとするのか小規模であろうとするのか（大量の旅行者を相手とするのか、少数に限定するのか）、②顧客の願望をどの程度実現しようとするのか、という2点である。

　いうまでもなく、これは事業家として赤福やクリスチャン・ディオール、LVMHのようにビジネスを拡大していくのか、それとは逆にほどほどに留めるのかという意思決定でもある。この意思決定があって後、さまざまな観点からの —— 具体的にいえば男女別、年代別、地域別といったものから、旅行形態・観光形態という観光マーケティング独自のものに至るまでの —— 細分化を意識することになる。この意思決定は個人としてなされる場合もあれば、企業、あるいは行政（地方自治体レベル）としてなされる場合もある。通常の製品に関するマーケティングの常識からすれば、すなわちコトラーらによって明示されている、顧客のニーズや欲求を発見し、それを満たすことが自明の前提とされるマーケティング志向概念からすれば、これは奇妙に響くかもしれない。しかし観光マーケティングの出発点としては、ここから始めるべきなのである。

由布院温泉と黒川温泉

　二つの成功した温泉地で考えてみよう。大分県の由布院温泉と熊本県黒川温泉である。現在ではともにマス・ツーリズム（大量観光）に席巻されてしまってい

44 第 I 部　観光マーケティングの考え方

るが、その出発点がどのようなものであったかは知っておく必要がある。

　由布院温泉では 1971 年、まだ海外旅行者数が 100 万人にも達していなかった
時代に、若手の旅館経営者 3 人がヨーロッパ 9 カ国を旅行し、特に当時の西ドイ
ツで温泉保養地のあり方について新鮮な刺激を受けて帰国した。ドイツで学んで
きたのは、5 階建てや 8 階建てのビルを建てて大量の団体客を迎えるのではなく、
由布院温泉は「小さいままの豊かさ」を追いかけ、地域を主役とすることだった
（中谷 2001：28）。

　彼らは 1970 年代半ばには、辻馬車を走らせたり、牛喰い絶叫大会や音楽祭・
映画祭を開催するなど斬新な企画を打ち出したことで注目を集めた。由布院温泉
発展の功労者とされる中谷健太郎や溝口薫平の経営する旅館は部屋数が 15 室か
ら 20 室である。その敷地内に新館・別館を建てようと思えば十分にできた。し
かし二人はそれをせず、来訪者の増加を地域全体に分散することの方を選んだ
のである。2 泊する客に 2 日目の夕食は他の旅館で食べてもらうというような発
想は、他の温泉地では生まれなかった。**これは全国の温泉地における有力旅館が
採った拡大政策とはまったく異なるものだった。**

　一方、黒川温泉は、やまなみハイウェイとして知られる九州横断別府阿蘇道
路が 1964 年 10 月に開通した直後は阿蘇地区に宿泊できなかった観光客が流れ
込んだため盛況を極めたが、1970 年代に入るとその時期のサービスの悪さがた
たって衰退してゆく。ところが一軒だけ繁盛している旅館があった。他の旅館の
後継者が都会の大学へ進学する中、少年時代・青年時代と一貫して、日夜、宿泊
客に接してきた後藤哲也の新明館である。後藤は 20 代から 30 代、ほぼ 10 年を
かけて鑿と金槌で自ら洞窟風呂を作った。それは宿泊客との、あるいは宿泊客同
士の会話から、風呂こそが自分の旅館の生命線との確信を得ていたからである。

　ただ一軒の旅館だけが繁盛するというかたちでなく、黒川温泉全体が発展する
大きなきっかけとなったのは、入湯手形（温泉手形）である。後藤の新明館にな
らって 1983 年にはいこい旅館が女性専用の露天風呂を完成させ、カラオケ廃止、
宴会客を拒否することで人気を得る。宴会目的でなく、温泉目的の宿泊客、特に
女性客の誘客に成功したのである。他の旅館も後藤に学ぶことで露天風呂づくり

第2章　どこから始めるか　*45*

が黒川温泉では普及していくのだが、敷地が狭くどうしても露天風呂を作ること
のできない旅館と民宿が一軒ずつ存在したため、入湯手形のアイデアが生まれ
た。この時点では、黒川温泉で旅行会社からの送客に依存する気持ちは旅館経営
者たちにはなかった。

　現在では、旅行会社の送客抜きではおそらく経営できない、50室規模の、マ
ス・ツーリズム対応型の旅館が黒川温泉には存在するが、ほとんどの旅館は10
室前後から20室程度の客室であり、敷地の関係で別の場所にやはり10〜20室
規模の別館を新設しているものの、発想は旅行会社依存のマス・ツーリズム対応
型ではなく、リピーターを育てていく思想が主流だった。団体旅行に必須のカラ
オケ施設を有していないことは、旅行会社との付き合い方を示している。今日
では、旅行会社の方が工夫を凝らし、パッケージツアーの場合には、黒川温泉に
限って小規模旅館数館に分宿をさせている。

　由布院温泉と黒川温泉がその出発時点で明確に意識したのは、地域資源であ
る温泉と料理を特に女性の個人・グループ客に楽しんでもらおうとする姿勢だっ
た。ここでの重要なポイントは、顧客の志向を意識することはあったにしても、
地域が、ひいては各温泉旅館が提供できるものにこだわって戦略を立てたことで
ある。それが高度経済成長期から1980年代後半のバブル期に全盛だった、旅行
会社に送客を依存する、宴会を目的とする団体客をターゲットとするのではない
温泉地のあり方を生み出したのである。いわばマス・ツーリズム対応型ではない
ことによって、スモール・ツーリズムかせいぜい両者の中間であるミディアム・
ツーリズムに留まることによって温泉地として成功したのである。

　二つの温泉地はともに今日、困難な問題を抱えているが出発時にどのような姿
勢であったかはよく理解しておく必要がある。旅館が巨大化すれば、秋田県玉川
温泉のように湧出量が一館で毎分 9,000ℓ というような巨大な量であるならいざ
知らず、当然、赤福餅で起こったことが教訓となる。すなわち、源泉かけ流しで
なく、循環ろ過方式をも取り入れざるを得なくなる。これは一部の高級ブランド
が本来の丁寧な手づくりから、数を意識するあまりテクノロジーに頼ることと同
列の行為となる。もちろん、経営者がどちらの道を選択するかは、自らのビジネ
スをどのように考えているかという思想や世界観に係わるものとして理解されね

46 第I部 観光マーケティングの考え方

ばならない。

エコツーリズムとスモール・ツーリズム

　観光とは、すでに触れたように、①観光客（より広く来訪者といってもよい）、②観光の目的となる観光対象、③旅行会社・運輸機関・宿泊施設などを含む観光媒体、④観光対象の位置する地域社会という四つの構成要素が相互・複合的に関係することで生まれる社会現象であった。観光対象や観光媒体の立場からは観光ビジネスと括ることのできる社会現象となるし、地域社会の立場からは地場産業と並ぶ収入源、すなわち地域外からやって来た観光客が消費する場面となる。

　エコツーリズムとは上記観光の、次のような限定されたかたちである。

　②の観光対象としては、当然ながら、自然や生態系が目的となる。世界自然遺産に登録された知床、白神山地、屋久島はその代表的な目的地である。①の観光客はそうした自然や生態系について学ぶ意思があり、その土地の文化を尊重する気持ちを持っていることを要求される。また、**エコツーリストは必要以上の快適さを求めるべきではない**。③はビジネスとして考えるわけだが、（財）日本自然保護協会のガイドラインでは次のようになっていた（（財）日本自然保護協会 1994：15-18）。**旅行会社がツアーを組む場合は20人以下を基本とし、自然保護の観点からツアーを組まないケースもあり得る。また、宿泊施設についても地域の自然・文化を損なう可能性のある大規模な建設は避けるべきである**。④については、地域に利益が還元されるような仕組みが必要だとされる。例えば、エコツーリズムでの現実のツアーのかたちであるエコツアーにおいて、地元の自然観察ガイド —— エコツーリズムではインタープリターと呼ばれる —— が活用されるべきである。

　西表島では汽水域のマングローブが高速の観光船が立てる波によって倒れるということが問題となっていた。これは観光事業者（観光船業者と旅行会社）がマス・ツーリズムの効率的な日程によって観光客を捌くため、船の高速化を進めたため起こったといわれている（吉田 2003：1-2）。少ない時間・日数でなるべく多くの観光対象を回りたいという観光客の願望を叶えることを重視したため生まれた現象だった。このような観光地では、エコツーリズムは実現できない。カヌーをこいでゆっくりマングローブ林を観察するというような、**少人数で、駆け**

足で回るのではないスモール・ツーリズムの形式でしか西表島でのエコツアーは成立しない。NPO なり観光事業者としてどのようなツーリズムのかたちを選ぶのかという意思決定の方が先決なのである。

エコツーリズムという観光のかたちでは、最初に、**数量・規模だけでなく、観光客の願望を何もかも叶えようとするのではない観光媒体側の意思確定が必要である**。エコツーリズムを自らのビジネスとして活用しようとする個人・NPO・企業・地方自治体は、この意思確定をして初めて市場のことを考えるべきである。この後に、どのような旅行形態で、どのような観光形態の客が好ましいかという観光マーケティングにおける細分化の作業がやってくる。

ここまでの順序は、エコツーリズムに限らず、地域が観光マーケティングを考える際に必須の手順ということになる。小規模の温泉地、古い町並みの残る通り、マングローブやブナ林などの生態系、まちづくりの成功事例、伝統的な漁法や地域の作物畑等々、今日ではどのようなものも観光対象となり得る。換言すれば、全国どんな町や村、集落であっても、観光客を呼び寄せる可能性がゼロではないということである。

例えば、次のようなケースはどうであろうか。

鹿児島県南さつま市の場合 —— 2008 年度地方の元気再生事業

地方の元気再生事業は、地域活性化に取り組む意欲のある地方を、プロジェクトの立ち上がり段階からソフト分野を中心に国が集中的に支援しようというプランである。かつては国による地方の支援はハード重視であり、地域に必要と思われない建造物が多く建てられる傾向があった。バブルが弾けて以降、特にハード重視の典型であったリゾート法による破綻続発が教訓となり、今日では建造物よりは仕組みづくりが重視される。また、こうした国の財政的支援を得ないで成功している町や村も観光振興の分野で多くなっており、地域に必要なことを地域自身が創意工夫して実行するという点で地域が賢明になってきたともいえる。内閣府によるこの事業は、こうした地域自立の気概を、財政面で支援することによって逆に後退させることになりはしないかとの懸念も生まれているが、ここでは観光マーケティングという観点から、最初に何を決定しなければならないかを考える材料となるケースを取り上げよう。

48　第Ⅰ部　観光マーケティングの考え方

2008年度（平成20年度）、全国からの提案数（申し込み数）は1,186件で120件が採択された。地域医療や地域交通・情報通信、環境など9分野に分けてみると、観光は29％で最も多く、それに次いで地域産業・イノベーション・農商工連携が18％となっている。地方にとって観光がいかに大きな関心事となっているかが窺われる応募状況である。採択の状況では観光はさらに占拠率が大きく、全体の35％となっている。

鹿児島県南さつま市の提案は、「海と大地の資源を活用した産業創生モデル事業」というもので、事業規模は1,000万円である。事業内容は、薩摩半島の南西部に当たる笠沙、坊津地区の地域資源を活かして観光振興を図ろうとするものである。**それまでさほど観光客が来ていない地域においてどのように観光振興に取り組むべきかの、観光マーケティングの手順を考える上でのモデルケースである。**

2008年度の取り組みとしては、大手旅行会社のツアー企画担当者を招いて2泊3日の体験旅行をしてもらうことと、鹿児島中央駅からの日帰りバスツアーなどのモニター旅行の実施となっている。国の予算を組み込んでの無料、もしくは格安料金によるモニターツアー参加者のアンケート調査は、その性格から、必ず満足や素晴らしいという評価が引き出されるためほとんど意味をなさない。

国だけでなく、都道府県などの補助を受けた事業においても、モニター旅行を実施した後——素晴らしい、また来たいなどの高評価がアンケート調査結果として発表された後——、有料で、通常の料金を払って多数の旅行者が訪れることなどほとんど起こらない。いうまでもなく、モニター旅行のアンケート調査は通常の料金を支払って来訪するケースとは条件がまったく異なっているからである。南さつま市のケースでも、海沿いの優れた景観について「大変満足」「満足」が92％いた、という一般参加者のアンケート調査結果は、**それがモニター旅行参加者であることによって生まれているのであり、通常の交通費と時間をかけてそこまで来てもらえるかの判断材料となるものではない。**むしろ、将来的に観光振興が可能であるかどうかについては、旅行会社の企画担当者が実際にパッケージツアーなどを造成できるかどうかにかかっている。

新聞報道（南日本新聞2008年11月26日付）などによるとモニター旅行後の意見交換会では、「宿泊、昼食場所の規模が中途半端で団体客は運びにくい」「客

を呼べるメインのものが必要」などの感想が旅行会社側から出たとされる。つまり、現在の地域のあり方ではマス・ツーリズムの典型たる団体旅行やパッケージツアーを誘致することは困難なのだという判断が旅行会社に下されたのだといってよい。あるいは、ツアーが組まれたとしてもツアーの運行上問題が起こると予想されているのであり、集客不良であってもツアー企画担当者が責任を問われにくい、フリープランが企画されるというのが順当なところであろう（団体で行動するのでなく、個人型といってよいフリープランのパッケージツアーは、マス・ツーリズムの仕組みに則ってはいるものの、スモール・ツーリズムの要素を孕むといってもよい）。

　おそらく、この経過は当然過ぎるものだといってよい。また、観光マーケティングにおいてその出発点でどのような意思決定がなされねばならないかを明確に示す事例なのである。

　宿泊施設の収容力やショッピング施設の不足 —— これは笠沙・坊津地区において自明の前提である。かつては補助金を活用して建造物を建てることで団体客やパッケージツアー客を誘致しようとした。いや、正確にはそのような展開を地域は国や旅行会社に期待した。先に挙げた由布院温泉と黒川温泉はそうした外からの援助を当てにせずスモール・ツーリズムから始めていた。笠沙・坊津地区はまさに地域にある資源を活用して観光振興を図るべきであり、大手旅行会社が期待する大型宿泊施設やショッピング施設を用意するなど愚の骨頂である。この出発点における意思決定が観光マーケティングにとっては重要である。

　笠沙・坊津地区には団体旅行やパッケージツアーで —— 大手旅行会社の集客力に頼って —— 商品化するよりも、少数の旅行者や体験学習が目玉となっている修学旅行向けとなる地域資源が豊富である。「南さつま海道八景」として売り出そうとする海沿いの景観は、レンタカー利用の観光客に強く印象に残るだろうし、鑑真の来訪地点周辺は歴史好きの観光客に十分アピールするかもしれない。坊津の定置網漁業体験も可能性を有している。限定された観光客をどう見いだすかというスモール・ツーリズムの発想の方が笠沙・坊津地区にとっては必要なのであり、マス・ツーリズムを意識し、大手旅行会社の商品造成やその集客力に頼って最初から大量の観光客を期待することは、観光マーケティングの出発点においておそらく方向違いなのである。

50　第Ⅰ部　観光マーケティングの考え方

少数の観光客訪問が出発点であったにもかかわらず、多くの修学旅行生が訪れるようになった人口8,000人ほどの安心院町（現：宇佐市）の事例が最も参考になる地域だといえる。

3.「ツーリズムの様態」から決定する

前節の事例で示したように、観光マーケティングでは市場志向であろうとする前に ── 市場細分化の作業に入る前に ──、地域として、あるいは観光産業として「ツーリズムの様態」を確定しておく必要がある。その意思確認があって初めて市場細分化の作業に入るべきである。「ツーリズムの様態」の確定とは、①大規模であろうとするのか小規模であろうとするのか（大量の観光客を相手とするのか、少数に限定するのか）、②便宜性・意外性など、顧客の願望をどの程度資金を投入して実現しようとするのか、という２点を考慮してマス・ツーリズムを選択するのか、それともスモール・ツーリズムを選択するのかということである。本節ではその中間としてのミディアム・ツーリズムの可能性についても考えてみる。

観光においては地域資源や、装置産業といわれる宿泊施設は場所が限定されるという特質を持っている。旅行会社の場合は日本国内、あるいは海外から観光地を選択して旅行商品を造成するが、やはりその場所性は自然観光資源の脆弱性や観光施設の規模を反映しており、マス・ツーリズムで行けるかどうか顧慮しないわけにはいかない。つまり観光マーケティングにおいては、その出発点においてすでにどの程度の規模、便宜さの提供をするのかを、市場のことを考える前に確定する必要がある。その意思確定とは、**顧客という他者のことであるよりも、むしろ自らを知るというレベルのことである**。資金の調達ももちろんあろうが、何よりもその場所性や経営者の思想などによって決定されるべきものである。

どのように意思確定 ──「ツーリズムの様態」の確定 ── がなされるのか検討してみる。

マス・ツーリズムの三つのタイプ

　マス・ツーリズムについては規模の大きさと願望の実現度の二つの軸それぞれにマス・ツーリズムが広がることに留意する必要がある。その点を考慮すると、次の三つのタイプを想定できる。

A.　大規模施設を擁し、大量の観光客を期待する。顧客の願望を最大限に叶えようとする明確な意思が必要（二つの軸ともにマス・ツーリズムを実現）。

B.　顧客の願望にそれほど応えようとしたわけではないが、大量の観光客が訪れることになってしまった施設。

C.　少人数の顧客のみを対象としているが、高額な料金を受け取るべく顧客の願望を最大限に実現しようとするもの。

　A、B、Cそれぞれについて典型的な事例を挙げておこう。

　Aでは、さまざまな趣向を凝らして来訪者・滞在客を楽しませようとする3,000室から5,000室規模のラスベガスのホテルや、各室にプールが付いたバリ島のリゾートホテルなどが好例である。

　Bでは動物の見せ方を工夫したところ人気が高くなり、呼ぼうとはしていなかったにもかかわらず、旅行会社が注目し、団体旅行やパッケージツアーに組み込まれたため年間200万人から300万人の入園者がある旭山動物園や、観光客にも入場を許しているパリやシャルトルなどフランス各地のノートルダム寺院のケースが該当する。

　Cは極端なものとして、エベレスト登頂などの営業登山（商業公募登山隊）がある。著名な登山家が登頂希望者からカトマンズ集合で一人500万円以上の経費を出してもらい、客8人程度に対して助手となる登山家数人や、食事・テント・予備の酸素ボンベなどを運ぶ10人ほどのシェルパを率いたチームでエベレスト山頂まで案内するというものである（吉田2014：45-46）。あるいは、1970年代からアメリカのリンドブラッド社が実施していた南極旅行（日本発28日間で一人189万円）がある。2,500トンの砕氷客船エクスプローラー号は乗船定員90人ほどだが、願望の実現度という点では大変高く、AよりもCに分類されるべき事例である。さらに、願望の実現度として際立ったものとして、モルジブの環礁にある一つの島全体がホテルであり、1日1組のみ滞在するというツアーが

52 第I部 観光マーケティングの考え方

2006年度にJTBによって企画された。「ラニア＆ウォーター・ガーデン・アイランド・スパ滞在8日間」（二人参加で一人398万円、一人追加ごとに98万円）がそれである。

スモール・ツーリズムからの始まり —— 源泉かけ流しの小規模温泉旅館

　次にスモール・ツーリズムのケースを考えてみる。小規模の施設で少人数を相手にするというだけでなく、顧客の願望を実現することに傾注するのではなく、**地域であれ観光施設であれ、自分たちが無理なく提供できるもので満足してもらおうという観光のかたちである。**観光客の側も当然ながら、何もかも願望が実現するということを期待するのでなく、その地域なり観光施設が提供してくれるもので満足するような心構えが必要となる。先に挙げたエコツーリズムなどは、このような観光客（＝エコツーリスト）に恵まれなければ成立しない観光のあり方だった。

　観光バスが何台かで乗り着けて果物の取り放題をさせている観光農園のようなマス・ツーリズム対応型の施設も農村地域にはあるが、スモール・ツーリズムとしてのグリーン・ツーリズムが成功事例となっている農村地域もある。近年では、大都市圏からの修学旅行生が農業体験をするということで話題になることが多いが、基本は農家がそれほどお金をかけずに副収入が得られる、地域のあり方そのままを提示するという意味でスモール・ツーリズムの典型だった。工夫面で優れた事例とされているのが、大分県安心院町（現：宇佐市）の安心院方式と呼ばれる「会員制農村民泊」というスタイルである。1日1組、夕食も農家の普段の食事を提供する、空いている部屋を使用する、などスモール・ツーリズムの手法で観光ビジネスを取り入れようとしたケースである。

　安心院については第7章で詳述されるので、ここでは次の事例に移る。

　東北地方をはじめとして全国には客室数が10室から15室程度の、増築する意思のない温泉旅館が数多くある。資金的な問題ももちろんあるのだろうが、**源泉かけ流しという温泉の質を維持するために、あるいは自らが提供できる範囲で観光客を迎えようとする意思が明確な温泉旅館である。**つまり、規模の大小と、来訪者の願望をどの程度実現するかという二つの点においてスモール・ツーリズムに留まっている。願望の実現でいえば、マス・ツーリズム対応型の大規模温泉

旅館では当然備わっているものがなかったりする。例えば、温泉の良さを打ち消してしまうということでシャワーが設置されておらず、豪華な食事というのでもなく、カラオケなど用意されていない、といった具合である。

スモール・ツーリズムにおいては温泉地自体としても小規模であったり、一軒宿の温泉地であったりする。青森県の猿倉温泉、山形県の大平温泉、姥湯温泉、新高湯温泉、福島県の赤湯温泉、高湯温泉、群馬県の湯宿温泉、などである。これらは温泉専門のガイドブックなどで紹介されているが、そうした全国ベースのガイドブックには載らない、よりスモール・ツーリズムに徹する温泉地・温泉旅館もある（ただし、こうした温泉地・温泉旅館であっても現在ではインターネットの口コミを通じてその存在が伝えられている）。

温泉旅館が規模を大きくしていくとき、温泉の湧出量には限りがあるため、必然的に循環ろ過方式を採用することになる。高度経済成長期とバブル期に団体客を期待して規模拡大した温泉旅館は、景気後退による宿泊客減少、団体旅行から個人・グループ旅行へのサイズの変化、温泉好き旅行者が循環ろ過方式よりも源泉かけ流しを選ぶようになった、などの事情で衰退しつつある。一方、温泉好き旅行者が確実に定着してきているところから、先に挙げたような、源泉かけ流しの小旅館にリピーターが増えてきている。インターネットを活用した広告——当の温泉旅館が望まない場合の投稿による紹介も含めて——の時代に入っていることもあり、良質の温泉資源を持つ地域は観光で生き残っていける可能性が高い。

上記の推移を納得できるデータもある。(社)日本温泉協会が毎年行なっている「旅と温泉展」入場者から得られたアンケートの調査結果である。

温泉地選定理由として、宿の施設を挙げたのは1990年度で13.4％、2001年度で12.4％であるが、「温泉そのもの」を挙げたのは1990年度で19.0％、2001年度で34.5％である。**大規模化した温泉旅館よりも、源泉かけ流しの小規模温泉旅館が太刀打ちできるデータであろう。**因みに、自然環境については1990年度、2001年度ともほぼ33％、温泉情緒も31.4％から35.7％に増加している。こうした数字は、小規模な温泉地や温泉旅館が温泉の管理さえしっかりすれば、スモール・ツーリズムとしてやっていける可能性を示している。(吉田2010：103)

54 第Ⅰ部 観光マーケティングの考え方

温泉旅館とミディアム・ツーリズム —— 酸ヶ湯と鶴の湯

　上述したように、スモール・ツーリズムでの温泉地や温泉旅館の可能性ももちろんあるものの、そこからもう一歩進んだ方法もある。すなわち旅行会社から大量の団体旅行やパッケージツアーを送客してもらおうとはしないものの、スモール・ツーリズムから脱してその中間というべきミディアム・ツーリズムを選択する温泉旅館も多い。例えば、1909年（明治42年）開業、現在の本館が1918年（大正7年）建築で、別館と西舘がそれぞれ1960年（昭和35年）と1988年（昭和63年）に建てられた客室数59室の**青森県の蔦温泉旅館**や、室町時代中期開業、現在の本館は1967年（昭和42年）に建てられたものの、木造平屋建ての別館は300年前に建てられたという客室数26室の**福島県甲子温泉の旅館大黒屋**、さらには本館が1875年（明治8年）に建築された後、昭和年間に3度建て増しをしている客室数37室の**群馬県法師温泉の長寿館**などである。

　温泉にこだわりを持っており、団体客を一挙に入れて混乱することを避ける方針の温泉旅館は、室数は30室から50室程度が多い。熱海や鬼怒川温泉、北陸の加賀温泉郷、和歌山の白浜温泉など典型的な大規模温泉地におけるマス・ツーリズム対応型温泉旅館の100室を超えるような規模では良質の温泉を、良好な環境で楽しんではもらえないと考えているからである。**ミディアム・ツーリズムは温泉地における重要な選択肢であり、観光マーケティングではこのような「ツーリズムの様態」をどうするかという意思決定が先決なのである。**

　ただ、このミディアム・ツーリズムを選択する温泉旅館については、温泉愛好家の間でも評価の高い温泉であるところから、**旅行会社は商品化したいと考える。**この状態にある旅館は、ミディアム・ツーリズムからマス・ツーリズムへの移行過程の場合もあって、団体客への対応は複雑である。例えば、提供できる範囲で滞在客を迎えるという、思想的には —— というのが大げさであれば、温泉利用へのこだわりといってもよいが —— スモール・ツーリズムからミディアム・ツーリズムに留まる**青森県の酸ヶ湯温泉**のケースである。客室数は51室であるものの、湯治部として昔ながらの自炊客用の湯治用和室を別に83室持っているところから、巨大旅館といってよい規模となっている。かつての湯治宿の機能を残したいという意思の現われでもあろうが、畳60畳の広さで総ヒバ造りの混浴千人風呂が名物であり、パッケージツアーのパンフレットでは江戸時代から

の湯治客の宿であったことが謳われている（それをツアーの目玉としている）。2次会用のカラオケスナックや、千人風呂の女性専用時間も設けられており、マス・ツーリズムが意識されている。ただ、**酸ヶ湯温泉はすべてを旅行会社の標準仕様に合わせることはしていない。**パッケージツアーのパンフレットで「お部屋に風呂・トイレ・冷蔵庫はありません」と注意書きされていることがそれを物語っている。

　旅行会社が温泉旅館を旅行商品に組み込もうとする場合、風呂はともかくとしてトイレや洗面台、冷蔵庫（中身が空の場合も含めて）が部屋にあるのは当然だと考えられている。しかし、旅行会社が団体旅行やパッケージツアーに組み入れたくて仕方がない**秋田県乳頭温泉郷鶴の湯温泉**については次のような事情がある。

　鶴の湯温泉の白濁した混浴露天風呂「鶴の湯」は酸ヶ湯温泉の千人風呂とともにメディアで最も取り上げられやすい温泉である。話題性があり、2009年に韓国で大ヒットしたイ・ビョンホン主演のテレビドラマ「アイリス」の秋田県ロケでも唯一、温泉場面のロケとして「鶴の湯」が使われていたことからもそれは知られる。山塊に抱かれた一軒宿の鶴の湯温泉の駐車場に立つと江戸時代にタイムスリップしたかのような水車と門、そして萱葺き屋根で長屋風の本陣がまず目に入る。通常の部屋は、2号館・3号館の部屋が代表的だがトイレ・洗面台は個々の部屋にはなく、2号館にある共用のトイレ・洗面台を使う。もちろん冷蔵庫・テレビ・冷房・電話もない。ましてやマス・ツーリズムに付き物のバーやクラブ、カラオケルームなどあるはずもない。つまり、**本来はスモール・ツーリズムにおいてしか機能しない温泉宿だった。**

　1987年と1989年にそれぞれ新築された新本陣、東本陣になってやっと部屋にトイレ・洗面台・電話付きとなる。部屋数の合計は35室であり（トイレ付き16、トイレなし19）、現状では鶴の湯は団体旅行に使うには部屋数確保という点で問題があり、個人組み立て型のパッケージツアーとしてしか商品化できない。旅行会社としては、秘湯として知名度が高く、混浴露天風呂「鶴の湯」の他に女性専用露天風呂を二つ設けていることなど、女性客を送客できる格好の旅行素材でありながら、思うように旅行商品化できないのが現実である。

いま見てきたように、温泉旅館は「ツーリズムの様態」を決定しなければならない。①スモール・ツーリズムに留まるのか、②莫大な資金を投じて大規模施設（大浴場や大宴会場）を造り、旅行会社からの送客に依存するマス・ツーリズムを目指すのか、③ミディアム・ツーリズムとしての道を探るのか、という選択である。特にミディアム・ツーリズムについては複雑な様相を示しているが、マス・ツーリズムについても、拙著『新しい観光の時代』（2010）で詳述したように、湯快リゾートや伊東園ホテルグループなど旅行会社に送客を依存しない新しいビジネスモデルが誕生している。そのマーケティング手法は学ぶべき点があるが、いずれもその出発点でマス・ツーリズムとしてどう生き残っていけるかを明確に決定していた点に注目すべきである。

参考文献

石井淳蔵他　2004『ゼミナール　マーケティング入門』日本経済新聞社

池尾恭一　1999『日本型マーケティングの革新』有斐閣

トーマス、ダナ著　実川元子訳　2007＝2009『堕落する高級ブランド』講談社

中谷健太郎　2001『湯布院発、にっぽん村へ』ふきのとう書房

(財)日本自然保護協会　1994『NACS-J エコツーリズム・ガイドライン』(財)日本自然保護協会

吉田春生　2003『エコツーリズムとマス・ツーリズム』大明堂

吉田春生　2010『新しい観光の時代』原書房

吉田春生　2014『ツアー事故はなぜ起こるのか ── マス・ツーリズムの本質』平凡社

第 3 章

重要なものは何か
—— 観光マーケティングと経験価値 ——

▶本章のポイント

　1999 年に 2 冊の本（『経験経済』と『経験価値マーケティング』）が
アメリカで刊行され、それらはともに 2000 年には日本で翻訳書が発行
された。それらは従来の伝統的マーケティング理論における機能的特性
と便益を重視する方法に対抗するものだった。前者の書は経済システム
の進化という観点から経験経済という概念を創出し、後者の書はマーケ
ティングの手法として経験を重視した。一般的にいえば、古くから人々
は旅において美しい景色、絵画や建築、料理など経験価値を見いだして
きた。また、マス・ツーリズムにおいても同行者との歓談、添乗員や
ガイドとの交流において経験価値は生まれていた。それ故、観光マーケ
ティングにおいても、観光形態・旅行形態など独自の細分化手法におい
て経験価値を分析することが必要となっている。

58 第Ⅰ部 観光マーケティングの考え方

　1999 年に出版された B.J. パインⅡと J.H. ギルモアの共著『経験経済』、及びバーンド・H. シュミットの『経験価値マーケティング』はマーケティングの研究者、及び実務家に一定の影響を与えた。ともに 2000 年には日本でも翻訳が出版されたこともそれを物語っている。前者は、経験価値を意識することで新たな経済システムに変わってきているのだという文明観をベースに、**商品の販売戦線で起こっているコモディティ化から脱する道を探るものだった。また、後者は従来の機能的特性と便益を重視するマーケティングから経験価値を重視するマーケティングへの転換を提案するものだった。**

　恩蔵直人は 2007 年に刊行した著書『コモディティ化市場のマーケティング論理』の序章において、コトラーらによって推進されてきた STP（セグメンテーション、ターゲティング、ポジショニング）を中心とした伝統的マーケティング論理は、コモディティ化した今日の市場ではかつての有効性を失っているのであり、新たなマーケティング論理が必要なのだとして論考を展開している。2010 年に刊行された大学の学部高学年、大学院修士課程、及びビジネスマンを対象とした池尾恭一らによるテキストブック『マーケティング』においても、市場におけるコモディティ化の進行に対して経験価値を重視することで脱コモディティ化を図るべく、上記二著に触れた節が設けられている。

　もちろん、石井淳蔵らによって 2004 年に刊行された『ゼミナール　マーケティング入門』のように、「マーケティングの新しい現実をとらえようとして、新しい概念、理論、手法が次々と提唱されている。とはいえ、ネーミングの目新しさだけに頼った議論が横行しているのも現実である」（石井他 2004：5）、とするのも一つの見識である。450 頁を超える同書において、経験価値や経験経済という言葉は登場していない。新たな言葉一つで、マーケティングのさまざまな現実がすっきり解決できるはずもない。しかしながら、この二著については、単なる紹介でなく、観光マーケティングにおいてもどのような意味を持つかを十分に検証する必要がある。後述するように、観光の分野においては、特に経験価値というようなとらえ方は馴染みのものだからである。

　マーケティングはかたちのある製品の場合と、かたちのない、手に触れることのできないサービスの場合では違いがあるといわれてきた。いうまでもなく、アメリカで発展したマーケティングの思考は、基本的には製品に対するものであ

第3章　重要なものは何か──観光マーケティングと経験価値──　*59*

り、その流通について大なる関心が払われてきた。コトラーらの『ホスピタリティと観光のマーケティング』はそうした製品のマーケティングからサービス分野へマーケティング概念を拡大することで生まれた。おそらく、コトラーが行なったマーケティング概念の拡大と同様のことを、経験価値や経験経済は経験という言葉で拡大しようとしているのかもしれない。それはマーケティングという言葉にふさわしい細分化──明晰な分割において論考されているのだろうか。本章ではそのことを検証していこうと思う。

　ところで、いま触れたように、経験価値という言葉ではないにしろ、同様の趣旨のことは観光分野では古くからいわれてきた。かたちのない商品の典型であるパッケージツアーという旅行商品は、旅行代金支払い時点で手にするのは一片の紙切れ（日程表）でしかない。それは参加者がその後受ける一連のサービスが記載されているにすぎず、ガイドブックなどを参考にするにしても、実際の商品内容は時間の経過とともに具現化し、そこで初めて経験されていくのである。運輸機関の乗り心地や所要時間、宿泊施設の地理的な便宜性や滞在の際の快適さ、随行する添乗員の仕事振り、提供される食事のおいしさなど、**機能的特性や便益によって判断できる旅行素材**はあるものの、それぞれを**経験価値として理解することも可能**だった。同時に、観光対象などの観光素材も含めて、トータルとしてその旅行がどれほどの経験価値を与えることができたかが旅行商品であるパッケージツアーの評価につながっていた。

　むしろ、観光において経験価値はより精緻に議論されてきたということもできる。なぜなら観光の目的である観光対象について、ブーアスティンによる疑似現実の問題が1960年代に提起されて以来、1970年代のマッカネルの「演出された真正性」、1980年代にはコーエンの真正性と商品化という重要な課題が提示され、一方では、文化人類学から派生した観光人類学においても、地域文化（＝伝統文化）の変容という大きな課題が発見されたからである。いずれにしろ、本物（＝真正性）と偽物（「演出された真正性」）における経験価値、あるいは目的としての経験価値とはどのようなものなのかというような課題は、先述の二著が提示するかなり以前から観光の分野では重要だった。

　観光における経験価値の意義を明らかにするためにも、これから前記二著につ

60 第Ⅰ部　観光マーケティングの考え方

いて考察を進めていきたい。

1.　コモディティとコモディティ化

コモディティ化については、現在、次のように説明される。

企業間での模倣や同質化の結果、商品間の差別性がなくなり、価格競争のみに支配されるような状況、あるいはそのような状況に陥っている製品・サービス。

コモディティ化は製品のみならず、旅行のようなサービスについてもいわれる。日本でのマーケティング研究者においてもこのような受け止め方が普通である。パッケージツアーや新聞で募集される「募集型企画旅行」についてもこの傾向はかなり以前から指摘されていたが、今日なお、なかなか抜け出せないジレンマである。しかし、このコモディティ化という概念を明確に打ち出したパインⅡとギルモアの著書では、その方向のみが記述されているわけではない。地域にとっての観光マーケティングにおいて重視されるようなヒントもそこには隠されている。

経済システムの変遷—— コモディティ経済から変革経済まで

パインⅡとギルモアは経済システムの変化をコモディティ、製品、サービス、経験と捉えており、その把握の中では、もともとコモディティという言葉は、自然界から得られる産物を指していた（パインⅡ他 1999＝2000：20-30）。

植物なら地上で栽培して収穫し、動物なら育てて食肉として解体する。鉱物なら地中から掘り出す。魚介類なら水中から採取する。木材なら森林から切り出す。これが**コモディティ経済**と呼ばれるものである。いずれも若干の加工はあるものの、自然界から産出されたままの商品である。パインⅡとギルモアは、これを代替可能なところに特色があり、「差別化できないので、コモディティ市場は需要と供給のバランスだけで価格が決められる」、としている。もちろん、二人の見方はあまりに単純なものであろう。以前ほどではないにしても、関サバは佐賀関漁協の伝統的な漁法のおかげで一定のブランド性を得ていた。あるいは、コーヒーに品種があり、飲料水も土地によって味わいが違うように、**現在ではこうした地域による差異こそむしろ貴重**となっている。これは地場産業や、それを

第3章　重要なものは何か——観光マーケティングと経験価値——　*61*

活かした観光においても無視できない視点となっている。

　製品はコモディティを原材料としてつくられ、在庫され、流通する。19世紀の半ば以降、生産技術革新によって、膨大な数の工程を自動化したアメリカ型工業システムが形成された。また、1910年代にはT型フォードに代表される、組み立てラインを使った大量生産が製品の産出について大きな変化をもたらした。規模の経済化がさまざまな製品において可能となったのである。このような20世紀前半の動向は**製品経済**だとされる。その後主流となる**サービス経済**は、顧客が自分ではしたくない仕事を他人からサービスしてもらうものである。

　アメリカではサービス業の雇用者数が圧倒的に多いものの、コモディティや製品の産出量は減少しているわけでなく、テクノロジーの革新により効率性が増したため、労働量が減少しているのである。**サービス経済**の進展は製品のコモディティ化を引き起こすのだとして、パインⅡとギルモアは次のように説明をしている。消費者であれ企業であれ、自分たちが高く評価するサービスを買うためには、製品への支出を倹約する。例えば、外食する、カフェを経営するために、価格の安いウォルマートで食品を買い、サプライヤーの提示価格を値切る、ということが起きる。その結果、メーカーのほとんどが製品のコモディティ化に直面するのだとされる。こうしたコモディティ化の罠から逃れるために、メーカーは製品をサービスで包んで提供する。そうすれば、顧客のニーズを満たす、より完成度の高い豊かな経済価値が提供できるというのである。

　ところが現在では、サービス業がコモディティ化の罠にはまっている。パインⅡとギルモアの挙げる例でいえば、電話会社は長距離サービスを価格引下げだけで売ろうとし、航空会社はかなりの乗客を無料航空券で搭乗させている。**サービス経済**がピークを迎えつつある代わりに、サービスとは異なる新しい経済が台頭している。新たな経済価値である経験は、顧客を魅了するときに生ずるもので、思い出となって残るという特性を持つ。**経験経済**を担う企業は、製品やサービスそのものではなく、それをベースに顧客の中に形成される経験を提供するのだという。

　以上が、コモディティ、製品、サービス、経験という経済システム進化の状況である。パインⅡとギルモアはそこに留まらず、経験経済の延長上に変革経済という概念も提起しているが、ここではそこまで踏み込む必要はないであろう。コ

モディティ化が進行する中での、経験価値を重視した経験経済という発想が斬新であったからである。私たちの議論はそこに集中すべきだからである。

コモディティの本質

ところで、すでに触れたように、コモディティは決して無視されるべき経済価値なのではない。観光マーケティングにおいては、むしろその活かし方にこそ工夫が凝らされるべきだが、パインⅡとギルモア自身も次のように述べている。

> 商取引で提供されるすべてのものは、どこか、あるいは何かを起点に生み出される。営利企業が生まれる前からこの世に存在しているコモディティは、動植物や鉱物から抽出される。人間の経済活動の開始以来、こうした素材は新しい製品やサービスが生まれ、今日では経験や変革が生まれる源泉となっている。(パインⅡ他1999＝2000：226)

コモディティの存在意義を明確に認めるこの文章に続いて、二大穀物会社の業績から、「経済価値の低いコモディティを扱っていても、事業を成功させられるし、コモディティの供給に集中することが企業にとっても適切な戦略になる場合もある」と述べている。つまり、パインⅡとギルモアは、どのような顧客のために、どのような仕事をするかによって経済価値が決まるのだといっている。コモディティだけでなく製品やサービスも、経験や変革という経済価値同様、企業の戦略によって経済価値として選ばれることもある。

ここに至って、パインⅡとギルモアの述べるところからは、コモディティ化が起こっているという状況——その過程で製品やサービスに代わって経験経済が重要だとの主張が展開されていた——と、製品やサービスとともにコモディティが商品として有効である場面が別途のものだとの感触が得られる。先にも述べたように、コモディティは地域が観光マーケティングに踏み出す際の、重要なチェックポイントである。

ここではもっと単純に、製品やサービスにおいて起こるコモディティ化からの転換を図るのに有効だとパインⅡとギルモアに考えられている、経験経済における経験の意味について考えてみたい。

2. 経験価値をめぐって —— ブランドとの関連性

　バーンド・H.シュミットは『経験価値マーケティング』において、経済システムの進化、あるいは脱コモディティ化という観点からでなく、もっと直截的にマーケティングのあり方として、機能的特性と便益を重視する伝統的なマーケティングから経験価値マーケティングに転換するべきだ、と述べていた。

　このように変わらざるを得ないのは、①ITの発達、②ブランド至上主義の展開、③統合型コミュニケーションとエンターテインメントの普及、という現代社会の特徴的な現象が定着したからである。シュミットはSense（感覚的経験価値）、Feel（情緒的経験価値）、Think（創造的・認知的経験価値）、Act（肉体的経験価値とライフスタイル全般）、Relate（準拠集団や文化との関連づけ）という五つの経験価値のタイプを挙げ、詳述している。その主眼は、ブランドにおける経験の重要性を確認するところにあった。

ブランドによる経験価値

　ブランドは、機能的特性と便益という伝統的なマーケティングの手法からは掴みにくい特性を持っている。シュミットによれば、ブランド名とロゴが顧客の選択を導くのではなく、ブランドの本質は、「記憶に残り価値のあるブランド経験から生じる感覚的、情緒的、認知的連想」（シュミット 1999＝2000：41）をもたらすところにある。すなわち、**ブランドは経験価値をもたらすところに意義がある**、としているのである。

　さらにいえば、ブランドの経験価値とは、購買後、消費している中で生まれるものであり、**伝統的マーケティングは顧客に買うように仕向ける説得の場面ばかりに注意が向き、購買後に、消費の場面で何が起こるかについてあまり関心がない**（シュミット 1999＝2000：49）。『経験価値マーケティング』の全体を通じて、ブランドが消費の場面で経験価値をもたらすこと、ひいては顧客に買うように仕向ける場面である広告においても活かされるのだという観点が提示されている。未経験の人に対しても、ブランド品が素敵な経験をもたらすことが暗示される広告の事例が多く取り上げられている。かくして、シュミットの論理では、（未体

64 第Ⅰ部　観光マーケティングの考え方

験の）消費者も自分たちに経験価値を提供してくれるようなブランドを求めるのだと結論づけられる。

　経験価値の最後のタイプ、Relate（準拠集団や文化との関連づけ）については次のようなことがいわれている。ブランドの購買・消費を通して、そこで経験価値をもたらされた人たちの間に、現実のものか想像上のものか、暗示的なものかは別にして、関係性が生まれる。すなわち、Social Capital という言葉に、経済学でいうところの道路や港、上下水道などを意味する社会資本に加えて、人間のつながりに着目して社会関係資本というニュアンスを導入したロバート・D.パットナムに倣うならば、**ブランド・コミュニティとでもいうような、ブランドによって経験価値を味わった人たちのつながりをシュミットは想定するのである。**もっとも、パットナムが大著『孤独なボウリング』でアメリカにおけるさまざまなコミュニティの崩壊を検証し、その再生を探った試みと較べれば、ブランド消費によるコミュニティ形成がいかにもはかなげに映るのは筆者一人だけではあるまい。

　私たちは体験としての経験価値をさまざまな場面で感じることができる。バーで一杯やる、映画に行く、親しい友人とカフェで長時間話す等々、日常生活の中でも多く見いだせるし、旅先での感銘はこうした経験価値と不可分であろう。経験という言葉の意味についてはもう少し検討する必要があるが、ともあれ、**経験価値はブランドを消費することによっても生まれる、そしてそれをマーケティングにも有効に活かすべきだ**というのがシュミットの論調である。

　経験価値を組み合わせたとしても、個人に留まる可能性の高い Sense、Feel、Think、Act に比べ、Relate はその定義からして、共有されたものとなる（Act にもその可能性はある）。ただし、それは準拠集団を確認するというよりも、いま触れたように新たな社会関係資本が形成されたというべきかもしれない。こうした論理の筋道に対しては、シュミット自身が各章の最後に、他ならぬ自らの論考を批判する視点として設定したローラ・ブラウンに次のように言わせている。

　　　ブランドなんかに関連づけられたいと思う人っていったい誰なの？ ブランド経由で他の人と関連づけられたいっていうのもわからないわ。「ブランド・コミュニティ」っていったいどんなコミュニティなのかしら？ 現実の人々のコミュニティはどうなの？（シュミット 1999＝2000：242）

第3章　重要なものは何か —— 観光マーケティングと経験価値 ——　*65*

経験とは何か

　ここまで、経験価値、もしくは経験という言葉について深く考えてきたわけではなかった。しかし、いまその点をはっきりさせて前へ進むべきだろう。シュミットは『経験価値マーケティング』の最後に次のように書いている（シュミット 1999＝2000：317-318）。

　世の中には、自分が取り上げたような**マーケティングに有用な経験価値とは異なる、より深い、より本質的な経験価値が存在する**。それはマーケティング・キャンペーンよりもずっと私たちの感覚に訴え、心をときめかせ、私たちの生き方を変えてしまうほどのものである。ブランドやマーケティング・キャンペーンはこのようなタイプの経験価値を提供することはできない。マーケティング・キャンペーンでつくられた経験価値は、このような「本物の」経験に較べればまやかしといわれてもやむを得ない。

　しかし、ここからシュミットの反撃は始まる。

　「本物の」経験からなされる経験価値に対する批判 —— 商業的なもので、表面的で、操作的だという批判 —— は、高慢で、画一的で思い上がったものだとシュミットは言う。なぜなら、「私たちという存在は、強烈で、つねに人格を揺さぶるような経験をするために生まれてきたのではない」からである。**ほどほどの現実的な経験やまやかしの経験こそが私たちの幸福の必須条件ではないだろうか**、とシュミットは主張する。これは観光研究で真正性と商品化（もしくは「演出された真正性」）という対比で語られてきたことを想起させる。

　かつて哲学者の森有正は次のように述べていた。

　　（……）経験という言葉で私が意味するものは、一人一人の人間の個人の他と置き換えることのできないある形成されたものであって、その場合、個人というのはもちろん抽象的な、生物としての一個の人間というようなものではなく、社会、歴史、伝統の中に、その問題をもって、また信頼と反抗とをもって内在する一人の人間をいうのであり、「経験」というものがその一人の人間を定義するのである。
　　（……）その根本のところは、経験というものが、感想のようなものが集積して、ある何だか漠然として判ったような感じが出てくるというようなことではなく、ある根本的な発見があって、それに伴って、ものを見る目そのものが変化し、また見たものの意味が全く新しくなり、全体のペルスペクティーヴが明晰になってくることなのだ、と思う。（森 1967：54-55）

66 第Ⅰ部 観光マーケティングの考え方

いうまでもなく、ここでいわれる経験——「本物の経験」といってもよい——は、消費における経験価値というようなこととはまったく異なる、重く、厳しい人間の生き方に関するものであろう。森有正は、経験と体験を区別していた。経験がこのように一人の人間に個別に起こることでありながら普遍性を持ってくるはずだとすれば、体験はそれと違って、安易な主観に留まるものだとされている。シュミットのいう経験価値とは、こうした体験の印象深いものであるかもしれない。しかし、マーケティングにおける経験価値の重視は、シュミットが開き直ったように、そうした現実——あまりに多様な、めまぐるしい消費活動が行なわれている現代——において、新たな、かつ必須の関心事であるのも確かである。

　森有正の述べるところに従えば、経験価値というよりは体験価値と表現すべきかもしれないが、すでに経験価値という言葉は広く流通しているところでもあり、本書においてもそのまま経験価値と表記してゆくものとする。

手段としての経験・目的としての経験

　マクドナルドが滑り台など子供用の遊具・設備を用意するのは、商品を販売するための環境づくり（＝手段）として有効だからであるが、ディズニーランドにおいてはそこでのアトラクションはそれ自体が商品（＝目的）である。同じ経験であっても、その用途は明らかに違っている。パインⅡとギルモアが機能的特性や便益の束よりも経験を重視すべきだとして多くの具体的事例を挙げるときにも、**何らかの商品を購入するための環境づくり（＝手段）で活用される経験のケースと、経験すること自体が商品（＝目的）であるケースとが混在している**。

　例えば、次のような事例——。

　「製品を経験づくりのために利用する道具として販売」する小売業者は、「販売スペースそのものを経験に変えている」。典型として紹介されているのは、ミネソタ州のキャベラという狩りや釣り用の道具をはじめとするアウトドア用品を売る店である。約1万3,500平方メートルの広さの店舗には、滝のある高さ11メートルの山に経営者一族が仕留めた100種類以上の野生動物の剥製が配置されている。同じくアウトドア用品の小売店であるREIは本拠地シアトルに約17メートルの山に登る、自転車に乗ってコースを走る、ウォーキング用の小道を歩くなど

第3章　重要なものは何か——観光マーケティングと経験価値——　*67*

の経験の場を設けている（パインⅡ＆ギルモア 1999＝2005：35、66、248）。

　上記は自らの商品を購入してもらうために、環境づくり（＝手段）として経験できる場面を提供しいる事例に他ならない。用途の混在はパインⅡとギルモアに、経験経済が重視される以上、コンサート会場へ入場するのと同様に、経験できる場面は有料でなければならないという主張に向かわせている。販売の環境づくりとして提供された経験までもが有料であるべきだとの主張である。その論拠は、そこに経済価値を生み出すのでなければ経験は意味がない、というものである。これは手段と目的が混同されてしまっている、転倒した論理である。2005年に出版された新訳の『経験経済』には、手段としての経験にも料金を徴収している事例を紹介する新論文が追加されているが、それらはいずれも自社製品、もしくは取り扱っている商品に親しんでもらい、最終的には商品の購入が目的となっている試みである。したがって、「（……）料金が請求できる経験を提供する方法を模索しないかぎり、いつまでたっても自社が提供する経験は料金を請求できるだけの価値があるものにはならないのである」（パインⅡ他（1999＝2005：108）というのは、あくまで経験が目的となっている商品の場合にのみ有効な論理であろう。

　旅を典型として、ディズニーランドなどのテーマパークも経験価値がその目的とされていることに異存はないであろう。一方で、手段として経験価値が活用されるというパインⅡらの議論はどこまで有効だろうか。その点をもう少し見ていこう。

　パインⅡとギルモアは、経済システムの進化を、コモディティ、製品、サービス、経験と経た後、変革に至るのが順当であるとの見方を示している。「経済活動が製品、サービスから遠ざかるにつれて、経験が人に及ぼす効果を考えずに経験だけを演出する企業は、経験もやがてコモディティ化すると知ることになる」（パインⅡ他 1999＝2005：177）。経験もまた通俗化する——。すなわち、一度目の感動は、二度目、三度目において減少していき、結果的に価格競争となってしまうところからコモディティ化が起こるとされている。ディズニーランドのように絶えず新たなアトラクションを導入しない限り、このアリ地獄からは抜け出せないようにも思われる。そしてパインⅡらの議論は次のようなところへ辿り着く。

68 第Ⅰ部　観光マーケティングの考え方

　　経験は、究極の経済価値ではない。企業は製品やサービスのコモディティ化の場合
　と同じく、カスタマイゼーションを行なうことで経験のコモディティ化を防げる。経
　験をカスタマイズして、その顧客にぴったりの経験をつくり出し、求められているも
　のをずばり提供すれば、企業はその人を変えるような影響を及ぼさざるを得ない。人
　生を変えるような経験という表現を耳にしたことがあるだろう。経験をカスタマイ
　ズすると、自動的に「変革」という一段階上の経済価値にシフトする。(パインⅡ他
　1999＝2005：177)

　もともと、パインⅡとギルモアが経験経済から変革経済まで経済システムの
進化を考案したのは、二つの現実が存在したからである。一つは「経験をより魅
力的にする技術的進歩」があったからであり、いま一つは、「次から次へと新し
い差別化要因を求めざるを得ない競争環境の激化」に直面したからである（パ
インⅡ他 1999＝2005：18)。この二つの事態からパインⅡらが結論するのが、コ
モディティ化を防ぐためにはテクノロジーの進展によるカスタマイズが必要であ
る、という引用文の内容なのである。

　パインⅡとギルモアにおいて**カスタマイズとは、テクノロジーを活用した多彩
な選択肢が用意され、個々の顧客がそこから自らにあった商品を提供される**こと
を意味している。そのことによって類似品からの差別化に成功するというわけで
ある。もちろん、そこでのカスタマイズとはマス・カスタマイゼーションが意味
されている。

　おそらく、経験価値を重視した経験経済のあり方は、まだまだ議論が必要で
あろう。先の引用文では、シュミットが確かに存在するかもしれないが、マーケ
ティングの世界ではそんなものにはかまっていられないのだと開き直った当のも
のが推奨されている。「人生を変えるような経験」というのがそれである。パイ
ンⅡらは次のようにも書いている。「本当のところ、人々は何を求めているのだ
ろうか。確かに経験を求めてはいる。だが、それ以上に、人々は自分を変えたい
と思っているのだ。経験は、サービスほど瞬間的なものではない。経験に参加す
る人は、思い出よりも長く残る何か、製品、サービス、あるいは経験だけでは得
られない何かを求めている」。経験価値に留まるのではなく、そこからさらに進
んで、「経験だけでは得られない何か」、すなわち「変革」が期待されている。こ
のように書いた後、私たちの気がかり —— 手段としての経験なのか、目的とし

第3章　重要なものは何か──観光マーケティングと経験価値──　*69*

ての経験なのかという命題──についての回答ともいうべき文章がくる。「エクササイズ、精神分析医のカウンセリング、MBAコース、宗教的イベントはいずれも経験そのものが目的ではなく、より望ましく、より価値のある何かを導き出すための手段として位置づけられる」（パインⅡ他 1999＝2005：176）。

　これは先に筆者が例示した**日常生活や旅先のさまざまな場面で感受する経験価値というべきもの**──個々人の内面を一挙に変革するというよりは、**生きる上での充実感の蓄積**──とは異相のものである。顧客が購買するための環境づくり（＝手段）として経験を活用するという段階から、**目的と見えた経験も実は他の結果（＝変革）を求めての手段にすぎなかった**、というところまでパインⅡらの議論は進んでしまっているからである。ただ、ここでの変革が功利主義的なものにすぎないことにも留意する必要がある。なぜなら、私たちがこれから観光マーケティングを考えていく際に、その経験自体が大きな価値をもつ目的なのだという点にこだわることになるからである。

3.　経験価値をどう見いだすか

旅行における経験価値

　商品ということを離れて、旅行という行為における経験価値を列記してみる。

①　**絵画や美しい景観、自然・生態系などとの出会い**……これはマズローが**審美的欲求**と名づけたものであり、一定の人たちによって間違いなく保持されているものだとされる（マズロー 1954＝1987：79）。自らが芸術家たることは叶わなかったものの、好みとして美を愛する気持ちが維持されている旅行者において発現する。堪能する十分な時間が必要であり、パッケージツアーや団体旅行の日程では実現できないことが多い（ただし、目的をそのようなものに限定して、美術館めぐりだけで日程を組んだツアーも催行されている）。

②　**異なる日常生活が営まれている世界への進入**……特段の観光地でなくとも、ごく日常的な光景に触れることが大きな感銘を呼ぶことがある。アジアやイスラム世界でのバザール、ヨーロッパでのカフェなどさまざまな場

70 第Ⅰ部　観光マーケティングの考え方

面で体験可能である。これも①と同様自由な時間に恵まれた旅においての
み実現できる。

③　**旅行仲間とのおしゃべり**……この経験価値には２種類ある。パッケージ
ツアーなど、ツアー参加以前には面識がなかったものの、旅行中に話が合
うようになり、旅行後仲間となるケースである。近畿日本ツーリストから
分離したクラブツーリズムが旅行仲間を組織化し、クラブ形成・運営する
ことで業績を上げたことが知られている。もう一つは、多くの団体旅行に
おいて見られた、旅行以前からの知り合いと旅行中一緒になって楽しく旅
行期間を過ごすというものである。これは第１章で紹介した日本人の旅行
形態について十分な理解がないと観光マーケティングにおいてどのように
対処してよいか分からないケースとなる。マーケティングでいう消費者の
細分化に当たるものだが、最も研究が遅れている分野であり、それによっ
て旅行行動（＝観光形態）も細分化され、その二者を意識して旅行商品も
造成されるべきだが、旅行会社はともかくほとんどの地方自治体ではこう
したことの基本的な理解がされていない。因みに、組織内募集旅行に当た
る農協が募集する旅行参加者への、(社)全国農協観光協会が実施したアン
ケート調査（1998年度）では、「同行の人々とのつき合い」が「気楽」「料
金が割安」「多くの観光地に行ける」「宴会」「ガイドの説明」などを上回っ
て１位だった。

④　**機能的価値に留まらないホテルなどの宿泊施設**……旅行する上で宿泊施
設は不可欠なものである。しかし、宿泊施設は観光媒体として、ただ宿泊
という機能を果たすばかりでなく、忘れえぬ経験価値をもたらすことがあ
る。著名リゾート地のデラックスなホテルやコテージ、ヨーロッパ各地の
個性あるクラシックホテル、日本各地の老舗温泉旅館、逆に奇をてらった、
近代性の極致ともいうべきラスベガスのホテル、さらにはアメリカのカント
リー・インやイギリスのカントリー・ハウスなどのように地方において存在
感を発揮する小規模な宿泊施設など、大都市に多い近代的なホテルやチェー
ン展開されているビジネスホテルでは得られない経験価値を手にすること
ができる。

⑤　**著名な絵画・建築物・景観などの実見**……①が一人旅や自由旅行など時間

が意のままになる旅行において、じっくり堪能することで実現されるものであったのに対し、⑤は旅行会社によって綿密に組まれた団体旅行やパッケージツアーの日程の中でも接することのできる経験価値となる。観光客の側に、①のケースのような審美的な鑑賞眼が育っている必要はなく、一目見たかった、話の種にできるなど通俗のレベルでかまわない。ルーブル美術館が典型であるように、見学順路はすでに決められており、ミロのビーナスやモナリザ、ナポレオンの戴冠式など著名な展示物の実見による感動が約束されている。建築物と景観に関しても、旅行日程に予め組み込まれているため、自由に、自らの関心に応じて長時間をそこで過ごすことはできない。表面的なものであっても、実見することによる感動は大きなものがある。

⑥　**添乗員や現地ガイド**……特に海外旅行における添乗員や各地の名物ガイドは印象に残ることが多い。添乗員については、その後もその添乗員の引率するツアーに参加することも多くなり、観光客側の経験価値というに留まらず、マーケティング上、リピーターの育成や**関係性マーケティング**という観点からももっと注目されてもよい。国内旅行においても、（株）日本旅行の平田進也のように年間5億円から7億円も稼ぐ特異な事例も生まれている。

⑦　**食事**……食事は本来、国内であれ海外であれ、異文化体験の代表的なものである。自らの食習慣・食文化と大きく異なる場合には、嫌な体験として強く記憶される場合もある。すなわち、経験が価値として強く記憶される場合もあれば、その逆もあり得る。前者の典型的なケースとしては、フランスの三ツ星・二ツ星レストランでの食事体験や、中国での名物料理などの体験が該当するであろう。後者については、中南米やアフリカなど観光客の多く訪れることのない場所 —— 観光客を迎えるシステムがまだ整っていないことを意味する —— で起こる可能性がある。

⑧　**疑似（演出された）現実による観光対象・観光媒体**……どちらかといえば、⑦まではいわば「本物」との出会いであった。観光においては、そうした本物ばかりでなく、疑似現実も経験価値をもたらす重要な構成物である。疑似現実はアメリカの歴史学者ダニエル・J.ブーアスティンがアメリカ

社会の特色として 1960 年代にその著書『幻影の時代』で活写したものだが、その後、観光人類学の橋本和也によって観光文化という言葉が定着した。本来の伝統的な踊りが、観光客に分かりやすく簡素化されるバリ島での事例や、岩手県遠野市において昔話が観光客に対しては共通語的土地ことば（土地ことばと共通語の混合）で語られることなどの事例がある。これは旅行会社をはじめとする観光事業に係わる業者・地域が最も工夫を凝らすべきものとなっている。例えば、極めて巧妙なものとしては、毎年 9 月 1 日から 3 日まで富山市の八尾で繰り広げられる「おわら風の盆」を旅行商品化したクラブツーリズムの「月見のおわら」というツアーがある。本番ではあまりの混雑で十分には見物できないため、まったく別の時期に、本来の「おわら風の盆」とは関係ない 9 月下旬に貸切りのイベントとして、町内 11 地区のすべての踊りを鑑賞できるというものである。踊りはもちろん本物ではあるものの、実施時期をずらすということをしているケースである。（吉田 2014：153-154）

　以上、経験価値が発生する旅の場面を挙げてみた。これを旅行形態の細分化という観点からさらに分析してみよう。

　①と②についてはすでに指摘したように、一人旅や自由旅行において生まれる場面である。旅行商品として通常イメージされる団体旅行やパッケージツアーにおいては、効率的な日程 —— 少ない日数でどれだけ多くの観光対象を見て回れるかが勝負となっている —— で組まれているため①や②の事態は起こらないと考えた方がよい。

　逆に③以下は団体旅行やパッケージツアーで起こりやすい。

　③は知り合い同士で出かける仲間・親睦旅行や、農協・議員後援会・信金信組などによる組織内募集旅行で起こるのが普通である。また、かつて盛況であった招待旅行や、今日においてもなお盛んな報奨旅行など仕事や業績が絡むビジネスベースではあるものの、おしゃべりは重要な経験価値創造の役割を担っていた。海外旅行が 1964 年に自由化されてしばらくは、旅慣れない旅行者にとって仲間とのおしゃべりは緊張感が緩和される要因だったこともある。もちろん、家族旅行においても経験価値というべきものが共同体験されることの意義は今日の社会

第3章　重要なものは何か——観光マーケティングと経験価値——　73

においては大きいといわねばならない。ディズニーランドでの経験価値は、親子で出かけた場合、個々人の固有のものであるとともに、親子でその後話し合える共通の話題として継続されるからである。

　④と⑦は個人旅行でも団体旅行・パッケージツアーでも起こるものであろう。⑤⑥⑧はその性格から団体旅行とパッケージツアーで主として起こる。

　⑤は説明のところでも触れたように、効率的な、かつ綿密に組まれた日程で体験されるべきことがらである。十分な時間を取って楽しむことはできないものの、その分多くの観光対象にめぐり合えるのだともいえる。マス・ツーリズムを構成する多くの観光客にとって、①のような鑑賞の仕方を望むわけでなく、写真を撮ったり話の種になりさえすれば十分なはずである。この割り切り方を旅行会社は熟知しているものの、いま着地型観光などで観光振興を考える市町村にはなかなか理解されていないものである。

　⑧は現代観光における世界的な傾向であり、観光マーケティングを考える上でも避けて通れない事項である。**効率的な日程を旨とする団体旅行やパッケージツアーでは、本物でなくとも、手っ取り早く雰囲気だけでも味わえることの方が重視される。**⑤の項目とも共通するマス・ツーリズム特有のスタイルであるが、**こうしたものでも経験価値が顧客に感受してもらえるのだということが経験則によって旅行会社には理解されている。**一方、町や村など小さな地域において、むしろマス・ツーリズム向けとはいえない地場産業——漁業や農業、林業——などの現場での体験も修学旅行などで重視されるようになってきた。それは新たな経験価値が修学旅行で生まれてきていることを示している。小さな地域にとっての観光客誘致の可能性が生まれているといってよい。

観光形態と経験価値

　観光は簡潔な定義（かつ狭義の定義）としては「楽しみのための旅行」だとされている。その楽しみのかたちがとてつもなく広がっているというのが今日の観光の状況である。旅行中に私たちが経験価値と出会う可能性については、いま①から⑧までのケースを考えてみた。次に違う角度から、観光客が経験価値を感受するであろうケースを観光形態として列記しておこう。重複する部分もあるが、観光がどのように広がっているかを理解する意味からも、こうした細分化も観光

74 第Ⅰ部 観光マーケティングの考え方

マーケティングでは必須である。

見る……先の分類でいえば⑤が該当する。典型的なマス・ツーリズムであり、効率的な日程を旨とする。毎日のように掲載されている新聞募集旅行の日程がその忙しさをよく示している。

鑑賞する・観察する……①で示したような、自由に使える時間があってこそ可能な観光形態である。森有正のいうような「経験」を味わう観光のかたちであり、エコツーリズムもこうしたスモール・ツーリズムにおいてこそ実現される。「まち歩き」もここに含めるべきである。

癒し……近年話題となっているものとしてはパワースポットがあるが、従来型でいえば温泉が代表的なもので、森林浴やスパなども含まれる。効率的な日程のパッケージツアーなどに含めないことはないが、本来はその性格からスモール・ツーリズムで可能となるものであろう。

参加する……YOSAKOIソーラン祭りや、マラソン、トライアスロンなど参加者多数となるケース。自分が興味あるものに参加するところから、自らが経験価値を生み出すケースだといえる。

する・遊ぶ……「見る」に次いで普及した観光形態であり、ゴルフ、スキー、ダイビングなどのスポーツ関係の他、ディズニーランドなどテーマパークでのアトラクションによってもたらされる経験価値である。

体験する……かつては女性を中心とした陶器や和紙などの制作体験を意味していたが、現在では修学旅行生の農業体験や漁業体験、林業体験が中心となっている。また、夕張の破綻をきっかけとして雪下ろしのボランティア体験なども定着してきた。

買う……シュミットはブランドのもたらす経験価値は消費する中で生まれると述べていたが、観光形態の買うという行為の中においても経験価値は生まれる。その商品を手に入れるという目的達成までの過程において、観光客はさまざまな体験をする。そのこと自体が経験価値となることがある。北海道で評判となった花畑牧場の生キャラメルは、一時、千歳空港で発売時間前に並ばなければ買うことができず、入手できること自体が思い出に残る行為だった。中近東やアジアなど、値切るという行為自体が旅行中における楽しみであり、貴重

な経験となることも多かった。

食べる……⑦に説明したとおりであり、マス・ツーリズムでも、気ままな一人旅でも経験価値は生まれる。

滞在する……④で説明したとおり、パリやニューヨークのような都市であれ、バリ島やモルジブ、タヒチのようなリゾート地であれ、ホテル滞在は経験価値を生む。ただし、それは高級な宿泊施設に泊まるケースだけでなく、ガイドブック『地球の歩き方』が広めたような、パリ一ツ星ホテルやインドなどの安宿での滞在もまた別な経験価値を生むのだということも忘れるべきではないだろう。

出会う（交流する）……かつては国内・海外の姉妹都市交流や、対抗試合などのスポーツ交流、山村留学などが主流だったが、今日では体験農業や体験漁業を目的とする修学旅行も交流という観点から捉えることができるようになった。これらは通常の観光とは異なるという意味において経験価値と出会うことが期待されるものである。

学ぶ……知の旅というようなカテゴリーに属するもので、日本経済新聞の日曜版などに広告が出やすい観光形態である。大学教授など講師同行での古刹めぐりや美術館・博物館訪問ツアーが該当する。エコツアーもインタープリターが同行する点からこのタイプにも属する。

　経験価値の発生は旅や観光において可能性の幅が極めて広いのだということができる。こうした点を銘記することによって初めて、観光マーケティングにおける細分化の作業に入ることができるのだといえる。

4.「ブランド＝経験価値」マーケティング論に欠落するもの

ブランド論の動向

　先にシュミットはブランドが経験価値をもたらすところに意義があると考えている、と筆者は紹介した。ブランドの効用として、経験価値というべきものが消費行動において発生することは誰も否定しないであろうし、そうしたイメージが一人歩きし、新聞・テレビなどを通じて、未経験の人間にとっても有効に作用

76　第Ⅰ部　観光マーケティングの考え方

することは広く知られるところであろう。しかし、ブランドをただ経験価値だけから理解しようとするのは乱暴なことかもしれない。

　ブランド研究については1990年代からD.A.アーカーやK.L.ケラーらが何冊かの著書において継続的な成果を発表している。そうした先行するブランド研究を整理してまとめられた青木幸弘の「ブランド政策 ── ブランド構築の枠組み」（池尾他『マーケティング』2010）を参考に、効用としてブランドの経験価値が称揚されるシュミットのマーケティング思考とは異なる側面のあることを確認しておきたい。

　もともと製品について、メーカー側のモノづくりという発想に端を発する、機能的価値を重視する製品開発というマーケティング思考から、消費する側の感性的価値を重視するマーケティング思考へという推移があった。しかしながら、市場志向のマーケティングの時代になったからといって、機能重視の製品開発が無効となったわけではない。前章で触れたエルメスといったブランドについても、その機能性において評価は高まってきたのであり、消費者の嗜好に阿るのではない製品開発は今日においても一定の意義を有している。頭痛薬のバファリンや堅牢なドイツ車といった機能性に結びついたブランドの存在は否定しがたいものだろう。シュミットがそうした機能性に依拠するブランドについても、消費する場面での経験価値が重要だとした転換は新鮮な見解だった。

　しかし、シュミットの見解は別のごく当たり前の思考を欠落させてしまう。

　それはブランドの効用として、消費する場面において経験価値を感じることができるのだとしても、それまでの長い歴史においてそのようなブランド性を培ってきた製品ならいざ知らず、**後発の製品が新たにブランドを構築することはいかに可能かという道筋**である。シュミットの経験価値マーケティングとは、すでにブランドが形成されている製品について有効な手立てであっても、これからブランドとして構築する製品については振り出しに戻ってしまっている議論なのだということができる。つまり、すでにコモディティ化を免れているブランドの有効性を議論するのでなく、これからどうブランド化を達成するかという課題に向き合う必要があった。

　新たなブランド構築の困難は、顧客に対してどのような意味づけをするかというところにある。**製品であれサービスであれ、観光地であれ特定の観光施設であ**

第3章　重要なものは何か —— 観光マーケティングと経験価値 —— 　*77*

れ、どのようにイメージを消費者に植え付けることができるかは最大の難題である。機能を明確にし、中核となる顧客層を確定し、競合する商品とどう差別化を図るのか。こうした手順において、経験価値に結びついてゆく感性的価値を、いまだ購入していない人たちにどうアピールできるのか。つまり、**ブランドの認知やブランドのイメージがいかに消費者に形成されるかという開拓期の問題であり、成長期をどう作るかという問題である。**

　こうした新規ブランド構築の初期について、根源からの、ブランド要素からの思考を青木は紹介している（青木 2010：425-428）。

　ケラーらは、消費者が他社の製品と識別する際の手がかりであり、差別化するための手段であるブランド・ネーム、ロゴ、シンボル、キャラクター、パッケージ、ジングル、スローガンなどをブランド要素と呼び、その選択と統合の仕方を検討している。各要素はそれぞれ期待される役割を持っている。例えば、筆者が最近見たテレビ番組では、ファーストフード店やコンビニ、特定の製品などロゴの一文字だけで名前を当てるクイズをやっていたが、特徴のあるその一文字だけで8割から9割の確率で解答者たちは店名や製品名を答えていた。ブランド要素はそれぞれに強く消費者に印象を刻印する。しかし、ここまでの段階で経験価値云々という話にはならない。

　ブランド要素はブランド認知を高め、ブランドを連想させることに役立っている。しかし、各要素が単独で効果を発揮するだけではだめで、選択され、統合されることが必要なのだとケラーは主張する。その選択基準として五つが挙げられている。①記憶可能性、②意味性、③移転可能性、④適合可能性、⑤防御可能性、である。④の適合可能性とは時の経過、時代の風潮も意識した柔軟性や適応性だと説明されている。③は今日的なグローバリズムが意識された基準であり、他の地域や国でも有効であるような時代性である。各ブランド要素はこうした選択基準によって統合されねばならない。

　ブランド構築の最終段階では、ブランドの意味や価値を消費者に伝えるためのコミュニケーションの手立てが必要である。ブランド要素の統合されたものを広告や販売チャネルにどう乗せていくかという課題であり、4P といわれるマーケティング・ミックス（製品、価格、流通、プロモーション）をどう活用するのかという課題である。ブランド認知やイメージの確立には広告を含むプロモーショ

78 第Ⅰ部 観光マーケティングの考え方

ンの果たす役割が今日なお大きい。そして最後には、**顧客接点が将来的な関係性マーケティングにつながっていくような視点から取り上げられている**。顧客接点とは、顧客が消費者としてブランドに接する場面だけでなく、広告や雑誌記事、パンフレット、友人の話、工場見学などあらゆる機会を含めて考えられている。いうまでもなく、そうした中で実際に消費する、（伝聞ではない、自分自身による）オリジナルの経験価値の生まれる場面への関心が高まってきているというのが今日の状況である。

　以上見てきた新規ブランド構築の手順の内、消費における経験価値は最後の段階であるにすぎない。すなわち、**ブランド戦略として経験価値を利用できるのは、すでにブランドを構築しているケースだということになる**。私たちの最大の関心事、新規ブランドが構築される初期について明かされたとはいえない。

観光地の新規ブランド構築への道筋

　ブランドを機能的ブランド、イメージ・ブランド、経験的ブランドに大別する考え方がある。本来は使用時の機能性の優秀さでブランドは長い時間をかけて構築されてきた。一方、手段としてでなく、経験価値がその商品自体の目的となっているケース、例えばディズニーランドやユニバーサル・スタジオにおいては、経験的ブランドとするのは分かりやすい。しかし、イメージ・ブランドというのはどうであろうか。

　　なお、このタイプのブランド（イメージ・ブランド）の価値は、機能面ではなく、ブランドを使用することの意味にあり、さらには、その意味やイメージが社会的に共有されている点が重要となる。このためイメージ・ブランドの構築には時間と資金が必要とされるが、ひとたびブランド・イメージが構築されれば競争上の優位性を発揮し、また機能的特徴とは違って模倣困難であるという利点を持っている。（青木2010：424）

　ここでも製品を使用する場面においての、**すでに形成されている（＝社会的に共有されている）経験価値が前提となっている**。その上でイメージがマーケティング上有効だとされているのである。だとすれば、これから長い時間大量の資金をかけてブランド構築するというようなことが、大企業ならぬ中小企業の製品・

第3章　重要なものは何か——観光マーケティングと経験価値——　*79*

サービスにおいて、あるいは大都市や、歴史的な蓄積の豊富な金沢や長崎といった都市でない中小の市町村においていかに可能であろうか。

　おそらく、イメージ・ブランドとは機能的ブランドとして評判を得た企業・商品が、さらに経験価値によって裏付けされた経験的ブランドとなって後、やっと広くイメージ・ブランドとして定着していくということではないだろうか。つまり、ここでも私たちの最大の関心事、これから新規ブランドを構築しようとする地域や観光施設にとって何をすればよいのかが明確にはならない。ケラーがいうブランド要素に立ち戻ることは地域にとってゼロ回答というべきものであろう。

　ひょっとしたら観光マーケティングにおいて、そうした新規ブランド構築は比較的容易に —— 当事者の予想を越えてはるかに早く —— 実現されているかもしれない。しかも、そうした成功事例は複雑系の現象であるかのごとく、要素還元主義によっては分析しがたいような多彩な現われ方をしているようにも見える。例えば、黒川温泉、旭山動物園、安心院、小値賀、…といったケースである。

　おそらく観光地のブランド化については、ケラーらのいうブランド要素を想定することは有効ではない。該当しないものがいくつかあるからである。製品であれば有効なパッケージ、コンビニやファーストフード店では有効なロゴとシンボルが観光地では適合しないからである。観光マーケティングではこうした地域にとってのブランド構築を、あくまで観光固有の原理にこだわって、第7章で再度詳細に検証することとしたい。

参考文献

石井淳蔵・栗木契・嶋口充輝・余田拓郎　2004『ゼミナール　マーケティング入門』日本経済
　　新聞社

池尾恭一・青木幸弘・南知惠子・井上哲浩　2010『マーケティング』有斐閣

恩蔵直人　2007『コモディティ化市場のマーケティング論理』有斐閣

シュミット、バーンド・H.著　嶋村和恵・広瀬盛一訳　1999＝2000『経験価値マーケティング』
　　ダイヤモンド社

パインⅡ、B.J. ＆ ギルモア、J.H. 著　電通「経験経済」研究会訳　1999＝2000『経験経済』流通
　　科学大学出版

パインⅡ、B.J. ＆ ギルモア、J.H. 著　岡本慶一・小高尚子訳　1999＝2005『新訳　経験経済』ダ
　　イヤモンド社

橋本和也　1999『観光人類学の戦略』世界思想社

80　第Ⅰ部　観光マーケティングの考え方

パットナム、ロバート・D. 著　芝内康文訳　2000＝2006『孤独なボウリング』柏書房

ブーアスティン、ダニエル・J. 著　星野郁美・後藤和彦訳　1962＝1964『幻影の時代』東京創
　元社

マズロー、アブラハム・H. 著　小口忠彦訳　1954＝1987『人間性の心理学』産能大学出版部

森有正　1967『遙かなノートル・ダム』筑摩書房

吉田春生　2014『ツアー事故はなぜ起こるのか――マス・ツーリズムの本質』平凡社

第 II 部

新商品の誕生

第 4 章

旅行商品とは何か

▶本章のポイント

　かつて旅行会社の仕事は運輸機関や宿泊施設の手配をすることだと考えられていた。それは手配旅行と呼ばれていた。一方で、旅行会社には主催旅行や請負旅行という、旅行会社が自ら造成する旅行商品も存在していた。前者の代表がパッケ―ジツア―である。今日の旅行会社の主たる仕事は旅行商品の造成・販売である。旅行商品はシステムアップ商品であることを特徴とし、その構成要素は旅行素材（運輸機関・宿泊施設など）と観光素材（観光資源や観光施設、温泉など）である。旅行会社にとっては自らのサ―ビスである添乗員という構成要素も重要であり、それを生かした日本旅行の平田進也のような成功事例もある。ただ、今日の旅行商品は旅行素材や観光素材によってその地位を脅かされているケ―スもある。

84　第Ⅱ部　新商品の誕生

　かつて旅行会社の仕事は、旅行素材（運輸機関や宿泊施設など）を取り扱うこと —— 予約をし、媒介すること —— だと考えられていた時代があった。その仕事は今日も残るものの、旅行会社の最も重要な仕事は旅行商品を造成することなのだという認識に変わってきた。特に 1990 年代半ばからのインターネット時代にあっては、旅行素材に関しては、各素材自体が自社のウェブサイトで予約を受け付けるようになり、あるいは現実世界には営業拠点を持たないインターネット上の旅行会社（ウェブ旅行会社、オンライン旅行会社）がその便利さからシェアを増加させていることもあって、既存の（＝現実世界の）旅行会社にとっては旅行素材の単品販売よりもシステムアップ商品である旅行商品の重要性が一層増している。

　観光マーケティングは、旅行商品を中心とするからといって、旅行会社の造成する商品だけを対象とするわけではない。そこへ組み込まれる観光地や観光資源、旅行素材である運輸機関や宿泊施設なども必須の対象として考慮に入れることを意味する。もちろん、そこでは、第 3 節で詳述するように、各旅行素材・観光素材が旅行会社主導による旅行商品の構成要素になるのではない道も開けている。いずれにしろ、観光マーケティングでは、旅行商品の理解も不可欠ながら、それと旅行素材・観光素材がどのような関係になるのかも理解することが必要である。

　以下、旅行商品とは何かという基本的なことから、現代マーケティング研究が明らかにしてきた関係性マーケティングや経験価値マーケティング、コモディティ化などとの関連についても、観光マーケティング固有の原理にこだわって解明してみたい。

1.　旅行商品はいかに生まれたか

旅行会社の仕事

　旅行業に関する最初の法律は 1952 年（昭和 27 年）に制定された「旅行あっ旋業法」である。その名称どおり、**旅行会社の仕事を「旅行斡旋」と規定していることが基本**であり、第 2 条第 1 項第 1 号では、「日本人又は外国人のために、他人の経営する運送機関、宿泊施設その他の旅行に関する施設の利用について、対

価を得てあっ旋すること」だと定義されている。すなわち、**顧客からの依頼をもとに、主として旅行素材である運輸機関と宿泊施設を手配することが意味されて**いる。それは旅行業界で単品販売と呼ばれる最も原初的な仕事である。しかし同時に、第2条第1項第3号では、「前号に掲げるものの外、対価を得て、他人の経営する運輸機関若しくは宿泊施設を利用して、日本人若しくは外国人を運送し若しくは宿泊させ、又はこれらの行為に付随してその他の旅行に関するサービスを提供すること」と述べられており、**すでに旅行会社の仕事として単品販売が該当する手配型とともに、旅行商品が意味される主催・請負型の旅行も扱っていたことが法律上からも知られる。**

　本書では法律論の方に踏み込むのではなく、観光マーケティングを考える上で必要な旅行商品という観点からの記述に留めたい。

（1）　手配旅行

　手配型というのは、主として個人顧客から鉄道や航空券、あるいはホテル・旅館宿泊の予約依頼を受け手配する、というのが基本である。これは1960年代における日本人における旅行の普及がどのような状況だったかを考えると理解しやすい。当時の内閣総理大臣官房審議室の「国民の旅行に関する世論調査」では、団体旅行をしているものは全体の66％、またその内、半数に近い49％は団体旅行しかしていないという状態だった（吉田2010：17）。いわば、まだ旅行に対する知識が少なく（＝情報源が少なく）、個人として旅行する場合には必要な運輸機関・宿泊施設を旅行会社に頼まざるを得ない時代だった。それも自ら選択するというよりも、旅行会社のアドバイスにより日程を決めるというかたちが多かった。旅行会社の方からすれば、各旅行素材の料金を積み上げていくオーダーメイドの旅行ということになり、日程の作成や手配など手間のかかるものだった。これが「旅行斡旋」の時代である。

　もちろん、旅行会社の最初の仕事である運輸機関・宿泊施設の確保（＝予約）は、家族旅行やグループ旅行を含めた個人客に限られたことではなく、団体旅行においても必要とされた。つまり、手配旅行は手配個人旅行と手配団体旅行の二つに大きく分けることができた。一挙に大きな取扱人数・販売額を得られるものの、数が大きければ大きいほど、運輸機関と宿泊施設の確保は旅行会社にとって

難易度の高い仕事となる。そこで手配を頼まれてから動くのではなく、需要を見込んであらかじめ座席や部屋を確保するということ（＝仕入れ）が行なわれる。何年も前から分かっている宗教行事参加旅行や修学旅行の手配は数年前の時点で、特に運輸機関との調整が行なわれるのが普通である。この仕入れは、個別の団体旅行というよりは会社全体、あるいは支社ごとに年間を通じて交渉がなされる。**関係性マーケティング**は旅行会社と顧客という関係においてだけでなく、観光産業界では観光媒体と呼ばれる運輸機関・宿泊施設などと旅行会社の関係において古くから有効とされてきたものだった。

さて、個人旅行の場合には、目的地の選定すら旅行会社のアドバイスに頼るということが起こるが、宗教行事に参加する旅行や修学旅行においては、宿泊地から交通手段まで指定されることも多い。また、スケジュールの関係から移動する時間帯も指定される。こうした点では、団体旅行の方が顧客（＝オーガナイザー）の要望、すなわち具体的な手配内容が明確であり、顧客の注文に応じて旅行会社が必要な手配をするという手配旅行の概念に合致する。しかし、団体旅行の件数が多くなるにつれてこうした手配旅行という概念には留まらない、目的地・内容については旅行会社任せにするケースも増えてくる。「慰安旅行（＝職場旅行）にどこかいいところある」「今度、盛大に取引先を招待する旅行をやりたいんだけど、どこがいいかな」というように旅行形態別に旅行計画作成、及び手配依頼が、手配旅行の概念を越えるかたちで旅行会社にもたらされるようになった。顧客の要望をよく聞き、それにあわせた旅行プラン（＝旅行商品）を旅行会社の方から提示するということが当たり前となったのである。これらはもはや手配団体旅行というよりも請負旅行と区分されるものとなる。

なお、ここで述べてきた手配団体旅行、請負旅行については現在の旅行業法では受注型企画旅行として区分されている。

（2）主催旅行（募集型企画旅行）

団体旅行が旅行商品として形成される事情は上記の通りだった。では個人旅行の場合はどうだろうか。

1962 年に日本交通公社（現 JTB）は個人向けの旅行商品である「セット旅行」を発売する。これは手配旅行と本質的な面で違いがあった。顧客に頼まれて運輸

機関や宿泊施設をバラバラに手配するのでなく、それら旅行中に必要な旅行素材・観光素材を予めセットして包括型の旅行商品として造成したのである。第1弾の北海道旅行は9月15日から、次いで十和田湖旅行が10月1日からいずれも10月31日まで毎日設定され、出発地は東京、名古屋、大阪、福岡で二つのコース合計で約300人の集客があった（(財)日本交通公社1982：325-326）。

　手配旅行では顧客から依頼のあった旅行素材の料金を積算して必要な旅行経費を請求するというスタイルである。一方、この「セット旅行」では日程上必要な旅行素材や現地の観光素材の経費を個々に明らかにするのでなく、旅行代金として一括請求するのである。旅行商品とはこのようなことを意味する。旅行会社にしてみれば、オーダーメイドの手間が一挙に省ける、効率の良い商品の誕生である。

　ただ、この時期までに旅行会社は、個人向けというよりも、個人を対象として団体旅行を組む旅行商品を各支店・営業所単位で実施していた。それは「セット旅行」と違って添乗員が同行する旅行商品で、今日のパッケージツアーや新聞募集旅行と同じ性格を持っていた。

　海外旅行においても同じような旅行商品が、1964年の海外観光旅行自由化の翌年、1965年から発売されるようになった。いわゆる（ブランド）パッケージツアーである。これは「個人で申し込める団体旅行」という表現もされた。旅行会社として自社主催の国内旅行商品をブランドを付して発売するのは1971年、日本交通公社の「エース」が最初である。国内旅行でも海外旅行でも、手配団体旅行（現在の受注型企画旅行）と異なる旅行商品として主催旅行が主役となる時代の幕が開いたのだといえる。

　なお、ここで主催旅行と区分されるものは、旅行会社があらかじめ旅行日程、旅行条件、実施月日、販売価格を定め、参加者を募る旅行のことで、パッケージツアーや新聞募集旅行（メディア募集旅行）がその典型である（先の「セット旅行」のような添乗員が付かない個人向けの旅行商品も現在では、国内海外問わず、パッケージツアーの一部となっている）。2005年4月1日より施行の現在の旅行業法では募集型企画旅行という名称となっており、旅行業界で長く流通していた主催旅行という言葉は消失した。その性格は変わらないが、旅行商品としての位置づけは大きく変わってきており、旅行会社にも責任がある部分を明確にするよ

うになってきた。

それは次のようなことである。

旅行会社が造成し、販売する旅行商品に含まれる宿泊施設や運輸機関を旅行会社は所有しているわけではないため、そこでの事故や不都合については責任を負うものではないとされてきた。しかし一方では、自動車会社が各部品メーカーから素材の提供を受けているにしても、事故が起これば完成品として車を売った自動車会社は責任を逃れることはできないという現実もあった。いわば自動車などと同様、**完成品としての旅行商品に旅程管理上の責任を持たされる**ことになったのである。すなわち、旅程保証という概念の発生である。

旅程保証とは、受注型であれ募集型であれ、旅行商品として企画旅行を販売する以上、契約内容、すなわち当初予定の旅行内容を変更した場合 —— 例えば、出発日・帰着日の変更、運輸機関や宿泊施設などの低い料金・不利な条件への変更、入場する観光施設やレストランの変更など ——、旅行会社に直接の責任があるかないかにかかわらず、予め決められた変更補償金を支払う、というものである。もちろん、天災地変、戦乱・暴動、官公署の命令などの免責事項は設けられてはいるものの、旅行商品についての、消費者に対する旅行会社の責任という点で大きな変化でもあった。

（3） 組織内募集旅行とオーガナイザー

この募集型企画旅行については、主催旅行という名前の時代から法律上からも、旅行会社の実務という点においても悩ましい問題が他にもあった。それは私たちが観光マーケティングを考える上でも、やがて細分化の問題を論じる際に必須の課題となるようなものである。以下、その区分する考え方について説明しておきたい。

まず、次のような誤解を解消しておかねばならない。

主催旅行（今日では募集型企画旅行）は、パッケージツアーのことだけを意味するのではない。1982年に改正された旅行業法で定義されているのは次のようなことにすぎない。

第4章 旅行商品とは何か　*89*

　　この法律で「主催旅行」とは、旅行業を営む者が、あらかじめ、旅行の目的地及び
　　日程、旅行者が提供を受けることができる運送又は宿泊のサービスの内容並びに旅行
　　者が旅行業を営むものに支払うべき対価に関する事項を定めた旅行に関する計画を作
　　成し、これに参加する旅行者を広告その他の方法により募集して実施する旅行をいう。
　（第2条第4項）

　パッケージツアーとは、そのまま日本語に訳せば「包括旅行」となるが、日本
の旅行業界では、主としてパンフレットによって募集されるブランド名の付いた
主催旅行のことである。JTB であれば国内旅行でエース JTB、海外旅行でルッ
ク JTB、近畿日本ツーリストであれば前者がメイト、後者がホリデイ、日本旅
行の場合は赤い風船とマッハ―― これらのものを旅行業界では通常「（ブラン
ド）パッケージツアー」と呼んでいる。新聞広告で募集される、そうしたブラン
ド名の付いていないものはメディア募集旅行（新聞募集旅行）と呼ばれる別のタ
イプの主催旅行である。

　主催旅行のさらに別のタイプとして、旅行業法施行要領が具体的に挙げている
次のような事例がある。それは旅行業界の営業現場に身をおいていなければなか
なか実態が理解できないものであり、筆者がかねてから旅行形態の細分化におい
て組織内募集旅行と分類するものである。

　組織内募集旅行は 2000 年改正の旅行業法施行要領では主催旅行として、2005
年改正の同要領では（募集型・受注型両方を含む）企画旅行として同じ説明がな
されている。ここでは旅行業法施行要領の記述に沿うかたちでなく、旅行形態の
実質、すなわち旅行会社の対応の仕方・仕事の進め方という観点から説明をして
みたい。この方が観光マーケティングを進める上で有益だと考えるからである。

　まず、オーガナイザーという言葉の理解が必要である。これは主として団体旅
行を実施してくれる会社・学校・団体・組織などを意味している。『観光学辞典』
において佐藤喜子光は次のような具体例を掲げている。

① 　視察研修旅行を募集する際に呼びかけの窓口になる同業者組合・協会。
② 　イベントへの団体参加を呼びかける趣味同好会世話役。
③ 　周年記念旅行や職場旅行を企画する企業や労働組合。
④ 　報奨旅行を企画するメーカー。

90　第Ⅱ部　新商品の誕生

⑤　修学旅行を実施する学校。

(長谷 1997：138　一部改変)

　上記は旅行形態の細分化という観点からでなく、どのような組織・団体がオーガナイザーとなっているかという実務面（旅行会社のセールス先）からの区分であり、佐藤は「旅行会社と旅行参加者の中間に位置する存在」だとしている。これを第1章で述べた旅行形態面から分析すると次のような区分となる（吉田 2010＝30-33）。まず主催旅行（募集型企画旅行）とならず、従来の手配団体旅行、現在の受注型企画旅行に分類されるケースである。

①　同業者組合・協会、商店街の振興組合などが限られたメンバーで行なう**仲間・親睦旅行**（観光が中心だが視察研修を一部に含む場合が多く、名目上視察研修とされる場合もある）。

②　イベントに限らず、昆虫の収集、天体観測、絵画鑑賞、ダンスなど趣味を同じくした人たちが同一の目的で旅行する形態で、**仲間・親睦旅行**の一種類だと考えられる。

③　職場単位で行なわれる社員旅行（かつては慰安旅行と呼ばれ、現在は**職場旅行**と呼ばれることが多い）、及びその拡大版で全社的に行なわれる、企業による**周年記念旅行**。

④　メーカー・販売会社による、営業成績の優秀な社員・代理店対象の**報奨旅行**。

⑤　学校によって実施される**修学旅行**を含む教育旅行。

　以上の旅行形態は主催旅行とならないケースだが、それは次のような理由による。①については役員などごく限られたメンバーによる旅行だからである。②についても同じ解釈で、最初から限定されたメンバー間で旅行意思が確定されていれば主催旅行とはならない。③④⑤についても、参加する旅行者をパンフレットによって募集する旅行でなく、限定された資格（その職場で働いている、営業成績が良かった、生徒であるなど）によって参加できる旅行である。

　①は役員などごく限られたメンバーでなく、同業者組合の数百人というメン

バーに対してパンフレットなどによって募集される場合には、旅行会社による主催旅行となる。すなわち、旅行会社が受付けをし、パンフレットに明示された旅行代金を参加者から収受する。これが組織内募集旅行と呼ばれるものである。もし組合の事務局が旅行の申し込みを受け付け、旅行代金を収受すれば違法行為となる。②についても同様のことがいえる。趣味のグループが少数であったり、大人数であっても顔見知りの人たちだけで行く場合には仲間・親睦旅行という手配団体旅行（現在では受注型企画旅行）だが、数百人、数千人というメンバーに対してパンフレットで募集する場合には組織内募集旅行として主催旅行（募集型企画旅行）に分類されることになる。③についても大企業の労働組合が組合員（社員）に対して夏休みや正月休みにパンフレットを配布して募集する旅行であればやはり組織内募集旅行である。現在では高等学校における海外修学旅行は珍しくないが、大学等で希望者だけを募集する語学研修旅行となれば組織内募集旅行となる（なお、この語学研修旅行は、旅行業法施行要領によれば主催旅行とは解釈されていないが、旅行形態上は明らかな組織内募集旅行であり、個々の参加者にとっては受注型企画旅行というよりやはり主催旅行、すなわち募集型企画旅行と解するのが適切だと筆者は考えている）。

2. 旅行商品の構成要素

システムアップ商品としての旅行商品

　旅行商品の何よりも大きな特質は、それがシステムアップ商品だという点である。筆者はこの考え方を石井淳蔵らの『ゼミナール　マーケティング入門』における産業のシステムアップ、システムダウンという説明からヒントを得ているので、それについて説明しておこう。石井らはシステムアップをもともとは経営資源の配分の問題や競争対応の問題として取り上げているのだが、ここでは製品のシステムアップという考え方から、サービスの提供をシステムアップした商品である旅行商品の説明に援用することとしたい。

　テレビ、DVD デッキ、スピーカーなどの個別製品から、それらを構成要素としながらオーディオ・ビジュアル・システム（AVS）という統合化された製品が出来上がる。もちろん、パナソニックやソニーなど、もともと製品ラインが広

く、複数の製品技術をもつ企業であれば自社のみでそうしたシステムアップ商品を作ることも可能である。しかし、DVD デッキやスピーカーなど特定の製品に卓越した生産技術をもつ企業においては、**単品として自らの製品を売るだけでなく、システムアップされた AVS においても自らの製品の販路を見いだせること**になる。個別製品の統合技術に長けた企業が絡めば、すなわち顧客の願望を察知して、システムアップ商品として宣伝・販売することが可能であれば、システムアップ商品としての可能性が見いだせることになる。(石井他 2004：308-309)

　上記のことはそのまま旅行商品を構成する各種のサービスにも転換することができる。例えば、北海道にある観光施設は、それがテーマパークであれ道の駅であれ、単独で集客に努めることも可能だが、システムアップ商品の構成要素として、旅行会社が造成するパッケージツアーや新聞募集旅行、各種の団体旅行といった旅行商品の中に組み込まれることになれば、より多数の集客を期待することができる。

　旅行商品の場合には第3章で詳述したように、観光形態が多様になっており、それだけ構成要素が無数に広がってきたというのが近年の状況である。また、旅行会社は単純に旅行目的地の選択を考えるのでなく、その組み合わせの多様さで特色を出すことができる。例えば、ヨーロッパ旅行の場合には、パリやマドリッド、リスボンといった旅行目的地の選択のみならず、そこへどのような構成要素を組み入れるかが旅行会社の商品力となる（もちろんそれはすぐに他社に模倣されるのだが）。これはパリやハワイのように滞在型のコースが生まれている旅行商品についてもいえることであり、後述する。

旅行素材と観光素材

　それぞれが独自に販売することも可能であるが、旅行商品へとシステムアップされていく構成要素として次のようなものを考えることができる。まず、大きく**は旅行素材と観光素材とに分けることができる**。

　旅行素材としては、①運輸機関（航空機、鉄道、路線バス・貸切バス、モノレール、フェリー、ケーブルカー、ロープウェイなど）、②宿泊施設（旅館、ホテル、国民宿舎、国民休暇村、ペンション、ユースホステル、民宿など）

　現地での観光素材としては、①テーマパークなどの観光施設、②神社仏閣や城

などの人文観光資源、③湖、滝、河川、山などの自然観光資源、④祭り、踊り、工芸品、農業・漁業など地域独自の文化、⑤著名なレストラン、料亭、⑥動物園・水族館、博物館など、⑦温泉旅館、共同湯、大規模温泉施設などにおける温泉、⑧マラソン、トライアスロンなど参加型イベント、⑨各種体験施設（農業・漁業・林業の他、陶器、和紙、竹細工など）、⑩ブランド店、百貨店、土産物店などショッピング施設、⑪観光ガイド、などが考えられる。

　旅行商品は以上の素材をシステムアップした商品なのだということができる。それぞれの内容についてふさわしい観光形態があり、旅行形態の細分化とともに観光マーケティングが常に意識すべき存在である。逆にいえば、各旅行素材・観光素材にとっては、東京ディズニーリゾートのような圧倒的な集客力のあるところを除けば、旅行商品に組み込まれること —— 換言すれば、旅行会社の流通経路に乗ること —— は、スモール・ツーリズムを選択しない限り、極めて重大な課題となる。

　以上のような他社によるサービスに加えて、旅行会社も自ら旅行商品に付け加えているものがある。それは添乗員のサービスと、旅行先現地での受け入れ体制である。

旅行会社によるサービス提供

（1）　添乗員・現地ガイド

　国内旅行であれ海外旅行であれ、旅行商品における添乗員の役割は大きなものがある。添乗員は特許に該当するような、**旅行商品にとって最大の売りになる可能性もある。**まったくの新人であれば難しいが、有能な添乗員であれば旅行商品がコモディティ化するのを防ぐことも可能である。それは第3章で述べた経験価値の重視ということに尽きる。例えば、**日本旅行のカリスマ添乗員として知られている平田進也はその代表例である。**

　添乗員は旅行会社の社員が自らの担当するツアーに添乗するケースと、大手旅行会社における添乗専従の契約社員であったり、添乗員派遣会社からたまたま送られて添乗するケースの二つに分かれる。平田は日本旅行の社員で添乗が専門というわけではないが、自ら企画したツアーでの添乗ぶりがあまりに異色であるため、関西においてカリスマ添乗員として知られている。その本質は企画の独創性

94　第Ⅱ部　新商品の誕生

と、添乗中におけるサービス精神にあるといってよい。

　ここでは平田の2冊の著書、『出る杭も5億稼げば打たれない！』（2004）と『旅行業界のカリスマ　7億稼ぐ企画力』（2008）によって、添乗中の奇抜な行動ばかりが注目されるものの、その発想・商品企画力も検証してみたい。自ら企画し、添乗することからすれば当然だが、添乗員という旅行商品の構成要素が、単に旅行業法により旅程管理の仕事が必要という理由からでなく、**経験価値を最大限に高めるためにいかに効果的であるか、役立っているかを理解できる好材料である。**

　平田進也は宴会時の女装写真ばかりが露出しているため、あるいは最初の冠ツアーであった「平田進也と行く　オーストラリアの旅」で羊の着ぐるみで参加者を迎えたというような逸話から、奇抜な行動が売り物の添乗員と考えられがちであるが、それはサービス精神の一つの現われにすぎない。**サービス精神とは、旅行内容をいかに参加者の満足のいくものにするかという、経験価値醸成のための努力のかたちである。**一般的にいっても、添乗員や、有能な現地ガイドの旅行商品における役割とは、経験価値をいかに高めるかということに尽きる。現地ガイドのケースについては後述するが、添乗員の場合には、特に企画担当者であったり、その団体ツアーのセールス担当者である場合には、出発前から経験価値の形成ということについて強く意識しなければならない。

　平田の場合には、次のような点で鋭敏であったということができる。

　「平田進也と行く　ひと味違う海外ツアー」という企画では、著名な観光名所でなく、その国の文化に触れることを重視して庶民の台所というべき市場めぐりや、蘭の花摘み、1時間800円で楽しめる台湾式シャンプーマッサージを取り入れたり（平田2004：20）、数十人規模では3カ月以上前に予約しないと席が取れないというシェラトン・ワイキキホテルの「ハノハノルーム」を、ランチとディナーの時間をはずして午後3時からの食事とするアイデアを生み出している（平田2004：75-80）。これらは、経験価値をどのようにしたら形成できるか徹底的に思考した結果である。

　こうした平田のツアーのファンたちは、やがてクラブツーリズムが全社を挙げてやっているようなコミュニティを形成するに至る。ツアーに参加した顧客を300人集めて写真交換会ならぬ同窓会を実施したり、観光バスの中で次回のツ

アー企画を話したり、ツアー参加者同士が仲良くなったり、とそのコミュニティ（＝ファンクラブ）は2万人だという。これは第3章で説明した**組織内募集旅行（どちらかといえば地域密着型）**を特定のオーガナイザーを探すのではなく、平田進也個人がそうした組織を持って旅行を実施することを意味している。平田のケースは旅行会社の販売戦略という観点からすれば、**関係性マーケティングのまことに望ましい成功事例**だということができる。

　もちろん、年間5億円から7億円稼ぐという平田のツアー販売力は、カリスマ添乗員という言葉が示すほどに彼一人の力によるのではない。平田はビジネスチャンスを嗅ぎ取る能力だけは誰にも負けないが、それを企画し実行に移す能力については上司の課長の能力によるのだと自ら著書で述べている（平田2004：42-45）。また、平田が女装している宴会時の写真には、相方としてやはり上司である部長が写っていることが多い。

　とはいうものの、難局を切り抜けるアイデアを平田が次々に生み出していることも事実である。先のホノルルのシェラトン・ワイキキホテルの「ハノハノルーム」での食事と同様、シンガポールのラッフルズ・ホテルでも、泊まってもいないのに、50人以上が押しかけてバーでビールを飲んで帰って来るという難題を解決している。客のほとんど入らない午後3時に入場するというアイデアが平田にひらめいたからである（平田2008：39）。

　こうした添乗員、あるいは企画者としての平田のセンスは、旅行商品をコモディティ化へは誘導しない大きな抑止力となる。平田は経験価値とコモディティ化という言葉は使っていないが、ほぼ同じことを次のように説明している。

　商売には減点主義と加点主義の二つがある。旅行商品でいえば、減点主義とは昼食はもっと安いものにしよう、バスは中古でもかまわない、ガイドも新人を乗せておけ、というようにひたすら経費を切り詰めるタイプのものである。極端なものはインターネットにおける旅行素材の単品販売――移動と宿泊がバラバラのパーツ販売――である。一方、加点主義は、価格は高いがその価格以上の価値や満足を感じてもらえるようなお値打ち感をもたらす。「私たち旅行業者の仕事は、お客様に合わせて様々なパーツを組み立てていき、最高の満足が得られるひとつの旅行をつくり出すことです」（平田2008：44-45）。この平田の**加点主義の旅行商品造成**とは、いうまでもなく、**経験価値を重視することでコモディティ**

96　第Ⅱ部　新商品の誕生

化を免れる方策を示しているのだということができる。

　経験価値をもたらす旅行商品の切り札として平田進也を持ち出すのはあまり
に極端な事例かもしれない。しかし、添乗員を有力な旅行商品の構成要素と考え
て用意するのはパッケージツアー、特にヨーロッパのツアーにおいては珍しいこ
とではない。以前の JAL パックなどでは、添乗員が作ったコースというのもパ
ンフレットには掲げられていた。あるいは、ルック JTB では、旅行参加者のア
ンケートで満足度 90％以上の添乗員が同行することを謳っている。それはヨー
ロッパ方面のツアーが価格面と量において同社で重要な位置を占めていることの
反映である他、ハワイのような滞在型の旅行目的地では受け入れ体制のシステム
化が完成しているのに比べ、ヨーロッパの特に移動型の周遊コースでは添乗員の
質が経験価値形成に大きな役割を果たすからである。

　なお、海外への観光渡航が自由化された 1964 年以降、初期の海外旅行商品に
添乗していた紅山雪夫、水野潤一、増田哲郎らの功績も記憶すべきである。ヨー
ロッパへの旅行が教養という色彩がまだ濃厚だった時代の添乗員である。ヨー
ロッパ各地にまだ日本語を話す観光ガイドが十分に用意されず、ベルサイユ宮
殿の観光でさえイングリッシュスピーキングのガイドが来たといわれる時代であ
る。彼らの教養が並大抵のものでなかったことはその著書から窺うことができる
が、特に重要なのは紅山雪夫の残した一連の添乗員向けといってよいガイドブッ
クである。添乗員が顧客にどのように説明をしたらよいかという視点からヨー
ロッパの基本的な文化について書かれている。

　例えば、筆者の手元にある紅山雪夫の『海外旅行が楽しくなる本』(1975) で
は次のような項目となっている。「時差の話」や「チップの話」「鉄道の話」はど
んなガイドブックにも出ている項目であるが、「オベリスクの話」「ロマネスク式
寺院建築の話」「ゴシック式寺院建築の話」「バロック建築の話」「フレスコ画の
話」ともなると 1970 年代にそうしたテーマで分かりやすく書かれている書物は
なかった。当時のガイドブックでもヨーロッパ土産品には言及しているが、紅山
の著書では「ゾーリンゲンの話」「カメオの話」「ダイヤモンドの話」など主要な
土産品に関する教養に裏打ちされた知識が紹介されていたのである。

　情報が簡単に入手できる今日でも、紅山雪夫の著書はなお旅行商品の構成要

素である添乗員が適切な知識で、各地異なる観光ガイドの説明を添乗員として総合的に解説できる、経験価値を醸成できる能力をつけるうえでは貴重な資料である。

　すでに触れたように、添乗員を自社の社員のみがやっているというワールド航空のような旅行会社もあるが、多くの場合─大手旅行会社であっても─、契約による専属添乗員や添乗員派遣会社からの派遣添乗員であることも珍しくはない。しかし、旅行参加者からは旅行会社の提供するサービスと取られるのが普通である。現地の観光ガイドについても同様の見方がされる。むしろ旅行会社によってはそのことを商品価値向上の一助としているケースもある。

　例えば、ルックJTBの「街歩きと人気グルメを楽しむ　ボンジュール・パリ8」というコースでは、公共交通機関を使った次のような「まち歩き」が用意されている。

① 　セーヌ河岸とシテ島観光……通常のパリ市内観光ではノートルダム寺院の入場だけで終わるところを、同じシテ島内の、マリーアントワネットが収容されていた牢獄でもあるコンシェルジュリーや、ステンドグラスが美しいことで知られるゴシック建築のサント・シャペル寺院も訪問・入場する。
② 　サン・ジェルマン・デ・プレ観光……通常のパリ1日観光ではルーブル美術館やノートルダム教会には入場するものの、この地区では車中より見るだけで下車しないのが普通である。このコースではサン・ジェルマン・デ・プレ教会やサン・シュピルス教会、メダル教会にも入場する。
③ 　マルシェ（朝市）散策とモンマルトル観光……パリ市民の出かける朝市を散策し、その後サクレ・クール寺院へ入場し、テルトル広場で時間を過ごす。

　このコースでは、モンサンミッシェルの1日観光も含まれているが、最大の売りは上記3日間のまち歩きと、フォーションやエッフェル塔内のレストランでの食事が経験価値の主要なものとなっている。まち歩きについてはパリ在住の熟練の日本人ガイドが案内することになっており、コモディティ化した商品とは対極の高額商品となっている。

98 第Ⅱ部 新商品の誕生

フランス語が堪能であれば、観光ガイドの同行なしで、自ら上記の日程を楽しみ、経験価値を感受することは十分可能である。しかし、こうした旅行商品が誕生していることは、必要とする人たち、すなわち需要があってのことだと考えられる。

（2） ハワイの受け入れ体制

これまで述べてきているように、旅行商品とはシステムアップ商品だった。こうした商品の特徴がよく分かる例として、ここでは各社のハワイパッケージツアーの受け入れ体制もまた明らかに旅行商品の構成要素であることを示したい。

現在のハワイツアーでは、（ブランド）パッケージツアーにおいては添乗員を付けることはない。滞在型のデスティネーション（旅行目的地）であることと、ハワイの受け入れ体制が完成されてきたことがその理由である。換言するならば、各社のパッケージツアーにおいて、受け入れ体制自体が旅行商品の一部となっているのである。

ハワイの受け入れ体制はホノルル空港へ参加者が到着し、市内へ移動するところから始まる。

トランスファー

空港とホテル間の移動はトランスファーと呼ばれている。これは各社とも同じような有料と無料の設定をしている。空港からホテルへ向かう場合でいうと、次のようになっている。①追加代金なしのプラン。空港からバスでツアーデスク、またはラウンジまで移動。そこで滞在中の案内を受け、各ホテルへは自分でチェックイン。②追加代金が必要なプラン。空港からホテルまで専用リムジンかタクシーで直接ホテルへ向かう。

ツアーデスク、またはラウンジ

これは受け入れ体制として大きな意味を持っている。トランスファーの①が意味しているのは、次のようなことである。市内5ホテルにラウンジのあるJALパックであれば、そのホテル滞在者は移動の必要がなく、他のホテルに泊まる場合でも歩いて行けるかもしれない。ツアーデスクが2ホテルにしかないHISの

第 4 章　旅行商品とは何か　*99*

場合には、ホテルによってはトロリーを利用してホテルまで移動しなければなら
ないかもしれない（ただし、スーツケースは人間とは別の車で空港からホテルま
で運ばれる）。オプショナルツアーの申し込みやさまざまな相談・依頼をするに
も、自分の泊まっているホテルにツアーデスクやラウンジがない場合にはツアー
デスクやラウンジがあるホテルまで出向かなければいけない煩わしさが生まれ
る。5 ホテルにラウンジを持つ JAL パックは、便宜性という点で旅行商品とし
て高品質であるということができる。

3.　旅行商品を崩すもの

　旅行商品は旅行素材・観光素材と旅行会社自体が提供するサービス（添乗員や
ハワイに見られる受け入れ体制）から構成される。旅行商品は旅行会社が主導し
て造成されるのが普通であるが、観光素材や旅行素材の誘引力（＝魅力や機能の
優秀さ）によって旅行商品の自由な造成を許さないケースも生まれてきている。
それは観光マーケティングにおける重要な動向である。観光によって地域振興を
目論む地域が、マス・ツーリズムをベースとした、旅行会社からの送客に頼る傾
向についてはすでに指摘した。小規模の町や村にとってそのような作戦はふさわ
しくなかった。そんな際に、旅行商品が崩されるような現象がどのように起こる
かについては理解しておく必要がある。

旭山動物園

　市立動物園や美術館・博物館、水族館などは、その市の人口ほどの入場者があ
れば十分だというのが常識とされてきた。しかし、人口 35 万人ほどの人口であ
る北海道旭川市にある旭山動物園は例外中の例外である。いったんはつぶれかけ
ていた旭山動物園が立ち直る経緯は、テレビドラマや映画にもなっておりよく知
られるところだろう。パンダやコアラなど高額の動物を保有するのでなく、行動
展示という見せ方によって入園者が増えていったのである。
　開園した 1967 年に入園者数は 45 万人台だったものの、1983 年度の 60 万人
弱をピークに、1996 年には 26 万人台に落ち込んでいた。その後、開園 30 周年
を迎えて新施設の建設も認められ、行動展示が評判を高めたこともあり、300 万

人に達した年もあった。旅行商品との関連でいうと2003年までは旅行商品に組み込まれることはほとんどなく、2004年になって420本、2005年半ばには3,000本近い募集型企画旅行が組まれたとされる。それとは別に修学旅行も多くなっているのが現状である。市営であるため、通常の観光業界の常識である送客による手数料が発生しないにもかかわらず、である。(『週刊トラベルジャーナル』2005年8月8日号)

園内のレストランや土産物店など、現在の盛況を予想して建てられたわけでないため、筆者が入園した9月の平日午後2時過ぎでも何十人もの人がレストラン前に列を成す状態だった。修学旅行生は園内で3〜4時間過ごすことも珍しくないようで、旅行会社にとっては取り扱いの難しい観光素材である。しかし、パッケージツアーなどで行程に入れないわけにいかない観光素材でもある。パンフレットの表紙に旭山動物園の写真が載っていないことはほとんどあり得ない。それほど集客効果が著しい。現状では昼食をどうするか、混雑にどう耐えるかなど、旅行会社にとって困難な問題が生まれつつあり、旅行商品に組み込むことがやがて難しくなる事態を迎えるかもしれない。

黒川温泉

全国の温泉地が苦戦している中で、由布院温泉に次いで全国的に見ても観光客が押し寄せる人気温泉地である。もともとの発祥地である川岸の温泉旅館はいずれも10室前後の旅館ばかりであり、団体旅行で使うには部屋数の問題と、カラオケや宴会場など団体向けの施設がないことで旅行商品化することが難しく、個人・グループ客への単品販売としてしか取り扱うことができなかった。ただし、1軒だけ2000年に全面改装し、60室250人収容、200人収容可能の大宴会場の他、中小5の宴会場を有するマス・ツーリズム対応型の旅館ができており、そこだけは旅行商品化が可能である。というよりは、旅行会社からの送客率が65%であり、旅行商品に組み込まれることがなければ経営できないかとすら思われる旅館である(観光経済新聞社2005：487)。ここではそれ以外の旅館について、旅行商品が崩されることの意味を考える。

旅行会社が黒川温泉に宿泊するバス1台、40人の団体旅行を実施しようとしても、いま述べた旅館の規模や施設の状況から、1館を除いて不可能である。全

館貸し切り状態にしなければならないし、新明館の観光カリスマにも認定されている後藤哲也のように、良質の温泉に団体で訪れることに拒否反応を示す経営者もいる（後藤・松田 2005）。現在の黒川温泉は休前日のみならず、また紅葉などベストシーズンに限らず、平日でも簡単に部屋を取れない状態である。10%から15%の送客手数料を払ってまで旅行会社に頼る必要のない人気温泉地なのである。

　しかし、旅行会社にとってみれば、黒川温泉はパッケージツアーなどで集客を図るうえで貴重な材料だった。一般の団体旅行や修学旅行、組織内募集旅行であれば宴会場は必須であるが、家族や個人が個別に申し込んでたまたま同じ旅行をする形式のパッケージツアーでは、それは必ずしも必要ではない。旅館側が対応可能ならば部屋食でも構わない。そこで異なる何軒かの旅館に分宿するという苦肉の策が生まれる。特に海外旅行においては、オリンピックやサッカーのワールドカップ、特定の見本市など入込み客が集中する際に、団体についても思い切って分宿するという方法が取られていた。というより、分宿にしなければ宿泊場所が確保できないという事情があった。この苦肉の策は、旅行参加者も容易に理解できるケースだった。

　パッケージツアーでもそのコースで本来用意されている宿泊旅館・ホテルを、差額代金を払ってランクが上の旅館・ホテルに変更できるという募集の仕方をしているケースもあるが、黒川温泉の場合は事情が異なる。本来、旅行会社としては利用しがたい、マス・ツーリズムには適合しない温泉旅館を無理やりパッケージツアーに押し込むということなのである。

　黒川温泉は旅行商品を構成する単なる旅行素材ではない。それは観光媒体というよりは、そこに泊まること自体が目的となる観光対象となっているのである。しかも、旅行会社が旅行商品を造成する常識を分宿というかたちで崩してしまったのであり、全国の小規模の温泉地でも源泉かけ流しを武器に旅行会社の商品造成の常識を覆すことは比較的可能だと考えられる。

モアナ・サーフライダー・ホテル（ワイキキ）

　現在の正式名はモアナ・サーフライダー・ウェスティン・リゾート＆スパである（以下、モアナ・ホテルと表記）。1901 年にワイキキビーチで初めてオープンした最古のホテルであり、ロイヤル・ハワイアン・ホテルとともに、クラシック

なホテルとして人気が高かった。両ホテルとも高層のタワーウイングを新築したことで大量の宿泊客を受け入れることが可能となっている。

モアナは高品質のホテルとして各社のパッケージツアーにリストアップされている。そこから窺われることは、モアナが単なる旅行素材でなく、それ自体が目的となる観光対象という側面を強く持っているという感触である。これは観光客がただ単に由布院温泉の旅館に泊まりたいというのでなく（この範囲であれば、その旅館は旅行素材（＝観光媒体）にすぎない）、満員なら宿泊日を変更してでも旅館玉の湯や亀の井別荘に泊まりたいという願望を持つことに近い現象なのだといえる（吉田 2010：23）。

2012 年度のパンフレットをもとに具体的にみていこう。

各社ともハレクラニ・ホテル（453 室）、ロイヤル・ハワイアン（529 室）などラグジュアリー・クラスのホテルと並んでモアナ・ホテル（795 室）を紹介しているが、その紹介の仕方には違いが見られる。HIS の Chao や近畿日本ツーリストのホリデイではほぼ均等に 4 頁を割いているのに比べ（ロイヤル・ハワイアンは、ホリデイのみ 2 頁）、JAL パックでは他のホテルが 4 頁であるのに対し、モアナは 6 頁が割かれその存在感を大きくしている。ルック JTB の場合は、ロイヤル・ハワイアンが 4 頁、ハレクラニとハイアット・リージェンシー（1,299 室）が 6 頁、モアナとシェラトン・ワイキキ（1,633 室）、ヒルトン・ハワイアン・ビレッジ（3,191 室）が 8 頁となっている。

これらは何を示しているだろうか。いうまでもなく、仕入れ数やどこを重点的に販売しようかという各社のパッケージツアー販売戦略を明確に示している。

JTB の場合には、パッケージツアーのみならず、受注型企画旅行やパッケージツアー以外の募集型企画旅行など大量の取り扱い旅行者数となるため、ヒルトンやシェラトンといった巨大ホテルを前面に出さざるを得ない。モアナについても、JAL パックのように S クラスのカテゴリーとなるタワーウイングだけでなく、それより一段下のクラスとなるバニヤンウイングとダイヤモンドウイングも使用することでより多くの部屋を確保しようとしている。つまり、宿泊見込み客に見合う大量の部屋を仕入れしているのである。

では JAL パックのパンフレットにおいてモアナ・ホテルの存在感が大きいのはどのような理由によるのだろうか。これはラグジュアリー・ホテルという位置

づけとも関係するが、明らかに観光対象となるような、**そこに泊まることで経験価値が感受されるような商品として JAL パックにおいて登場しているのである。**2016 年度のパンフレットにおいてもランク下となるバニヤンウイングを使用しないことで、コモディティ化の対象とはならない、経験価値が強く印象づけられるような商品構成としているのである。

　JAL パックのパンフレットでは、「ワンランク上の旅　JAL パック・セレクション」として上記に挙げたようなホテルが紹介されている。中でもハレクラニ、ロイヤル・ハワイアン、モアナは他の A クラスのホテルよりも一段上の S クラスとして紹介されている。そしてモアナ・ホテルは格段の高品質のホテルとしてさまざまな JAL パック専用のサービスが用意されているとの趣旨でパンフレットは作成されている。次のごとくである。

①　タワーウイングの 20 階、ダイヤモンドヘッドとオーシャンビューの見える部屋や、同じタワーウイング 9 階以上、ダイヤモンドヘッド・スイート 96 号室など JAL パックだけが事前確約できる部屋を 7 タイプ紹介している。しかも 3 連泊以上で、ブフェの朝食が無料で提供される。これはコモディティ化とはまったく逆の経験価値を約束するような商品構成だといえる。

②　「GM を探せ！」プログラム……滞在中に GM（総支配人）を見つけ、JAL パックカードを見せ、「JAL パックで来ました」と伝えると GM からドリンククーポンがもらえるというサービス。

③　眺望の良いタワーウイング最上階（21 階）に JAL パック専用の特別なラウンジを用意。朝食時の軽食、昼間のスナック、夕方からのビール、ワインの飲み物サービスをしている。（2016 年度のパンフレットでは、ラウンジはタワーウイング 1 階となっている。）

　「GM を探せ！」は JAL パックでは他の何軒かのホテルでも実施しているサービスである。また、他のパッケージツアーでもホテルに専用のラウンジを設けている例があるが、JAL パックのように最上階に設けられている例は多くない。同じモアナ・ホテルでいえば、ルック JTB では低層階のバニヤンウイング 5 階に専用ラウンジは設けられており、景観がまったく違う。経験価値の形成という

104　第Ⅱ部　新商品の誕生

ことになれば比較にならない。

　さて、ここまで、JALパックがモアナ・ホテルに関して経験価値が形成される
るにふさわしい商品構成を図っていることについて触れてきた。しかし、このこ
とは同時に、観光商品としてのモアナの可能性にも反対側から触れることになっ
ているのに気づく必要がある。それは本節のテーマである「旅行商品を崩すも
の」ということを意味する。

　モアナ・ホテルにはザ・ベランダというビーチを眺め、潮風を感じながら朝
食の取れるレストランがある。高級なリゾートホテルには、世界的にも付き物と
なったスパもある。むかしからのバニヤンウイング2階にはホテルとワイキキの
歴史を紹介するヒストリカル・ルームもあり、ホテル内のヒストリカル・ツアー
も実施されている。先にJALパック独自のサービスとして、ランクの高い部屋
を商品化しているため3連泊でブフェの朝食が無料提供されることに触れた。他
のパッケージツアーでは、おそらく全社で使用している部屋のクラスに応じた
＄80、あるいは＄100のギフトカードを渡したり、ルームサービスの朝食1回提
供、ザ・ベランダのハイティーへの招待などのツアー独自と謳ったサービスをし
ている。

　よくよく考えてみれば次のようなことである。ホテルではもともと独自に3連
泊すれば1泊無料というようなサービスをしていた。旅行会社はそうしたホテル
側の販売戦略を活用して、自社独自のサービスとして翻訳しているのだと見るこ
とができる。無から有は生じない。早期申し込みに応じて5,000円割引というよ
うな手法もそうしたホテル側が提供する特典を有効活用している可能性もある。
旅行商品の仕組みを崩す仕組みを理解したければ、モアナ・ホテルのウェブサイ
トを見るのが一番である。タワーウイングのスイートに4泊すれば50%オフや、
3泊目が無料となり、ザ・ベランダでのブフェの朝食が付くというような値打ち
プランが紹介されている。

　経験価値を重視するハワイ・リピーターの場合には、自らインターネットで旅
行会社の旅行商品構成要素となっているホテルにアプローチする時代となってい
る。それは旅行会社の立場からすれば、造成した旅行商品の構成要素、旅行素材
や観光素材によって自らの仲介をカットされることを意味する。旅行商品が無効
とされる瞬間のありうることを意味している。

モアナ・ホテルが示すのは、インターネット時代になったということが大きい
が、もはや観光マーケティングの観点からすれば、旅行商品ではなく、その構成
要素が直接消費者に予約されることを意味する。すでに国内のホテル、温泉旅館
で起きているインターネットでの直予約の時代がハワイという旅行目的地でも始
まっていることを意味している。因みに、モアナ・ホテルのウェブサイトは日本
語で閲覧できる。

「はとバス」

いまワイキキのモアナ・ホテルの事例で旅行商品が崩されるケースのあること
を説明した。同じように、東京都内の運輸機関である「はとバス」が独自の観光
商品によって、旅行会社の造成する旅行商品に組み込まれるという段階を越えて
独自のあり方をすでに示していることを見ていきたい。

36頁にわたる「はとバス」のパンフレットには100を超える多彩なコースが
掲載されている。それらは運輸機関「はとバス」としての定期運送約款による、
必ず運行される定期観光バスのコースと、旅行会社「はとバス」としての、旅
行業法に基づく募集型企画旅行のコースとが混在している。しかし、観光マーケ
ティングの観点からすれば、そのような形式的なことはどうでもよいことだ。東
京にどれほど観光対象となるような場所・ものがあるかの百科事典のようになっ
ているからだ。

定期観光バスとしてごく月並みな、浅草、東京タワー、皇居前広場、明治神
宮、国会議事堂などの内のいくつかを回るコースがある一方、募集型企画旅行と
しては、グランドハイアット東京で夕食後ホストクラブを訪問するツアーや向島
の老舗料亭で芸者踊りを見ながら会席料理を楽しむコースなど、実に多彩な、東
京のさまざまな観光対象を組み込んだコースが工夫されている。

「はとバス」は旅行会社の側面を持つとはいえ、各地の旅行会社の依頼を受け
るだけでなく、自らの最もよく知る地元たる東京の観光魅力をさまざまに組み合
わせて観光商品としている点に筆者は注目したい。地域の魅力をくまなく、自
然観光資源や人文観光資源、観光施設といったものばかりでなく、食事場所、劇
場、演芸場、花火、ショーパブや工場などあらゆる分野にわたって観光バスの内
容として用意している。これは本来大手旅行会社などが考案すべき（旅行商品と

しての）内容を、もともと運輸機関であった「はとバス」が自ら観光内容として商品化しているのだと見ることができる。

「はとバス」の旅行会社としての性格も、近年しきりにいわれる着地型観光の、東京という特殊な事例における成功のケースだと見ることも可能である。着地型観光に代表されるニューツーリズムがいかに幻想であるかについて筆者はすでに詳述した（吉田 2010：255-276）のでここでは触れないが、東京については京都などとともに、旅行会社が造成する旅行商品を結果的に崩す作用を及ぼすものといえる。そして、東京は飛行機と宿泊施設のみを確保してやって来る旅行者に自社製品としての着地型観光商品を販売することになるのである。

九州新幹線とクルーズトレイン「ななつ星 in 九州」

2013年10月15日に運行を開始したJR九州の豪華寝台列車「ななつ星 in 九州」（以下、「ななつ星」と表記）は、完璧なブランドとして名前と内容・実質の伴った存在である。その豪華さは、7両の内、1両はラウンジバー、1両はレストラン、残り5両がゲストルームであるが、その14室はすべてスイートルームという車両編成からも明らかである。そこで経験価値がもたらされるのは確実であるし、圧倒的な人気となったため旅行会社が旅行素材として旅行商品に組み込むのは難しいような現状が生まれている。旅行商品を崩す存在というよりまったく独立した観光商品、あるいは旅行商品として位置付けるべき存在である（ただし、3泊4日コースでいえば2014年7月と2016年3月はチャーター便のみの運行とされており、旅行会社との関係を窺わせる）。

まず、「ななつ星」の人気のほどを確認しておこう。

総工費が九州新幹線を上回る30億円ということもあって、「ななつ星」の人気は当初から大変なものがあった。予約倍率は当初の7倍から翌年には37倍まで跳ね上がり、2015年10月から翌年2月分も33倍の厳しさである。運行開始時2人で110万円だった3泊4日コースの最高価格は4度目となる値上げ断行で170万円にまでなっている。

「ななつ星」は水戸岡鋭治というデザイナーの存在抜きには考えられない列車なので、彼のJR九州へ提供した列車から振り返っておきたい。

もともとイラストレーターだった水戸岡は東京で仕事をしていたが、あるきっ

かけから30代の終わり頃に福岡県の「ホテル海の中道」の立ち上げに参加することになる。当初はイラストレーターとして仕事をするはずだったが、責任者からホテルのさまざまな部分のデザインを任されることになる。JR九州はこのホテルまでリゾート列車を走らせる計画を持っており、その香椎線（愛称「海の中道線」）を走る列車「アクアエクスプレス」が水戸岡の最初の車両デザインの仕事となったのである。1988年のことである。

　JR九州関係で水戸岡の手がけた列車としては1992年特急「つばめ」、1995年特急「ソニック」、1999年特急「ゆふいんの森」、2000年特急「白いかもめ」などがある。これらの列車はいずれも評価が高く数々の賞を得ているが、水戸岡の仕事として決定的だったのは、そして自らが代表作だと公言しているのは2004年に部分開業した九州新幹線「つばめ」である。JR九州の列車がブランドとして定着するというのに留まらず、水戸岡鋭治自身がデザイナーとしてブランドを確立したからである。

　九州新幹線「つばめ」は、東海道新幹線など本州の新幹線と車内のデザイン思想があまりに異なることで話題となった。もちろん、水戸岡のデザインした列車、例えば「ゆふいんの森」は異彩を放つものだった。魅力もあった。グリーンメタリックのボディと重厚な列車の顔、曲線を描くカウンター式のビュッフェ、そして何よりも床の高いハイデッカー構造による高い位置からの車窓の眺めである。これは比類なきものという点での素晴らしい列車だった。一方、九州新幹線「つばめ」は比較すべき本州の新幹線が存在することでその素晴らしさが明らかとなったケースである。

　九州新幹線は自然素材を使いたいという水戸岡の思想が明確に反映されたデザインとなった。洗面台の縄のれんには熊本県八代産の藺草が使用され、天井や取っ手、窓のブラインドには鹿児島産の桜材が使用された。客席の仕切りとなる壁面にもやはり鹿児島産のクスノキが使われた。そして私たちが新幹線で最も多く触れる座席部分にはできるだけ木材を使用し、背もたれには古代漆色の西陣織が採用されたのである。硬い背の新幹線という印象が筆者にはあったが、九州新幹線はそのイメージを変えたのである。

　和のテイストとして九州新幹線は列車ファンには大きな魅力となっただろうが、一般客にとってもそれは変わらないだろう。こうしたデザインの延長線上

に「ななつ星」があったことは間違いない。九州新幹線「つばめ」から「ななつ星」に至る水戸岡のデザイン思想は、奇妙と思われるかもしれないが、本書で観光マーケティングを理解する上で筆者が必要だとしてきたことと一致するのである。水戸岡自身の著書『電車をデザインする仕事』からの引用でそれを整理しておきたい。

　例えば、次のような文章は水戸岡の仕事を理解する最も根幹にかかわるものであろう。「多くの斬新なデザインの着想はどこから得ているのか」という問いに対してのものである。

> 　新たな発想はひらめきではなく、そのデザイナーがこれまでに体験した「楽しかった、心に残っている思い出」から生まれてくるものだと思います。だからこそ、私は列車のような公共空間を豊かにすることで、多くの人に「楽しい思い出」を提供することをめざしています。それによって、また新たな公共空間が生まれ、人々が豊かになっていくのです。（水戸岡 2013：12）

　ここで何が言われているのだろうか。デザイナーが自ら経験価値を感受したような瞬間や場所を基盤に提供するのだと説明されているのである。水戸岡が自然素材を使うのもこのことと関連がある。次のようにいわれるからである。

> 　つまり、心の心地良さというものは、経済性を追求するのでは到底つくれないということです。こうして手間暇をかけ、それでもあえて自然素材を使おうとする理由は、そこに文化や感性を持ち込みたいからなのです。
> 　自然素材を取り入れた空間では、お客様に五感を使って自然の恩恵を感じていただけるわけです。それによって、本物の木の温もりやかおりを感じられる列車に「楽しい」という気持ちが芽生え、お客様には自然な笑いや笑顔が生まれ、幸せを感じていただけるのです。（水戸岡 2013：107）

　九州新幹線「つばめ」で明確に意識され実現された自然素材の重視は、さらに進んで白磁で知られる柿右衛門の洗面台などクルーズトレイン「ななつ星」の車内設備を豊かにしていったのである。経験価値を重視することによってそうしたデザインは達成されたのである。

　さて、水戸岡の著書には、旅行商品がシステムアップ商品だということと共通する認識が示されている。それはデザイナーの基本作業として旅行商品のことを

思わせずにはいない。イラストレーターが自分一人で最後まで仕上げる職人仕事であるのに対してデザイナーの仕事は、ということで書かれている文章である。

　　一方、デザイナーの仕事というのは、デザイナーが一人ですべてを行なうわけではありません。いろいろな人と話し合い、完成イメージを共有し、作業を製作者に委ねていかなければいけません。そこには、いろいろな人の知恵や工夫が混ざり合ってはじめて成立していくものなのです、だからこそ、私がデザインした車両は私の「作品」ではありません。作業に関わった人みんなの作品だということです。（水戸岡 2013：43）

　ななつ星」においては日本を代表する職人が何人か関わって列車内の魅力が生まれている。そうした点では水戸岡の仕事はシステムアップ商品として形成される旅行商品と似たところがあるといえる。

　水戸岡鋭治がデザインした JR 九州の多くの特急列車や九州新幹線、そして「ななつ星」などがブランドとして認知されていくに際しては、経験価値という観点から理解することが必要である。そして、そのような旅行素材は、「ゆふいんの森」や「ななつ星」に典型的に見られるように、もはや観光対象として観光客の旅行目的と一体となっており、JR 九州の意図とは関わりなく、旅行商品に組み込まれることを物理的に拒否するケースも生まれているのである。もちろん、JR 各社は異なる発想に立つことも可能である。例えば、JR 東日本は 2016年 4 月 6 日に次のようなプレスリリースを出している。

　人気が高かったものの、2016 年 3 月 20 日の札幌発上野行きを最後に定期運行を終了した寝台特急「カシオペア」のことである。「カシオペア」の客車を使った臨時列車を東北地方と北海道を周遊するクルーズ列車「カシオペアクルーズ」と、上野／札幌間を夜行で走り、食事サービスを提供する「カシオペア紀行」として 6 月から 7 月に運行すると発表されたのである。旅行会社のツアー専用のため、ツアーの内容は実施する旅行会社によって異なるという。

　JR 西日本もすでに 2014 年 5 月 21 日に次のようなプレスリリースを出している。

　1989 年から運行を始め、2015 年に引退が決まっている寝台特急「トワイライトエクスプレス」について、2013 年からの「ななつ星」に刺激を受けてのこと

と思われるが、2017年春により豪華な寝台列車「TWILIGHT EXPRESS 瑞風（みずかぜ）」として復活させると発表したのである。編成は客車6両、食堂車1両、ラウンジ1両、展望スペース付き先頭車（編成の両端）2両の計10両で、一つしかない最上級の客室は1両1室、他は1両に3室である。1泊2日が4コース、2泊3日が1コースで、1日に一カ所立ち寄り観光をするツアーとなっている。クルーズトレインとは銘打っていない。

　JR東日本もJR西日本も独自ブランドとして観光対象であるよりは、旅行会社が造成する旅行商品の構成要素であることを望んだり、あくまで移動手段としての豪華さ、すなわち観光媒体に留まろうとしている点で「ななつ星」のブランド・アイデンティティとは大きな違いを呈している。消費者にどのようにブランドとして受け止められるのか興味深いところである。

参考文献

石井淳蔵・栗木契・嶋口充輝・余田拓郎　2004『ゼミナール　マーケティング入門』日本経済
　　新聞社
観光経済新聞社　2005『2005年度版　日本ホテル旅館名鑑』観光経済新聞社
後藤哲也・松田忠徳　2005『黒川温泉　観光経営講座』光文社
（財）日本交通公社　1982『日本交通公社七十年史』（株）日本交通公社
長谷政弘編　1997『観光学辞典』同文館
平田進也　2004『出る杭も5億稼げば打たれない！』小学館
平田進也　2008『旅行業界のカリスマ　7億稼ぐ企画力』小学館
紅山雪夫　1975『海外旅行が楽しくなる本』花曜社
水戸岡鋭治　2013『電車をデザインする仕事』日本能率協会マネジメントセンター
吉田春生　2010『新しい観光の時代』原書房

第 5 章

標的マーケティングの事例

▶**本章のポイント**

　観光マーケティングにおける成功例は少なからずある。もちろん、それにも増して多くの失敗例もある。本章ではマス・マーケティングではなく、標的マーケティングについて取り上げる。異色の旅行目的地は「オフ・ザ・ビートン・トラック」を好み、それに高額な料金を払ってもよいという顧客には魅力的である。例えば、南極旅行やエベレスト登頂、ホテル・エベレスト・ビューである。これらは標的マーケティングの典型的な事例であり、新たな市場が切り開かれたのだということもできる。標的マーケティングは成功すれば明確なブランドとして認知され、コモディティ化に向かわない有力な手段であり、そこで実現されている細分化の手法は観光マーケティング独自のものであることに注目する必要がある。

112 第Ⅱ部 新商品の誕生

　観光固有の原理に立脚してマーケティングを考える際に重要なのは、最初に
「ツーリズムの様態」を確定することだった。マス・ツーリズムかスモール・ツー
リズムか、それともその中間に位置するミディアム・ツーリズムを想定するのか
は、STPやマーケティング・ミックスを考える以前に意思決定すべきことだっ
た。もちろん、どのツーリズムを選択するかに当たっては、市場細分化 —— デ
モグラフィック属性やサイコグラフィック要因よりもさらに明確な区分として旅
行形態や観光形態における細分化を意識する必要がある —— についての知識は
有していた方が望ましいが、そもそもの意思決定としてマス・ツーリズムに参入
できるのか —— それが可能な資金・人的資源を有しているのか ——、それとも
スモール・ツーリズムに留まろうとするのかは出発の時点で確定すべきである。
それがなければ何も始まらないし、何も始めることができない。

　ここでは、いわゆる標的マーケティングの観光における事例を取り上げ、これ
まで筆者が述べてきた観光マーケティングの留意点がどのように垣間見えるかを
検証してみたい。すべての事例が、観光マーケティングの戦略を見事に実現した
ということではない。格段の観光マーケティングを意識してはいない、トポフィ
リア（場所愛）というべき動機のみが重要だったケースもあれば、ほとんど偶然
といってよい幸運に見舞われたケースもある。しかしそこから私たちは観光マー
ケティングを考える上でのヒントは掴むことができるはずである。

1.　標的マーケティングの位置づけ

　標的マーケティングはさまざまな旅行形態に向けて可能であるけれども、本章
では主として現在の旅行業法で募集型企画旅行に区分されるパッケージツアーの
ケースを考える。それに先立って、募集型企画旅行がどのようなマーケティング
手法によっているかを整理しておきたい。

　標準的なパッケージツアーもそうであるが、特に一般読者を対象とする新聞
募集旅行は、広く参加者を募るという点でコトラーのいうマス・マーケティング
に当たるものとなる。ここでは、すべての人を対象とするような旅行内容が適切
である。コトラーらの表現でいえば、「最低のコストと価格で最大の潜在市場を
創造すること」だとされる。コトラーが事例として挙げているマクドナルドでい

えば、「すべての人々に訴求することを求めて、すべての市場に対して単一サイズのハンバーガーだけを生産した」時代が該当する（コトラー他 1996＝1997：260）。

　同じ新聞募集旅行でも、日本経済新聞日曜版のちょうど真ん中、「美の美」が掲載されている 2 面分（18，19 面になることが多い）の下段に掲載されているクラブツーリズムの募集広告は消費者にバラエティを提供するという意味での**製品差別化マーケティング**に当たる。このマーケティングが生まれるのは、「消費者が時間とともに変化するさまざまな好みをもっている」からということになる。マクドナルドでいえば、ビッグ・マックやチーズバーガーなど選択の幅を広げたことがそれに当たる（コトラー他 1996＝1997：260）。観光マーケティングの観点からいえば、リピーター対象のコース設定ともいえる。ここでリピーターというのは、旅行に何度も出かけているという意味であり、同じ観光地に何度も出かけていることだけを意味するのではない。

　例えば、筆者の手元にある日付で拾ってみると次のようなコースが紹介されている。

2015 年 12 月 13 日　①北ベトナム 5 日間、②ポルトガル 8 日間、③モロッコ
　　　　　　　　　　　7 つの世界遺産 10 日間、④全日空ビジネスクラス利用
　　　　　　　　　　　ミャンマー 7 日間
2015 年 12 月 20 日　①スペイン 8 日間、②イスラエル 8 日間、③白銀のカナ
　　　　　　　　　　　ディアンロッキー 7 日間、④アメリカ国立公園 7 日間

　いずれもリピーター向けのコースばかりである。新聞広告の趣旨はすでにヨーロッパの主要都市（パリ、ロンドン、ローマなど）やスイスアルプスを周遊している顧客を対象にポルトガルやスペインというモノ・デスティネーション（単一の旅行目的地）型のコースを提示するというものである。モロッコも、過去にスペインの旅行の際、マラケシュなど主要観光地を簡単に触れただけの顧客を対象に、世界遺産を中心にモロッコをつぶさに見て回るというコースとなっている。

　アジア、アメリカについても初めてその方面に旅行しようとする人を対象にしているというよりは、アジアであればすでにシンガポールやタイ、アメリカで

あれば西海岸やニューヨークなど主要な観光地を旅行した経験のある人を対象としているだろう。12月20日の「白銀のカナディアンロッキー」についても、初めて行く人であれば当然、ベストシーズンに当たる6月あたりからのツアーがふさわしい。しかし、すでにその時期に訪ねたことのある人の中には、夏場に美しかったカナディアンロッキーの冬の景色を見たいと思う人がいても不思議ではない。

以上見たように、**製品差別化マーケティング**は観光マーケティングにとってリピーター対策として重要である。同時にそれは、観光分野においては**関係性マーケティング**の最たるものだということができる。顧客が次にどの方面に旅行したいと思っているかを聞き出すのは、旅行会社にとって重要な日常的作業である。

さて、上記のリピーターを意識するよりさらに観光形態を限定することで――細分化と同義である――、顧客を絞って募集する標的マーケティングについてこれから考えてみたい。次のような特殊な観光のかたちである。

① デスティネーション（旅行目的地）が異色……欧米ではオフ・ザ・ビートン・トラック Off the beaten track[path]、すなわち「踏み固められた道から外れた」、人のあまり行かない土地への旅行である。

② 交通機関が異色……砕氷船による南極旅行やラクダに乗っての砂漠旅行など、①と不即不離の関係にあることが多いが、パリ・リオデジャネイロ間やパリ・ニューヨーク間をかつて運航していたコンコルドに乗ることが最大の目的であるツアーもあった。

③ スタイルが異色……ツアー自体、その運営自体が異色なケースであり、今日ではその典型は宇宙旅行である。

これらはいずれも特殊な旅行である。後述する **SIT** の典型というべき旅行である。ただ単にリピーターを対象とするツアーではない。選択肢が一つ増えたというよりは、明確な目的意識を持った人たちに限定した旅行だといえる。本章で紹介するように、南極へ行きたい、エベレストの頂上まで行きたい、宇宙へ行きたい、というような限られた意向を有する人たちに向けた旅行であり、標的マーケティングの分かりやすい事例である。なお、それらはいかに異色であっても、

必ずしも冒険を意味しているのではない。完璧ではないにしても、安全を確認したうえでの実施というところがツーリズム（観光という社会現象）と見なされる所以である。

そして、意外と思われるかもしれないが、上記①から③に該当するものはマス・ツーリズムの大衆性にかかわるものとして捉えることができる。マス・ツーリズムの Mass には数量に関しての多数・大量の意味と、それとは若干異なる大衆という意味が込められている。多数・大量の反対語は少数・少量だが、大衆の反対語はエリートであろう。エリートとは本来、英語のニュアンスとしては名門・権力者・上流階級など一定の階層を意味するものと解されるが、今日では特定の能力に長けた個人についても援用できるであろう。宇宙飛行や、無酸素でのエベレスト登頂、深海への潜水など特定の秀でた能力に恵まれていれば私たちはそれらの人をエリートと見る。

マス・ツーリズムにおいては、エリートとはいいがたい人々がそうした能力を有するエリートと同様の体験ができるような仕組みが作られる。例えば、客が一人 500 万円から 650 万円を支払うエベレスト商業公募登山隊や、1,000 万円以上が必要といわれる将来の宇宙旅行の予約販売などである。南極旅行もまた観測隊員でない一般の人にとっては、願望の実現度ということでいえば贅沢な旅行ということになり、標的マーケティングが生まれる素地となる。

いま述べてきた三つのマーケティング手法を募集型企画旅行におけるデスティネーション（旅行目的地）ごとの区分で整理しておこう。

①　**マス・マーケティング**……すべての人を対象とする。ヨーロッパのパッケージツアーや新聞募集旅行でいえばパリ、ロンドン、ローマ、スイスアルプスを周遊する旅行であり、国内でいえば北海道や九州など定番の観光地を巡る旅行である。

②　**製品差別化マーケティング**……上記の旅行を経験したようなリピーター向けのコースを新たな選択肢として用意する。ヨーロッパであれば一つの国をじっくり見て回るようなコースが該当する。フランス 8 日間、北欧 10 日間、東ヨーロッパ 3 カ国周遊などのコースが該当する。

③　**標的マーケティング**……必ずしも SIT だけが該当するわけではないが、

116 第Ⅱ部 新商品の誕生

対象となる顧客が限定されての募集となる。リピーターであるかどうかよりデスティネーションや観光形態について格別の関心があるかどうかが判断基準となる。インド旅行でいえば、デリー・アグラ・ジャイプール5日間というツアーであればマス・マーケティング、デリー・ムンバイ・世界遺産のエローラとアジャンダ8日間であればリピーターに対して新たな選択肢が提示されたという点で製品差別化マーケティング、インド八大聖地めぐり12日間であれば、釈尊ゆかりの地に関心のある人だけが対象という点で標的マーケティングとなる。

本章では、分かりやすい事例としてSITを中心に説明するが、あくまで特定層に向けてであれば標的マーケティングは可能であることを銘記すべきである。また、かつて③であったものが②や①に移るということも観光においてはあり得る。例えば、『トマス・クック物語』（ブレンドン 1991＝1995）において紹介されている「エキゾチックな4種のクック・ツアー（お金持ち向き）」は、インド、東アフリカ、アラスカ、中近東隊商路の旅である。前三者は今日では③というより②であり、場合によっては①ですらある。時代によって変化していくのは当然であり、それに観光マーケティングは対応する必要がある。

2. 南極旅行

リンドブラッド社の方法

アメリカのリンドブラッド・トラベル社（以下、リンドブラッド社と表記）は1967年、アルゼンチン海軍所有の軍艦をチャーターして、研究調査が目的ではない通常の民間人を観光目的で南極へ連れて行った。この画期的な旅行を実現させたのは、そのリンドブラッド社を1958年、ニューヨークに設立したラース・E.リンドブラッドだった。1969年にはフィンランドで造船された砕氷客船リンドブラッド・エクスプローラー号を400万ドルで購入し、世界各国に向けて販売している。

リンドブラッド社と提携して日本で南極旅行を販売していたヴァリューツアー（後述）のパンフレットでは次のように紹介されている。

エクスプローラー号は全長84ｍ、総トン数2,500トン、3,800馬力、巡航速度15ノット以上で、シャワー、トイレ、エアコン付きで全50室、92人が乗船できる。方向転換が自由自在なスクリューを備えており、小さくとも機動性抜群の船で、島に上陸する際にはエンジン付きのゴム・ボートであるゾディアック・ボートを利用する。ブリッジにはレーダーが2基あり、誰でも覗くことができる。また、ブリッジの屋根は360度の展望デッキになっている。船にはツアーリーダーと呼ばれる南極の歴史、海洋、動物・植物等の専門家も乗り込んで航海中講義をすることになっている。

ツアーは年度によって乗船地が異なるが、南米大陸のチリ、またはアルゼンチンの最南端の町からエクスプローラー号に乗船し、ドレイク海峡を渡り、南極大陸から伸びている南極半島沿いの島々を20日前後かけて回るコースとなっている。ペンギンやアザラシの繁殖地を訪問する他、数カ国の観測基地も訪問する。1976年のパンフレットによれば、天候が許せば20数回の南極半島上陸を試みる、と案内されている。

このエクスプローラー号による南極旅行は、観光形態としては「鑑賞する・観察する」「学ぶ」「滞在する」が主体だが、それに加えて「交流する」において際立った特徴を有している。「交流する」というのはこの旅行がアメリカ人に販売されるだけでなく、3分の1の参加者は日本を含めた世界各国からの客だからである。20日前後を船中で共に過ごすところから、旅行マニア同士の交流はこの旅行の楽しみの一つとなる。

リンドブラッド社は南極旅行だけでなく北極、アマゾン4,000キロのクルーズ、エチオピア奥地探検、西・北アフリカ大クルーズなど、非常に特殊な冒険旅行とでもいうべきツアーを実施していた。それはリンドブラッドの次のような経歴と好みによる。日本経済新聞1979年3月4日付のインタビュー記事からまとめてみる。

リンドブラッドはストックホルムに生まれ、少年期をスウェーデンで過ごす。チューリヒの商業大学在学中には旅行会社でアルバイトをし、それをきっかけとして旅行会社に入る。リンドブラッドは自ら会社を興す前の数年間は大手旅行会社で働いていたが、標準的なツアーでは満足できなかった。野生動物や自然に惹かれていたため秘境ツアーに関心を持つようになる。それは結果的に標的マーケ

118 第Ⅱ部 新商品の誕生

ティングにふさわしいツアーを販売することにつながっている。

　さらに興味深いことは、第4章で紹介した旅行商品が誕生するのと同じ原理に
リンドブラッドが言及していることである。普通の旅行斡旋業務では利益が上が
らない。旅行商品として特殊なツアーばかりを造成し、利幅の厚い商売をしてい
るというのである。高収益の旅行商品を造成する上では、南極や北極へも航行で
きるエクスプローラー号という旅行素材を有することはコモディティ化へ向かわ
ない有利な条件だった。

　リンドブラッドの展開したマーケティングは、先に述べたリピーターを対象
とし、彼らの参加しやすい新たなコースを設定する**製品差別化マーケティング**と
はそのデスティネーションや旅行手段が大きく異なっている。漠然と旅慣れたリ
ピーターを対象とするのではなく、自然や野生動物に関心があり、さらにオフ・
ザ・ビートン・トラック、すなわち人のあまり行かない土地への旅行を希望する
顧客のみを対象としたのである。そして観光マーケティングとして重要なのは、
リンドブラッドが標的マーケティングを実施したというに留まらず、旅行形態の
細分化についても極めて適切な試みをしたという点である。すなわち、**同じ今日
でいう募集型企画旅行であっても、旅行形態としてパッケージツアーよりも組織
内募集旅行の方に重点を移したことである。**

　1970年代になってリンドブラッドはイントレピッド・クラブを創設し、年1
回ケニアやエクアドルで世界大会を開催した。Intrepidとは「怖いもの知らず
の」という意味である。リンドブラッド社のツアーに参加した人々で結成されて
おり、旅行形態でいえば組織内募集旅行が可能なオーガナイザーを旅行会社が自
ら作ったのだということができる。同じことはすでに第4章で日本旅行の平田進
也が個人的なファンのグループを作ったことで紹介した。あるいは、クラブツー
リズムが何百種というクラブを作り、そこで独自にツアーを計画するというよ
うなことも行なわれている。これらは組織内募集旅行による集客の方が、**マス・
マーケティング**による募集型企画旅行での一般募集となる集客よりも確実だから
である。観光マーケティングにおいて旅行形態の細分化が必須の作業であること
の証左である。

ヴァリューツアーの誕生 —— 日本からの南極旅行①

　1970年代、南極旅行といえばリンドブラッド社によるものしか私たちにはイメージできなかった。しかし、先に触れたヴァリューツアーの1975年、1976年のパンフレットには次のような記述がある。

　　　南極は船から氷山を見るだけでも素晴らしいものですが、大陸に上陸してみると、そこには一度も経験したことのない世界が広がっています。近頃ではアルゼンチンから18,000トンの一般客船による南極クルーズが実施されていますが、数百人の船客をランチで上陸させることは不可能に近いし、わずか4日間の南極クルーズ中2カ所に上陸する予定も天候次第。やはり、氷海航行の専用客船と上陸用のゾディアック・ボートを用意してこそ、岬、島、湾、狭い水道と複雑な地形に取り囲まれる美しい景観をわがものとし、神秘の大陸に歩を印すことができるのです。

　当時のクルーズによる南極旅行の状況がよく分かる文章である。第1節で触れたように、未開の地へ旅したいという思いは、標的マーケティングの格好の対象である。マス・ツーリズムはそうした少数顧客の願望を実現することにも熱心だが、同時にそれをより効率的に、多数の客を呼べるような安楽さを提供することにも熱心である。後者はマス・ツーリズムの最大の特徴である多数・大量化、あるいは大衆化ということに結びついていく。

　18,000トンの客船で数百人を乗せることは、日程と旅行費の両面において効率化を図ることに他ならない。それはリンドブラッド社が20日前後をかけて南極半島に沿ってクルーズするのとは旅行の性格がまったく異なる。リンドブラッドにあった「鑑賞する・観察する」「学ぶ」「交流する」といった観光形態が希薄となった旅行だといえる。いわばリンドブラッドにあった濃厚な経験価値が感受されることのない、ブランドとして継続的に認知はされない表面的な南極旅行が1970年代に登場していたことは記憶されてよい。

　いま見た南極旅行の二つのタイプの内、日本からの南極旅行はリンドブラッドが形成したブランドで始まっている。

　1973年の春のことである。前年の5月24日に旅行会社ヴィーヴルを創業した当時37歳の和田良一はニューヨークに出かけ、リンドブラッドと会って業務提携の契約を結ぶ。和田は日本で旅行会社を興す前は旅行業界とはまったく別の会社のニューヨーク駐在員だった。そこでアメリカ人が毎年のようにパッケージツ

120　第Ⅱ部　新商品の誕生

アーで世界各地に出かけているところを目の当たりにしたのである。これはジャルパックの誕生が、日本航空の伊藤恒がシカゴに赴任中、同じようにアメリカの旅行事情を目撃したことがヒントとなったのと同じパターンである。

　和田とリンドブラッドが出会ったことで、南極旅行に代表される高額の秘境ツアーが専門のリンドブラッド社の商品を日本人向けに販売する**「価値ある旅行ヴァリューツアー」**が誕生した。これは当時の日本における海外旅行事情からすれば、特筆に値する決断だった。

　1973 年は日本人の海外旅行者数が対前年 64.4%増の 228 万 8,966 人を記録した年だった。自社ブランドのパッケージツアーを販売する会社も多くなり値下げ競争も激しくなった。また、特に韓国において日本人の旅行中の行動に批判が集中する時代でもあった。そうした時代にあって高品質・高価格のパッケージツアーを販売するヴィーヴルは特異な存在だった。当時の旅行業界誌は、「ヴィーヴルが 1973 年 10 月 1 日より SIT 専門の『ヴァリューツアー』をホールセール開始」と伝えている。

　なお、SIT に関しては今日ではヴィーヴルのこうした歴史的な役割を知らない業界人・研究者も多く、「物見遊山の観光では満足できない特定の関心、例えば芸術や建築、自然、グルメなどを目的としたツアー」だというような説明がなされている。リンドブラッド社やヴィーヴルが目指していたのは、かつては冒険家や専門家でなければ到達できなかったようなデスティネーション（旅行目的地）をマス・ツーリズムの旅行商品とすることであり、それこそが SIT の名前にふさわしいものであったことを忘れてはならない。

　ヴィーヴルから見た観光マーケティングということでいえば、リンドブラッド社から適切な商品を仕入れできたのが大きな強みだったということができる。南極といっても決して冒険ではなく、十分な装備を備えたエクスプローラー号が接近できるコースを回る観光なのである。本来なら調査研究が目的の南極越冬隊のメンバーしか体験できない稀有な経験価値に触れることができたはずである。こうした提案のできたヴィーヴルの戦略は、典型的な標的マーケティングの事例だといってよい。

　ヴィーヴルはリンドブラッド社と提携し、南極旅行ばかりでなく、北極、アマゾン奥地、イースター島、エチオピア奥地など大手旅行会社が手がけていな

いツアーを「価値ある旅行　ヴァリューツアー」として各旅行会社にホールセール（卸売り）することになる。まだ経験価値マーケティングという手法など生まれていなかった時代に、文字通り、確実に経験価値が感受できるツアーが販売されていたのである。経験価値がいかに旅にとって本質的なものだったかは、ヴァリューツアー誕生の歴史からも納得できる。

　因みに、1975年版のパンフレットによれば、各ツアーの価格は次の通りである。「白い大陸　南極」28日間171万円、「大氷原　北極」36日間184万円、「アマゾン　緑の魔境マットグロッソ」18日間119万円、「インカとイースター島」24日間129万円、「エチオピア奥地探検」16日間95万円――。いずれも当時の海外旅行の価格からすれば破格の金額である。高額の旅行費を払ってでも、まだあまり日本人の行っていないデスティネーションに出かけてみたい、との願望を有する限定された顧客層に訴える戦略で商品造成（あるいは商品仕入れ）がなされたのである。この商品力の業界に与えた影響は大きなものがあり、JTBですら1973年の発売開始から3年後、自社ブランドの「ルック」とは別にヴァリューツアーを売る販売提携を決めている。

　なお、ヴィーヴルは和田良一が早く亡くなったこともあり、銀行からの支援、特色のないパッケージツアーへの進出、業績不振、会社消滅という結果に行き着いた。しかし、旅において経験価値がいかに本質的なものであるかに早い段階で気付き、それを満たすような旅行商品をリンドブラッドと提携して戦略的マーケティングとして結実させた和田の功績は観光マーケティングを考察するに際して欠かせない事例である。

効率化（＝大衆化）の方向――日本からの南極旅行②

　1970年代、ヴァリューツアーの存在感はその旅行商品のラインアップにおいて圧倒的なものだった。中でも、大手旅行会社が主催する「ルック」や、高品質の旅行で定評があった「ジャルパック」でもまったく手がけることのできないのが南極旅行だった。すでに述べたように、ヴィーヴルはリンドブラッド社と提携することで、高額でもめったに人の行かないデスティネーションを望む顧客層に対する標的マーケティングを成功させていた。ただ、先に述べたように、その時代にあっても20日間もの長期間クルーズをするのでなく、より効率的に旅行期

122　第Ⅱ部　新商品の誕生

間も旅行費も抑えたクルーズが実施されていた。それは、より大衆化が進むということであり、標的マーケティングよりも製品差別化マーケティングとなる可能性もある。

　標的マーケティングにしろ、製品差別化マーケティングにしろ、それらはユニークな発想や知恵が試される場でもある。ただ、観光の性格上リスクの大きなことには挑戦すべきでないという側面も有する。こうしたことを私たちは不幸な事故で知らされることになった。1979年11月28日、乗客・乗員257人が乗った南極遊覧飛行機が南極大陸のロス島にあるエレバス火山の中腹に激突、全員絶望という衝撃的なニュースが伝わってきた。

　多くの人にとって、南極大陸への遊覧飛行なるものが存在すること自体が意外だったはずである。毎週水曜日、ニュージーランド航空が一便だけ北島のオークランドからエレバス火山周辺まで特別便を飛ばしていた。南極大陸沿岸のロス海上空を経てロス島に近いアメリカのマクマード基地、ニュージーランドのスコット基地周辺を2, 3時間かけて高度700から800メートルの低空から遊覧飛行するものである。オークランドを午前8時に出発して、南島のクライストチャーチには午後8時に戻り給油後、オークランドに戻るというコースである。地元のニュージーランドでは人気があり、日本人乗客はアメリカ人やオーストラリア人を越える数の多さで、その年もすでに約130人が参加と伝えられていた。

　この事故の際も、日本人は添乗員1人を含む24人が乗っていた。当時の日本交通公社上野支店が募集していた「南十字星の国ニュージーランドと南極体験飛行の旅　9日間」の参加者である。旅行代金は54万5,000円で高額な旅行商品といってよい。参加者も大半が何度も海外旅行に出かけている人たちだった。この旅行企画はわずか1日を当てるだけで簡単には行けなかった南極大陸を上から見物できる魅力的なものだった。南極クルーズがアルゼンチンに向けて伸びた南極半島を掠めるだけのもの――ただし、かなりの日数をかけて、南極を満喫できるものでもあった――であったことと比べれば、海寄りではあるものの、確かに南極大陸の広大さを空から感じることのできる簡便なツアーだった。

　1979-80年度版のヴァリューツアー・パンフレットによれば、南極旅行は29日間のコースで174万円と163万円の旅行代金、22日間のコースでも147万円と137万円である。しかも各国の参加者と合流するペルー、またはアルゼンチン

までの飛行機代は別途必要なのである。上野支店のツアーが旅行日数と旅行代金の両面において、対象となる顧客層を大きく広げていることは明瞭である。飛行機で14時間ほどかかるツアーであっても、クルーズ船で出かけるそれまでの南極旅行に比べれば、時間的にも旅費的にも負担は少ない。これは標的マーケティングと見るよりも、リピーター顧客に対して旅行商品選択の幅を広げる製品差別化マーケティングと見た方が適切であろう。この南極遊覧飛行はリンドブラッド社の南極クルーズに参加するほどの覚悟はいらない、という点においてより大衆的だといえる。

　筆者は当時同社の海外旅行名古屋支店に勤務しており、この旅行のことは知っていた。旅行は単発企画の旅行商品でなく、シリーズ化されていた。日本人の海外旅行者数は年々増加しており、石油ショックの影響で対前年一桁の伸び率に終わった1974年、1975年を除けば1970年代後半、まだ10%台の伸びを示していた。1979年も対前年14.6%増の400万人を超える数字となっており、新たな旅行商品が次々に造成される時代環境だった。全国的に募集されるパッケージツアーの他にも各支店は独自のコースを作って参加者の募集をしていた。東京の有力支店では特に盛んで、地方の支店にも集客依頼の書類が回ってきた。一言でいえば、南極遊覧飛行を組み入れた秀逸なツアーで、高収益商品だなという印象だった。ただ、同時に、飛行時間の長さと、当然ながら南極周辺に給油できる場所はないだろうからリスクのある旅行だとも感じた。

　この事故はその後、機長・副操縦士が説明を受けたフライトプランの経度座標を地上職員が勝手に変更し、それを機長らに知らせていなかったことが原因のようだったが、旅行商品を造成する際の留意点を思い知らされたケースだった。

　変則的な飛行機による南極遊覧飛行というかたちは、おそらく南極へアプローチする新たなアイデアという側面では利幅の大きな旅行商品だった。それはリンドブラッド社の南極クルーズとはまったく異なる、旅行期間と旅行代金の両面において効率性の原理で成立していた。では、同じクルーズのツアーではどうだろうか。材料は読売旅行の「よみうりオーシャンクルーズ」という部署が担当している募集型企画旅行「南極への船旅14日間」である。2013年1月13日出発の募集パンフレットによって内容を検討してみたい。

124　第Ⅱ部　新商品の誕生

　このツアーで使われるクルーズ船は耐氷船オーシャン・ダイアモンド号で、総トン数は8,282トン、全長124メートル、収容人員は乗客189人、乗務員144人であり、リンドブラッド・エクスプローラー号に比べればかなり大きい。船のサイズからすれば機動性という点ではエクスプローラー号との違いは歴然である。乗客数が多いということは、ゾディアック・ボートが18隻搭載されているとはいうものの、それに乗り換えるのに時間も要することを意味する。

　旅行日数は14日間だがクルーズ自体は10日間である。リンドブラッド社の南極クルーズに比べれば、より参加しやすい日数である。旅行代金は100万円をわずかに切る3人部屋の旅行代金から160万円というのもコモディティ化に向かっているのではない収益性の高いツアーだと見ることができる。そして**マス・ツーリズムとして、顧客の願望を叶えるという点においてヴァリューツアーとは異なる手法を取っている**。それは集客の規模からまず判断できる。読売旅行はオーシャン・ダイアモンド号をブロックチャーターしており、最少催行人員が90人となっている。つまり、オーシャン・ダイアモンド号の乗客の半分以上が日本人客になることを意味している。**その規模だからこそ、エクスプローラー号を利用するヴァリューツアーにはなかった次のような便宜性を顧客に提供している**。

① 　船内での各分野の専門家による南極講座は日本語、もしくは日本語の同時通訳で開講される。
② 　乗船中の船内アナウンスと船内新聞は日本語使用である。
③ 　船内では本格的なヨーロピアン料理とともに、日本人シェフによる日本食も用意される。
④ 　パルカ（防寒上着）の無料進呈と、ゴム長靴の無料貸し出し。

　いずれもヴァリューツアーでは実施されていなかったサービスである。特に①〜③のサービスは日本人が船客の半数以上を占めることで可能となったサービスである。この南極旅行は、旅行期間と旅行代金でいえば南極遊覧飛行を組み込んだツアーよりはヴァリューツアーの方に近く、**日本人客向けに特化した標的マーケティングを読売旅行は実施している**と見ることができる。上記のサービス

が可能となっているのは、読売旅行が南極や北極の極地クルーズを20年以上手がけてきたからであろう。ブロックチャーターは今回が5回目だが、通常はリスクが高くて旅行会社は手を出さない仕入れ手法である。もちろん、こうした日本人向けサービスのみでなく船自体が八つのカテゴリーの船室を有するなど、ヴァリューツアーでは考えられなかった品揃えという点にも、より多くの顧客に対応しようとする戦略的マーケティング展開の意図が窺える。

　読売旅行の販売するこの南極旅行は、より安楽な快適なマス・ツーリズムの旅というべきである。観光形態としてリンドブラッド社の南極クルーズに濃厚にあった「交流する」という要素は少し薄れるものの、「鑑賞する・観察する」「学ぶ」「滞在する」「食べる」といった観光形態は日本人向けのサービスによって、外国語の苦手な顧客にとっても十分楽しめる仕組みが作られているといってよい。

　読売旅行の場合も信頼できるパートナー（仕入先）と20年を超える年月仕事をしてきたことの結果だといえる。リンドブラッド社とヴィーヴルと同様の、クルーズ主催会社とそれを仕入れて日本人向けの旅行商品としている読売旅行との信頼できる取引関係が基盤となっており、他社がすぐに真似のできるものではない。すなわち、かつてのヴァリューツアーがそうであったように、読売旅行の「南極への船旅14日間」はブランド性を獲得しつつあるといってよい。

3.　極限への旅 —— エベレスト登頂と宇宙旅行

映画「エベレスト3D」

　2015年11月6日に日本公開となった映画「エベレスト3D」は、1996年5月に起きた二つの商業公募登山隊の悲劇に基づいた映画だった。この遭難事故について筆者は前著『ツアー事故はなぜ起こるのか —— マス・ツーリズムの本質』で1章を割いて詳述した。それは不幸な事故であるけれども、マス・ツーリズムの本質を理解する上での重要な参照事例だったからである。ここでは事故の内容よりも、商業公募登山隊という仕組みが標的マーケティングの事例であることを明確にするために書き進めていきたい。

　1996年5月の遭難事故にあったのは、ニュージーランドとアメリカの登山家

によってそれぞれ組織された商業公募登山隊だった。二つの登山隊の構成は概ね、顧客 8 人程度で経験ある登山家 3 人、医師 1 人、シェルパ 10 人程度である。顧客はエベレスト登頂に必須の二つのことに関してまったく気を使わなくて済む。タクティクス（戦略）と呼ばれるスケジュール表は熟練の登山家が経験から作成してくれる。2 カ月前後となるエベレストを目指す期間中の物資の補給、すなわちロジスティクスはタクティクスをもとに綿密に考案・用意される。水・食糧、テント、酸素ボンベなどの運搬に必要なシェルパの人員もこれと関連して決定される。顧客の高地登山における力量不足は酸素ボンベによって補われ、さまざまな判断を登山家であるガイドがしてくれる。

　筆者も記憶しているが、1996 年 5 月、NHK の番組中に「日本人女性として二人目のエベレスト登頂に成功」というテロップが流れたことがある。その快挙のニュースが流れた翌日、事態は暗転する。下山中、悪天候に見舞われてその女性は命をなくしてしまったからだ。このとき、彼女が都道府県ごとに結成されている山岳会や大学 OB による山岳会といった組織には属していない個人登山者であり、エベレスト登頂を望む個人を世界中から集めて案内する商業公募登山隊という仕組みのあることが広く知られるようになった。当時の新聞は、彼女の参加費用が 650 万円だったと伝えている（中日新聞 1996 年 5 月 25 日付朝刊）。

　筆者はこの事故の詳細を、その商業公募登山隊に客として ―― 正確には、取材のためアウトドア雑誌から派遣されていた ―― 参加したノンフィクション作家のジョン・クラカワー著『空へ』で知った。映画「エベレスト 3D」はクラカワーの著書の他、下山不可能の状態から奇跡的に生還したものの右腕と左手の指 5 本、そして鼻までも凍傷で失ったベック・ウェザースの著書『零下 51 度からの生還：エベレストの悲劇 ―― 死の淵から蘇った男』や、ニュージーランドの登山家が死の直前に妻と交わした衛星電話を通じての会話記録などをもとに製作されている。監督自身のハリウッド的な悪役は作らない製作方針もあって、事故の起こった理由が明確にされているわけではない。

　ここまでで、筆者がなぜ観光マーケティングの本に商業公募登山隊を取り上げるのか訝る読者諸氏もおられると思うので、ニュージーランドの登山家ロブ・ホールが主宰していた会社パンフレットの文章を紹介しよう。

第5章　標的マーケティングの事例　*127*

　アドベンチャー・コンサルタンツ社は、山岳登攀のアドベンチャーを組織し、ガイド
に当たる専門旅行社です。あなたの夢をわたくしどもに託してみませんか。実績を誇る
アドベンチャー・コンサルタンツとともに、夢の実現に取り組んでみませんか。わたしど
もはお客様の要望が第一です。何より肝心なのは、お客様のひたむきな努力です。お客様
のアドベンチャーの安全と成功を、わたしどもは最大限お約束いたします。（クラカワー
1997：57）

　ここにはマス・ツーリズムの基本的な原則がしっかり書き込まれている。顧客
の願望を叶えるという原則である。「お客様のひたむきな努力」が必要だという
登山特有の条件も含まれているものの、山岳登攀の専門旅行会社として願望を実
現することも謳われている。そして何よりも、本章でテーマとしている標的マー
ケティングそのものの見事な事例である。

　クラカワーの『空へ』ではいくつかの理由から、遭難事故が商業公募登山隊
であることによるものだとの考えで執筆されている。その筆致は厳しいものがあ
り、当事者のガイドからは、事実に関して反論する本も出版されている。

　ともあれ、商業公募登山隊がマス・ツーリズムの一つのかたちであることは
間違いなく、さらにいえば、顧客が絞られているという点で標的マーケティング
を実施しているのも明白だった。自らはエベレスト登頂のためのタクティクスを
練ることができず、体力的にも幾分かは安楽に登頂したいと考える登山客に絞っ
て、ネパールに到着した時点からの案内で 500 万から 650 万円という経費で引
き受けるのである。

　この商業公募登山隊という仕組みについては、2004 年 5 月 20 日、日本初の商
業公募登山隊であるアドベンチャーガイズ社が実施したエベレスト登頂隊の女性
参加者が下山中に死亡するという事故もあり、より広く知られるところとなっ
た。また、それまでに最年少で 7 大陸最高峰登頂という記録が出るのも商業公
募登山隊に参加してのことだとのニュースも流れていた。同年の 5 月 21 日付の
朝日新聞は、エベレストはかつてのように「選ばれた登山家」だけの山ではなく
なり、エベレストに適応できるとは思えない登山者までがやって来る状態になっ
ていることに懸念を示していた。つまり大衆化の流れが起きているのであり、マ
ス・ツーリズムという観点から捉えることが必要な時代となったのである。

　エベレストの初登頂は 1953 年 5 月のエドモンド・ヒラリーとシェルパのテン

128 第Ⅱ部　新商品の誕生

ジン・ノルゲイによるものだった。いうまでもなく、当時のエベレスト登頂は
体力や能力に優れたエリートというべき冒険者によって成し遂げられる事業だっ
た。その後、国を挙げての組織登山の時代があり、今日では個人のエベレスト登
頂の時代になったとされる。なにしろエベレスト登頂者の数は、初登頂から40
年間で約500人だったが、その後のたった5年間で同数の500人を軽く超えて
しまっているのである。

「宇宙旅行」の現実

　極限の旅としてエベレスト登頂よりさらに上方を目指す宇宙旅行も、現在、
受付中である。ただし、いつ実現するかについてははなはだ心もとない状況で
ある。なぜなら、2005年当時には、イギリスのヴァージン・グループによる
ヴァージンギャラクティック社の宇宙旅行は費用約2,200万円、実現予定時期
は2008年春、それよりずっと安い1,000万円余りの費用だというスペースアド
ベンチャーズ社の実現予定時期は2007年から2008年とされていたものの（林
2005：26-29）、実施されたとのニュースは伝わっていない。

　両者については、日本での有力旅行会社も予約代行の業務をすることで話題
となった。前者はクラブツーリズム、後者はJTBが窓口である。しかし、2005
年10月にスペースアドベンチャーズ社の宇宙旅行販売を開始したJTBは、アメ
リカ側で具体的な動きに至らなかったため業務提携を解消した（『週刊トラベル
ジャーナル』2014年3月24日号）。

　筆者の手元には当時のJTB丸の内支店「スペースプロジェクト」チームが作
成した16頁の「JTB宇宙旅行 ―― 宇宙からの感動をあなたに ――」と題する
パンフレットがある。その裏表紙には、マス・ツーリズムの基本原則に沿った次
のような文章が掲げられていた。

　　　夢やSFの世界であった宇宙旅行が、日本でもいよいよ現実のものとなります。宇
　　宙飛行士ではない一般のみなさまにも、青く美しい地球を宇宙から眺めていただける
　　機会を提供できるようになりました。お客様からの熱きご要望にお応えし、JTBは地
　　球上の旅行にとどまらず宇宙にまで翼を広げ、平和で心豊かな社会の実現に貢献して
　　まいります。

第 5 章　標的マーケティングの事例　*129*

　パンフレットでは「宇宙旅行」の四つのコース内容がそれぞれ 2 頁にわたって詳細に説明されている。現在流布されている「宇宙旅行」のイメージをはっきりさせるためにもその内容を紹介しておこう。

① **本格宇宙旅行（軌道飛行）**……約 90 分で地球を一周する国際宇宙ステーションに約 1 週間滞在。軌道飛行も楽しむことができる。出発前にはロシアのガガーリン宇宙飛行士訓練センターで十分な訓練を積み、ロシア宇宙局のクルーとともに宇宙へ旅立つ。旅行費用は 2,500 万ドル、2007 年 3 月現在の＄ 1 ＝ 120 円のレート換算で約 30 億円。宇宙遊泳のオプショナルツアーは 1,500 万ドル、約 18 億円。

② **宇宙体験旅行（弾道飛行）**……宇宙と定義されている高度 100km へ飛び出す弾道飛行。宇宙空間には 5 分間滞在、無重力状態を体験。出発前に 3 日間の集中訓練。この「宇宙旅行」については各国で開発中。旅行費用は約 1,200 万円。

③ **アメリカでの無重力体験**……NASA の宇宙飛行士の無重力訓練に使われている G フォース・ワンで約 15 回の放物線飛行での無重力体験、さらには火星重力、月重力での放物線飛行も体験。日帰りの個人向けプランは約 42 万円。参加者 20 人までの団体向けパッケージプランではフォートローダーデール・ビーチリゾート＆スパに 3 泊し、2 日分のスパ無料利用券も付いて約 2,076 万円。

④ **ロシアでの無重力体験**……ロシア宇宙飛行士の無重力訓練プログラム飛行を特別に公開するもので、高度 1 万メートル前後の上空で約 30 秒間無重力状態が作られ、体がふわふわと浮き上がる状態を 10 〜 15 回体験。個人向けはなく、団体向けパッケージプランとしてモスクワ中心部の五ツ星ホテル 3 泊、モスクワ 1 日市内観光、出入国時の入管・税関手続きの VIP 待遇などの特典付きで 12 人まで約 1,380 万円。

　どうだろうか。私たちがイメージしているのは①だけではないだろうか。②は旅行というよりも、ただ単に成層圏を突き抜け、最高到達点 100km を超えたところまで行って落下するというものではなかろうか。③、④に至っては宇宙旅行

130 第Ⅱ部　新商品の誕生

とは別物の、無重力体験ツアーであろう。

　しかし、宇宙旅行がまったく実現していないということではない。長期間の訓練を経て任務を帯びて出かける宇宙飛行士ならぬ、民間人、本書でいうところのエリートでない人物が実際に宇宙旅行をしているからである。日本人としては、正式の宇宙飛行士として任務を遂行したのは1992年の毛利衛だったが、それに先立つこと2年、1990年にTBSの宇宙特派員として民間人の秋山豊寛が旧ソ連の宇宙ステーション「ミール」へ宇宙旅行をしている。

　会社から派遣されたのでない、まったくの民間人として初の宇宙旅行を経験したのはアメリカの実業家デニス・チトーだった。2001年4月のことである。秋山と同様ロシアの宇宙船・国際宇宙ステーションを使ったもので、約25億円を支払ったとされる。その後も2002年には南アフリカのIT企業家、2005年にはアメリカの技術起業家、さらに2006年にアメリカの女性起業家と続く。4人目となったアヌーシャ・アンサリはイラン系アメリカ人で、当初予定されていたライブドア元役員の榎本大輔が健康上の理由で許可が下りなかったため予備要員から繰り上がっての宇宙旅行だった。その費用は約23億円と伝えられた（朝日新聞2006年9月18日付）。ただ、これら宇宙ステーションに滞在する正真正銘の宇宙旅行はあまりにも高額である。先の2007年のJTBのパンフレットでは約30億円にまで高騰している。

　しかし、あるきっかけがあって②の「宇宙旅行」の現実性が高まった。それはXプライズ基金による、民間の資金と技術で3人乗りの有人宇宙船を作り、高度100kmの宇宙に到達し安全に帰還するレースで「スペースシップワン」が約11億円の賞金を獲得したからである。この弾道飛行であればJTBのパンフレットが謳うように1,200万円程度で「宇宙旅行」が可能だという空気が生まれたのである。

　では、本章のテーマである標的マーケティング、それも**募集型企画旅行における標的マーケティングという観点**からはどのようなことがいえるだろうか。

　アメリカ連邦航空局が2012年に500万ドル以上の金融資産を有する富裕層226人にインタビューしたところ、5%が宇宙旅行に関心があり、その中の5%弱が実際に宇宙旅行に参加すると回答したという（『週刊トラベルジャーナル』2014年3月24日号）。市場があることは間違いないだろう。であるにしても、

マス・ツーリズムの基本原則である顧客の願望を叶えるという観点からすれば、宇宙旅行は幻であるにすぎない。少なくとも、一般募集されるような性格のツアーではない。30億円もする宇宙旅行が募集型企画旅行に馴染むはずもなく、南極が旅行商品として流通しているのとは大きな違いがある。実際、JTBのパンフレットでも、先のパンフレットは旅行契約ではなく、代行受付をしているだけだとの注意書きがなされている。つまり、宇宙旅行はまだ旅行としての法的な契約が整備されているわけではない。

　また、別な問題もある。巷間「宇宙旅行」といわれているものは弾道飛行のことであり、まだしも看板に偽りありとはいえない。しかし、無重力体験ツアーなるものは「宇宙旅行」の範疇に入るものだろうか。それは**「体験する」**という観光形態の新たな、高額の観光素材ではあっても、「宇宙旅行」のパンフレットで謳われるべきものではないだろう。

　確かに、無重力状態、あるいはその状態が生まれる飛行体験をしてみたいという顧客層は存在するだろうし、そこへ向けての標的マーケティングは有効であろう。しかし、「宇宙旅行」を掲げて、あたかも時間しのぎのように、異なるビジネスを展開することは誠実であるとはいえないだろう。

　エベレスト登頂を目指す商業公募登山隊は、そこに参加する人の技量・体力という点において大きな問題を抱えていた。クラカワーの『空へ』には数カ所で日本人女性の登攀技術面で問題のあることが具体的に描写されていた。宇宙旅行はこれとは異なるが、端的にいえば、実現性のまだないツアーについて予約金を収受するという商行為は適切だろうか。日本の旅行会社はサッカーのワールドカップ・フランス大会で大きな汚点を残した。入場券の確保できていない競技の観戦ツアーを販売してしまったからである。JTBの判断はその教訓に基づくものかもしれない。標的マーケティング以前の問題である。

4．ホテル・エベレスト・ビュー

　ホテル・エベレスト・ビューはネパールの首都カトマンズから東へ160キロ離れた標高3,900メートルの地に建っている。エベレスト（8,848メートル）やローツエ（8,511メートル）など十数座のヒマラヤの山々を眺望できるシャンボチェ

132 第Ⅱ部 新商品の誕生

の丘の東端、正確にいえばオム・ラッサという場所にそれは建っている。かつてはカトマンズからその地域まで、山を越え谷を渡って十数日間歩かなければ到達できなかったが、ホテルが建ってからは軽飛行機で近くまで来ることができ、距離が 1.5 キロ、標高差 80 メートルを 1 時間かけて歩けば到達可能となっている。

　エベレストの頂上まで登ってヒマラヤの山々を見下ろすというところまでは無理でも、せめて間近に見ることはできないかという顧客の願望を申し分なく満たすものとして、ホテル・エベレスト・ビューは機能する。このホテルはその場所による特性によって明確に差別化された観光商品だということができる。また、このホテルに泊まることを望む客層が存在することも間違いなく ── 少なくとも、エベレスト登頂を目指す公募登山隊への参加を体力的な面と金銭的な面で断念せざるを得なかった客層の存在することは間違いなく ──、標的マーケティングとして有効である。

　ただ、ネパールにも大きな観光収入をもたらすこのホテル・エベレスト・ビューはマーケティングという観点から誕生したわけではなかった。それは**トポフィリア（場所愛）というべき共通感情の発生**（吉田 2006）という観点からしか説明できないケースである。

宮原巍の経歴

　ホテル・エベレスト・ビューを建設した宮原巍はもともと第 4 次南極地域観測隊やヒマラヤ登山隊に参加したり、グリーンランド遠征隊では隊長を務めるなど探検家の資質を持った人間だった。

　宮原が最初にネパールに来たのは 1962 年、日本大学ムクト・ヒマール登山隊メンバー 4 人の中の一人としてである。まだヒマラヤ登山が大冒険と見なされていた時代だった。そこでの経験は宮原に次のような感慨を抱かせた。「それまで登山以外のことには見向きもしなかった私にとって、ネパールの山村から山村へと歩いた道は、そこに住む村人たちと接したという意味において、ヒマラヤ登山以上に強い印象となって残った。それは自分でも予期しないことだったが、山村の生活の厳しさと貧しさに接した私のはげしい反応であった」（宮原 1982：99-100）。

　ネパールで宮原に起こったのは、それまでの大自然を相手とした冒険的行為へ

第5章 標的マーケティングの事例 **133**

の関心から、自然の中で生きる人間に対する関心、というより共感への移行だった。**それはマーケティングでいう（商業的な）経験価値の感受であるよりも、**フランスに長く滞在した哲学者森有正のいうような（森 1967：54-55）、**その人間の内面を創っていくような本質的な、本物の経験だった。**第3章で触れたのはこのことだった。それはやがて共通感情を育んでいく。宮原は登山や旅行でなく、ネパールで腰を落ち着けて、ネパール人のために何か仕事をしてみたいと思うようになったのである。

　ネパールからの帰国後、宮原は準備に取りかかる。それまでは工業化学出身ということで実験室勤めだったが、機械技術を身につけ、機械加工から溶接、工程管理といった工場内のさまざまな仕事の経験を積む。その後、宮原はネパール通商産業省の中小企業局に技術アドバイザーとして勤めることになる。ネパール語も必要ということで、ネパール外務省が運営する言語学校のネパール語科にも籍を置く。そこでネパール語の会話や読み書きだけでなくネパールの歴史なども学ぶことになる。

　ネパールに滞在して2年ほどで宮原にはこの国には工業よりも観光産業がふさわしいのではないかとの漠然とした考えが生まれる。そんな中、あるきっかけで、ネパールに来てからの2年間、すっかり遠ざかっていた山々を間近に見る機会に恵まれる。他ならぬ、オム・ラッサでのことである。その時の経験は次のように書かれている。「林をぬけて、突然ヒマラヤを目のあたりにするときは、その美しさに思わず嘆声が出た。キラキラと輝く朝の陽光を浴びて丘の上に立つと、なぜか胸のそこからわきたつような喜びがこみ上げてきた。／想像していたとおり、オム・ラッサからの展望は、タンボチェに劣らず素晴らしかった。改めて、世界中にこんなにも美しく、雄大な景色の場所は、他にないのではなかろうかと思った」（宮原 1982：44）。

　1968年のこの経験が、ネパールの産業振興のためにもなるホテル建設へと宮原を向かわせることになった。その地でのホテル建設がビジネスであるよりはアドベンチャーだとは宮原自身も、ネパール人の友人たちも感じてはいた。しかし、ネパールでの2年間、献身的に仕事をしてきた宮原には援助の手も差し伸べられる。結果的にホテルと飛行場建設のために集まった資金は総額1億2,700万円となるが、そこには日本で集められた資金の他、ネパール人の友人たちの500

万円、ネパール政府からの融資が 2,500 万円、飛行場建設のための補助金 1,800 万円、ネパール民間融資 1,000 万円なども含まれている。

宮原のこだわり

今日の環境保全・自然保護重視の時代にあっては、豊かな自然に恵まれた絶景の地にホテルを建てるということが適切だったかどうかについては議論があるかもしれない。(財)日本自然保護協会（NACS-J）が示しているエコツーリズムのガイドラインでは、その地域の自然・文化に悪影響を与えるような規模の宿泊施設は好ましくないことや、宿泊施設の経営が外部の人間に委ねられることは好ましくないことが謳われている（(財)日本自然保護協会 1994：12）。しかし、今日の思想が時間を遡及して過去の時代を裁断することはできないという不可逆性の論理ではなく、おそらくネパールにトポフィリア、あるいは共通感情を抱く宮原巍がこの事業の推進者であったことは、ネパールにとって幸いであったというべきである。巨大なホテル・チェーンやひたすら利益を追求するだけの事業者によるホテル建設でなかったことはネパールにとって幸いだった。

それは次のような事情による。

まずホテルの規模である。客室数は 12 部屋であり、エクストラベッドを入れたとしても 27 人までしか泊まれない規模である。エコツーリズムの基本的な理念は、**過剰な安楽さを求めない**というところにあった。都市や高級リゾートのエアコン完備のホテルとは違って、冷える夜には湯たんぽの貸し出しが行なわれる。マス・ツーリズムがそうであったような、願望の実現を可能な限り考慮するという方向に行かないのがエコツーリズムなどスモール・ツーリズムの発想の基本である。ここでは、それまでごく限られた登山家やトレッキングをする人間にしか眺められなかった景観が見られることが最大の贈り物（＝経験価値、感動の源）であり、それ以上の施設の便利さを求めるべきではない。

宮原はホテル建設に反対の意思を表明していたヒラリー卿と面談した際、卿からはその地を商業目的のために利用すべきではない、シェルパの文化が破壊されてしまうのではないかとも指摘されている。それに対して宮原は次のように述べている。

第5章 標的マーケティングの事例　*135*

　どちらにせよ、社会の発展にとって、より重要なことは、その地域の人たち、または一民族、あるいは国家が自らの意志として何かをしていくということではないだろうか。外部から与えられるだけでは、決して社会がよくなるとは思えない。私はそう考えたとき、このホテルは、現地の人たちと一緒に考え、一緒に仕事をし、その社会の中に組み込んでいくという基本的態度だけは崩してはならないと思った。（宮原1982：118）

　ホテル・エベレスト・ビューは結果的に標的マーケティングの見事な実践事例といえるが、いま見てきたように、宮原本人にはそうした意識はなく、ネパールの人たち、なかんずくシェルパ族の人たちへの共感抜きにはありえなかった事業だという点こそ重要である。

参考文献

クラカワー、ジョン著　海津正彦訳　1997『空へ』文藝春秋

コトラー、フィリップ他著　ホスピタリティ・ビジネス研究会訳　1996＝1997『ホスピタリティと観光のマーケティング』東海大学出版会

（財）日本自然保護協会　1994『NACS－Jエコツーリズム・ガイドライン』（財）日本自然保護協会

林公代　2005『宇宙の歩き方』ランダムハウス講談社

ブレンドン、ピアース著　石井昭夫訳　1991＝1995『トマス・クック物語』中央公論新社

宮原巍　1982『ヒマラヤの灯 ── ホテル・エベレスト・ビューを建てる』文藝春秋

森有正　1967『遙かなノートル・ダム』筑摩書房

吉田春生　2006『観光と地域社会』ミネルヴァ書房

吉田春生　2010『ツアー事故はなぜ起こるのか ── マス・ツーリズムの本質』平凡社

第Ⅲ部

具体例から考える
—— ブランド創出の現場

第 6 章

ゼロからのブランド・エクイティ構築
—— 観光マーケティングのための「サターン・ストーリー」研究

▶**本章のポイント**

　ブランドと製品は混同されがちだった。しかし、ブランド・エクイティという概念によって、マーケティングにおけるブランドの役割が明確になった。アーカーの『ブランド・エクイティ戦略』（1991）とケラーの『戦略的ブランド・マネジメント』（1998）という 2 冊の研究書の貢献が大きかった。さらにアーカーは 1996 年に刊行した『ブランド優位の戦略』の第 2 章「サターン・ストーリー」において、ブランド・エクイティがその出発時点でいかに構築されていくかについて研究を進めた。GM 本体と異なる会社としてサターン社はつくられ、日本車に対抗できるような性能のよい小型車製造を目指した。サターン車におけるブランド・エクイティ構築の成功は、機能的便益よりも情緒的便益や自己表現的便益に注目したことが大きかった。車そのものよりも工場で働く従業員の誇りにスポットが当てられた。しかし、結局、2009 年の GM 破綻によって、2010 年サターン・ブランドは消滅した。こうした経緯は、私たちが観光マーケティングを考える上で、最初に意思決定すべきことは何かを示している。

140　第Ⅲ部　具体例から考える――ブランド創出の現場

　ブランドについてかつては曖昧なところがあった。ブランドと製品が混同されるというケースもあった。ブランドという言葉の始まりが、牛に焼印をつけるという所有者を明らかにするところにあったことや、製品を作る製造業者が自社の製品だと識別されるためのものとして有効であった歴史からすれば製品＝ブランドというとらえ方は当然であったかもしれない。しかしながら、今日のマーケティングにおいてブランドが重視されるという事態は、そうした製品＝ブランドというとらえ方とはまったく異なるものである。あまたある製品の中で、差別化されて、価値を有するような製品だけがブランドと呼ばれるのが普通である。

　こうしたブランド概念の曖昧さは、すでに1950年代半ばにはGardner and Levy、及びCunninghamの論文によって解決しうる視点が提示されていた。前者の論文では「実体的・機能的存在としての製品」と「象徴的・情緒的な記号としてのブランド」という区分がなされており、後者においては消費者におけるブランド・ロイヤルティの重要性が指摘されていた（青木2011：3）。両者の研究はいずれも重要な視点を提示しているものの、ブランド概念の明確化にはそれらが統合化される必要があった。そこで登場してきたのがブランド・エクイティという概念だった。それはいわば器としてそれまでに出てきたブランドのイメージやロイヤルティを蓄積させ、資産的な価値に着目するものだった。

　ブランド・エクイティという言葉自体は1980年代初めに使われ始めていたともいわれているが（青木2011：3）、マーケティングにおける重要性が著しく高まったのは何といってもデービッド・A.アーカーの『ブランド・エクイティ戦略』（1991）とケビン・L.ケラーの『戦略的ブランド・マネジメント』（1998）の刊行によるところが大きい。二人の研究によってブランドを重視するマーケティングが具体的にどのようなことをすればよいのかが明確にされたからである。

　しかしながら、二人の著作、特にケラーの著作においては、邦訳で700頁を超える大著の中で扱われるのは**ほとんどがすでに構築されたブランドの維持・拡張に関する議論である**。おそらく観光マーケティングにおいて、人口が数千人の村や数万人の町が新たに観光商品を生み出し、地域振興を考えようとするケースではケラーの研究はあまり参考にならない。なぜなら、そのような地域では、まさに**これからいかに新たなブランドを構築していくかが課題**だからである。すでに構築されたブランドの出発時点での事例研究こそがそうした地域では必要なの

第6章　ゼロからのブランド・エクイティ構築——観光マーケティングのための「サターン・ストーリー」研究　*141*

である。皮肉なことに、世界的に、あるいはアメリカにおいて有力とされるブランドの多くはレジェンドと呼ばれるべき逸話を有することが多く —— 歴史的に再現しがたいような事例が多く ——、新たな企業や地域が強力なブランドを立ち上げるのは容易ではない。

そうした中、アーカーが1996年に刊行した『ブランド優位の戦略』では、日本車に対抗すべく生まれたサターン車の誕生からブランドが構築される過程が「サターン・ストーリー」として第2章で詳細に分析された。同書の第1章が、その生誕が19世紀後半にまで遡るコダックの事例で始まっていたことを考えるならば、その構成は大きな挑戦だった。もちろん周知のごとく、サターン車はGMの経営破たんの影響で2010年にはブランドとして廃止されることになった。この経過は、アーカーの「サターン・ストーリー」を超えて極めて示唆に富む事例だと見ることができる。

「サターン・ストーリー」は、アーカーのブランド・エクイティ論の有効性を立証する適切な事例だった。そしてその議論は説得力を持っていた。**サターン社が消滅した現在においても、私たちはそこからブランドの構築について有益な示唆を得ることができる。**それだけではない。アーカーの「サターン・ストーリー」は、1991年の『ブランド・エクイティ戦略』で明確に表明していた思想、あるいは発想というべきものが、むしろサターン社がGMとの関係性において消滅したことによって、逆に適切だったことを証明しているのである。本章は、この「サターン・ストーリー」が明示したねじれを、観光マーケティングの出発点を明確にする上での基盤とすることを目的としている。

1.　ブランド・エクイティとは何か

「サターン・ストーリー」に入る前に、ブランド・エクイティとは何かについてアーカーやケラーの述べるところを整理しておこう。

アーカーのブランド・エクイティ論

アーカーは1991年刊行の『ブランド・エクイティ戦略』を、1881年、プロクター＆ギャンブル社（P&G）が最初のアイボリー石鹸の広告を宗教の週刊誌に

142 第Ⅲ部　具体例から考える —— ブランド創出の現場

掲載した時代から始めている。それは石鹸が水に浮き、99.44％の純度であることを訴求する広告であり、それ以降、有力な広告スローガンの一つとなったものである。アイボリー石鹸は乳児にも十分なほどマイルドな石鹸であることが広く認知されていった。100年を超えて構築されたアイボリー石鹸のブランド・エクイティをもとに、まず次のような説明がなされる。「要するに、それ（ブランド・エクイティ）は名前の認知やロイヤルティを持つ顧客、知覚品質、（例えば『純粋で』、『浮く』という）連想のような資産の集合である。これらはブランド（その名前やシンボル）に結びつけられており、価値を提供される製品やサービスに価値を加える（または減じる）」（アーカー 1991 = 1994：3）。ここではブランド・エクイティを形成する四つのカテゴリーが挙げられている。

　アーカーはさらに、私たちが観光マーケティングの原理を明確にするうえで今日見逃されていると考える五つ目のカテゴリーを加えて次のように整理している。（アーカー 1991 = 1994：21）

① 　ブランド・ロイヤルティ
② 　名前の認知
③ 　知覚品質
④ 　ブランドの連想
⑤ 　所有権のある他のブランド資産

　ここにいう⑤は、具体的にはパテント、トレードマーク、チャネル関係などだとされている。筆者は観光についても、具体的な流通に直接関係するものとしてチャネル関係を最も重視すべきだと考えているが、アーカーの著書では⑤は比較的軽い扱いとなっている。①から④についてはそれぞれ単独の章となっているばかりでなく、特にブランド連想についてはさらに二つの章が付け加えられ、詳述されている。そしてブランド拡張、ブランドの再活性化、ブランドのグローバル戦略の三つが単独の章となっている。すでに触れたように、ブランド研究は新たなブランドをどう立ち上げるかよりも、すでに構築されたブランドについてその各カテゴリーを分析するとともに、拡張・再活性化を図ることに重きを置かれていることがここでも看取できる。

第6章 ゼロからのブランド・エクイティ構築——観光マーケティングのための「サターン・ストーリー」研究　*143*

　ただ、アーカーは拡大基調でのみブランドを考えたわけではなかった。アーカーの発想の根元には次のような思考が潜んでいることにも私たちは留意すべきである。

　　　ブランドを傷つけるのを避けることだけでは十分ではなく、育成し、維持する必要がある。ブランドが直面する最も潜在的な危険は、コスト意識を強く持ち、効率を優先する文化を持つ企業にある。購買、製品デザイン、製造、プロモーション、物流を含む業務の効率性を改善することに焦点が置かれている。しかし、そのような文化ではブランドが育成されず、徐々に退化することが問題である。さらに、効率の圧力は目標とするコストと顧客の満足の間の困難な妥協を迫られることになる。（アーカー1991＝1994：19）

　上記アーカーの述べるところは、本書の第2章第1節で取り上げたケースを思い出していただければ十分であろう。

　ブランドは差別化されたものとして、新たにブランドを立ち上げようとする企業が必要とする宣伝広告費や、製品がコモディティ化することによって生じる価格低下の圧力に抗することができる。そこでは特に顧客におけるブランド・ロイヤルティ（製品に対する忠実度）が必要とされるし、たえず顧客に知覚され、製品が連想されねばならない。「顧客が究極的に品質を決定する」（アーカー1991＝1994：128）のであり、顧客が連想を働かせるような、製品属性や価格ばかりでなく、使用状況や（CMに登場するなどの）有名人、ライフスタイルなどさまざまなものを企業は意識しなければならない（アーカー　1991＝1994：154）。しかし、同時に、上記の引用文に見られるようにアーカーの発想の根元というべき思考の重要性も忘れてはならない。それは「サターン・ストーリー」研究の結論において活かされるべきものとなる。

ケラーのブランド・エクイティ論

　ではケラーはどのようなブランド・エクイティ論を展開しているだろうか。

　ケラーのブランドの語り方は、顧客ベースということに尽きる。例えば、次のごとくである。「顧客ベースのブランド・エクイティとは、あるブランドのマーケティングに対応する消費者の反応に、ブランド知識が及ぼす効果の違い、と定義される」（ケラー1998＝2000：78）。ここではまず、ブランド・エクイティが

144 第Ⅲ部　具体例から考える —— ブランド創出の現場

消費者の反応に違いをもたらすものだということが明示される。これがなければ消費者はそのブランドを購入しようとしないかもしれない。高い価格に嫌気が差して、より低価格の商品に手を出すかもしれない。こうした消費者の反応の差異は、消費者の頭の中にあるブランドに関する知識によってもたらされる。「ブランド・エクイティは企業のマーケティング活動に強く影響されるが、最終的には消費者の心の中にあるものによって決まる」（ケラー　1998＝2000：79）。

　上記から分かるように、ケラーにおいてはブランド・エクイティ構築のためには消費者のブランド知識が鍵となる。そして**ブランド知識**はブランド認知とブランド・イメージの二つから構成される。ブランド認知についはさらに、二つのタイプがあるとされる。消費者が店に行ってその現物（ブランド）を見たとき、過去に接触したブランドだと分かる「ブランド再認」と、一定の条件が与えられたとき、消費者が自力で自分の記憶から正確にブランドを再生できる「ブランド再生」である。当然ながら、再生できるブランドの方が、再認できるだけのブランドより認知レベルは高い。

　ブランド知識はブランド認知と肯定的なブランド・イメージによって消費者の頭の中に形成されていくが、ケラーはより詳細な説明を加えていく。こうしたケラーの思考の私たちが注目すべき点は次のようなところにある。「顧客ベースのブランド・エクイティの定義では、ブランド連想の源泉とその形成過程を区別していない。重要なのは、結果として生じているブランド連想の好ましさ、強さ、そしてユニークさである」（ケラー　1998＝2000：85）。ケラーはこの後、ブランド連想が導き出されるさまざまな方法について言及しており、雑誌などの媒体やクチコミによる伝達の他、国や流通チャネル、出来事などに絡んでの生成にも言及している。そうしたことも含めて、先の文章が示しているのは、ケラーにあっては、すでに構築されたブランド・エクイティに関してどのように結果として好ましくブランド連想を導き出せるかという流れなのである。こうしたケラーの思考から、私たちはブランド・エクイティがゼロから構築されるケースを学ぶことはできない。

　ケラーの著書には、すでにブランド・エクイティを確立した企業、例えばコカコーラやペプシコーラがそれを維持するためにどのようなスローガンを広告に打って成功したか、失敗したかの紹介と分析がなされ、ベネトンについてもブラ

ンド・エクイティ維持のためにどのような広告キャンペーンが打たれ、それをど
う評価するかが書かれる（ケラー 1998＝2000：198-202）。あるいはまた、ブラ
ンドとして認知されているグッドイヤーという企業が新たな製品を販売するにあ
たっての戦略は紹介されるけれども、その企業がどのようにブランドとして認知
されるに至ったかが具体的に紹介されるわけではない。

　もちろん、1969 年にサンフランシスコで設立されたギャップのように、創
業者がさまざまな色やサイズのジーンズに対する需要に目をつけて、店として
ブランド・エクイティを確立していくケースの紹介事例もある（ケラー 1998＝
2000：710-711）。ただ、そこでも同社のブランド拡張の方によりスペースは割
かれており、ケラーの関心が私たちがテーマとするゼロからのブランド・エクイ
ティ確立ではないことが知られる。

　私たちが観光マーケティングを考える上で重要なのは、すでに構築されたブラ
ンド・エクイティではなく、現在は消失してしまったものの、ゼロから近年ブラ
ンド構築されたサターンのような事例の方である。「サターン・ストーリー」に
よって、アーカーやケラーが提示している内容も含めて私たちは振り返ってみる
必要がある。

2.　「サターン・ストーリー」をめぐって

　アーカーは 1996 年刊行の『ブランド優位の戦略』で、ブランド・エクイティ
のかなりの部分が消費者のブランド連想に依拠するのだとの考えから、そうした
ブランド連想を推進するものとしてブランド・アイデンティティを重点的に論じ
ている。

ブランド・アイデンティティ

　ブランド・アイデンティティは企業がブランドを通じて顧客の心の中に定着
させたいものであり、「強いブランドを構築する鍵は、ブランド・アイデンティ
ティの開発と、そのプログラムの実行にある」と述べている。アーカーはそこで
製品属性やブランドの有形の機能的便益ばかりに焦点を当てることを警戒してお
り、方法論として、一つは機能的便益ばかりでなく情緒的便益、自己表現的便益

146 第Ⅲ部　具体例から考える —— ブランド創出の現場

にも着目すべきことを主張している。そしていま一つ、ブランド・アイデンティティを見る四つの視点（**製品としてのブランド、組織としてのブランド、人としてのブランド、シンボルとしてのブランド**）が方法論として必要だとも述べている。（アーカー 1996 = 1997：31-32）

　上記の方法論は、特に前者については第３章で詳述したように、経験価値を重視して経験経済という概念を打ち出したパインⅡとギルモアや、文字通り経験価値マーケティングの重要性を論じたシュミットが後年、指摘したことでもある。この経験価値という視点は、アーカーの挙げるもう一つの方法論、ブランド・アイデンティティを見る四つの視点とも密接に結びつく。こうした視点がアーカーにおいて明確に自覚されたのは、サターンという車が一時的にせよ、ゼロからブランド・エクイティを明確に構築したことを同時代的に目撃したからに他ならない。

　以下、まずアーカーの『ブランド優位の戦略』の第２章「サターン・ストーリー」に沿ってサターン車成功の経緯を辿ってみる（アーカー 1996 = 1997：47-84　一部事実関係修正）。

　1985 年１月８日、GM（ゼネラル・モーターズ）会長のロジャー・スミスは、GM の本社があるミシガン州デトロイトに全米の記者を集め、サターン社の誕生を宣言した。小型乗用車の分野では信頼性や燃費の良さで輸入日本車に圧倒されていたアメリカ自動車業界の巻き返し策として、GM はアメリカで開発・製造され、品質、価格、顧客満足において世界のトップに立てるような小型乗用車サターンを市場に出すと発表したのである。しかもサターン社は GM とは別個の会社として、デトロイトの GM 本社からは遠く離れたテネシー州スプリングヒルに工場を持つことになった。

　サターン車はこれまでのアメリカ自動車業界の常識を破るかたちでブランド・エクイティを構築していくことになった。すなわち、機能的便益（＝**製品としてのブランド**）が強調されるのではなく、テレビの CM で強調されたのは、**組織としてのブランドと人としてのブランド**だった。つまり、サターン社が GM とは別の会社とされたのには大きな理由があった。車ではなく企業を売り込む必要があったのである。その戦略においては GM という名前はかえって邪魔と考えられた。そしてテレビの CM で強調されたのは、サターン社が新しいタイプのア

メリカ企業であるというメッセージであり、その具体的な映像はスプリングヒルで働く従業員だった。

典型的なのは、次のようなテレビコマーシャルである。

画面は、サターン最初の車がスプリングヒルの生産ラインから出てくるニュースから始まる。従業員の気持ちをナレーションが伝える。以前、自分は自分の作る部品だけを見ていた。それは1台の車を構成する何千もの部品の一つだった。自分にはその部品が車になっていくのを見る術はなかった。サターン社が新たな車のためにまったく新しい自動車工場を建設していることを聞いた。自分の作った部品が完成品としての車になる様子を見るのは自分にとってはとても重要なことだ。工場で働く自分にとって、建物の端に行き、そこに車があることを見るのはとても幸せなことだ。自分は歴史の一部分となっている。…そしてサターンが今までにない会社であること、今までにない車であることが、"SATURN. A Different Kind of Company. A Different Kind of Car"とメッセージとして示される。

上記のようなテレビコマーシャルで表現されているのは、製品なのではなく、そこで働く従業員の誇りである。部分としての仕事でなく、完成品としての車にかかわる仕事をしているのだという誇りである（サターン社における仕事の分担については次節で詳説する）。テレビを見る視聴者（＝将来の顧客）は、そのような従業員が働く工場から生み出されるサターン車に対して信頼感を寄せたのである。サターンのブランド・エクイティの構築が、人としてのブランド、組織としてのブランドという視点を持たなければ理解できないということが納得される場面である。

経験価値 —— ブランド構築に不可欠なもの

さらに重要な意味を担うことになったのは、「ホームカミング」広告である。それはサターン社の工場や従業員と顧客との他社にはない関係性を示すものとして注目されるべきCMだった。そこでは**シンボルとしてのブランド**という視点が、ブランド・アイデンティティを形成する上で重要だということを、機能的便益という面からでなく、情緒的便益や自己表現的便益に訴えることで効果的に表現されていた。

148　第Ⅲ部　具体例から考える —— ブランド創出の現場

そのテレビコマーシャルは次のようなものだった。

1994 年の夏、サターン社はすべてのサターン所有者をテネシー州スプリング
ヒルに招待した。アラスカやノースダコタから、カリフォルニアやもっと遠くか
らも、車の生まれたところへ所有者たちはやって来た。サターンの工場に帰郷し
たのである。人々は自分たちの車がつくられる様子を見ることができた。車を
つくる人々とも一緒の時間を過ごすことができた。4 万 4,000 人もの人々が夏休
みを返上してサターンとともに過ごしてくれた。私たちはみんな一緒ですとい
うナレーションが流れ、最後にサターンがそれまでとは異なる種類の会社である
こと、異なる種類の車であることが画面に表示されてテレビコマーシャルは終わ
る。

これはマーケティングにおいて経験価値がいかに重要かを唱えたシュミット
らの主張を裏付ける大きな出来事だった。ここでも CM は車の製品としての特
性や機能的便益などにはまったく触れてはいない。人や組織がいかに重要か、そ
こに顧客が共感を示してくれることがいかに重要かをマーケティングの方法論
として実例をもってアーカーは指摘したのである。なお、この事例はハーレーダ
ビッドソンが後援するイベントを参考にしたとされている。

アーカーは次のように指摘している。

　　サターンの販売店によれば、この会社のブランドと顧客との関係のもう一つの側面
　は、相手の得意な分野で日本企業を打ち負かしたアメリカ車としてのサターン、従業
　員たちのこだわりと功績、そしてアメリカ車を購入した自分自身への誇りである。こ
　れは新車の購入者の多くが感じる製品志向の誇りとは異なる。サターンを購入しそれ
　を使うことは、単に機能的属性を楽しむことではなく、むしろ顧客の価値観やパーソ
　ナリティの表現である。この誇りを解明する鍵は、テネシー州スプリングヒルの工場
　と、アメリカ人雇用者のサターンへの熱烈なロイヤルティにある。（アーカー 1996 ＝
　1997：67）

人としてのブランド、組織としてのブランド、シンボルとしてのブランドと
いった視点がサターンにおいていかにうまく表現されたか、そしてそのことに
よって他社が真似できない経験価値の提供が実現されたかという点に私たちは注
目すべきである。

サターンのブランド・エクイティ構築に当たっては、**人としてのブランド**という観点からは、販売店における人の問題も大きな要素となった。販売店戦略も大きな役割を果たしたのである。

アメリカの自動車販売店では販売員の押し付けがましい応対が普通だった。値引きも購入させるための常套手段だった。サターン社はその改善に努めたのである。固定給によるセールス・コンサルタントとしての対応である。来店客が何か質問のあるときだけ説明するようにしたのである。この押し付けがましくない販売スタイルは工場従業員のサターンに対する思いともつながっていくものだった。そしてサターンの販売店は、顧客をブランドに結びつけるのに役立つさまざまな顧客参加型の活動にも取り組んだ。バーベキュー・パーティやアイスクリーム・パーティ、独身のサターン所有者のためのイベント、地域的なホームカミング、10万マイルを走った所有者のためのクラブ、動物園でサターンの日、等々である。これら販売店の対応の仕方もまた、サターンの工場やそこに働く人間によるばかりでなく、それまでの顧客対応とは異なる発想 ―― 経験が重視されるような発想 ―― だったのだということができる。

サターンの成功と消滅

以上のようなサターン工場従業員の思い、それに焦点を合わせたテレビコマーシャル、サターンと顧客の関係性の構築、販売店の顧客対応の改善など、サターンはブランド・エクイティ構築において斬新な方法を取ることによって成功したのである。その結果としてシンボルとしてのブランドという側面が広くアメリカ全土に広まっていった。

結果は販売台数として確認される。1990年に登場したサターンは、1991年に7万4,000台だったものが年々販売台数を増やし、1994年には28万6,000台を売り、200余ものブランドの内で上位8番目にランクされたのである。しかも重要なのは、サターンの販売店は335店舗にすぎず、ホンダの800店、トヨタの1,000店、フォードやシボレーのそれ以上ということを考えれば、1販売店当たりの売り上げ台数がより多かったということなのである。

サターンはブランド・エクイティ構築には成功した。しかし、最終的にはGM本体の破綻を受けて消滅することになってしまった。どこに問題があったのだろ

うか。GMの破綻だけに目を奪われることは、マーケティングにおいてサターンがもたらした問題を真に理解することにはならない。そのことを私たちはサターン社の労使パートナーシップ経営に内蔵されていた問題として、別な角度から検討してみる必要がある。

次のようなアーカーの記述からは上記の問題を解明することはできないからである。

> GMにおける基本的な前提は、強烈な品質文化を持つワールドクラスの小型車を、既存のGMのディビジョン制度の枠内ではつくれないということであった。それゆえに新しい会社が組織され、製品だけでなく、まったく新しい組織を作る自由が与えられた。この新しい組織は、制約をもたらすUAW（全米自動車労組）協定や、GM労使の歴史的対立関係から自由であり、既存ブランドとの関係に起因する束縛や、既存のビジネス慣行の制約から自由であった。サターンに参加した人々は、これまでのGMとの関係を断ち切り、その多くはテネシー州スプリングヒルの"グリーン・フィールド"工場に移った。製品をつくるためだけでなく、ブランドの創造やそのアイデンティティを伝えるという大がかりな課題のためにも、この新たな会社は必要であった。（アーカー 1996＝1997：56）

この記述の半分はサターンがブランド・エクイティ構築に成功したことの必然性を説明している。しかし、残る半分は、サターンが消失してしまったことの理由を説明できないような認識が含まれている。私たちは別な角度から、そこに働く従業員のあり方がサターンのイメージを最も多く変えたとされる通説の分析を行なわなければならない。

3. サターン社の労使パートナーシップ

実のところ、アーカーはすでにアメリカで1996年に刊行された『ブランド優位の戦略』において、サターン社消滅以前に、サターンとGMの関係に懸念を示していた。それは端的にいえば、サターンはGMにとって資金を投入する唯一の会社（車）ではなかったということに尽きる。

サターン誕生の裏側 —— UAW の存在

　サターンは 1993 年には黒字に転換したが、その投資利益率はいまだ満足できる状態ではなかった。サターンは制限されていた生産能力の拡大を求めており、中型車の製造も望んでいた。サターンの販売台数の 70% 以上の購入者がサターンでなければ GM 車を買わなかったし、半数以上の顧客は外国車の購入を検討していた。しかし、GM はサターンの工場と設備に 50 億ドルかけており、他の車のことも考えれば、サターンへの新たな投資は難しいところがあった。例えば、1990 年代初めに販売台数が落ち込んでいたシボレーは新型車を製造するための投資を望んでいた。（アーカー 1996＝1997：80-81）

　ここでは、マーケティングにとって重要なブランド・エクイティ構築という観点から研究を進めていたアーカーによっては指摘されなかった、サターン社そのものの経営と管理の領域に関する研究から、サターン社に潜んでいた問題を考えてみたい。それは、理想的だと顧客に思われていたサターン工場の従業員のあり方にかかわっている。

　サターン社は GM の経営責任者（あるいは経営側）の意思だけで生まれたのではなかった。UAW（全米自動車労組）と共同の委員会において調査・研究がなされ、1985 年に GM と UAW の覚書協定が結ばれている。それは GM をはじめとするアメリカの自動車会社が UAW と締結している全国協定からは引き離された、常識外のものだった。最も特異なのは、サターン社の運営体制が、労働組合の代表が日常的に深く関与する経営組織によって維持されていたという点である。

　ここでは上記の覚書協定の全文を綿密に検証した安井恒則の論文（安井 2010）をもとに、アーカーが見ていたのとは異なるサターン社の消滅に至る道筋を確認しておきたい。

　協定の前文では「あらゆる人々が自分たちに影響する意思決定に参画すること」と、サターンのミッションとして品質とコスト、顧客満足において世界のリーダー足りうる自動車をアメリカで開発・製造し、その知識、技術、経験を GM 全体に移転することだと謳われている。後段はサターンがアメリカの誇りであるような自動車を目指すことと、それが GM 全体に好影響を及ぼすことがミッションとなっている。問題は前段の文章であろう。そこでは経営と管理におい

152 第Ⅲ部 具体例から考える——ブランド創出の現場

て従業員側にとってユートピアであるような現場がイメージされているからである。いや、それはイメージであるよりも、具体的な意思決定において現実であった。

協定覚書では、チーム作業と労働組合の参画が明確に定められている。抜粋・整理をすると次のようになる。

① サターン社は従業員たちを固定資産として扱う。会社への彼らの寄与と価値を最大化するための機会（＝広範な教育・訓練）を提供する。
② 意思決定はワークユニット（自主管理の作業チーム）に基盤を置く。
③ ワークユニットは自分たちのチームに必要な人材の雇用を決定する。
④ サターン社が事業展開する上での決定に UAW は完全なパートナーとして参加する。ここには工程や製品のデザイン、部品供給業者の決定、内製外注の決定、小売・ディーラーの選択、価格決定、予算、新製品開発、新入社員募集や採用などほとんどの業務が含まれている。ただし、GM は投資と新製品の決定に対する自由裁量は保持する。
⑤ サターン社の報酬システムは一人一人の努力を奨励するように設計される。

こうした協定覚書の内容について、安井は「日本企業でよく強調される現場重視の視点が明文化されている」（安井 2010：185）と指摘しているが、これは日本企業の現状を大きく越えてしまってはいないだろうか。日本の企業経営・労働慣行において労使協調はよくいわれるところであり、組合幹部が大会社のトップやその周辺に抜擢されることもかつては珍しくなかった。それは組合員全員が企業の経営に参画するという意味合いではなかった。組合の幹部が適宜、役職者に昇格するというスタイルだった。しかし、サターンのワークユニットは、末端の従業員までもがワークユニットとして経営に参画するというシステムなのである。

サターン社では、GM の他の工場であれば監督者や専門的な技術者に委ねられていた職能までもがワークユニットというチームが担当する。そのために、サターン社ではチームのメンバーとして生産に従事するまでに 350 時間から 700

第6章 ゼロからのブランド・エクイティ構築——観光マーケティングのための「サターン・ストーリー」研究　*153*

時間の訓練を受ける必要がある。それは30の職能に対応しており、その訓練にはチームワーク、意思決定、問題解決法、紛争処理など従来は管理者の職務とされていた領域までもが含まれている。チームとしてその仕事をこなすためにジョブローテーションがサターン社の基本的な特徴とされる。ワークユニットのチームリーダーはメンバーの選挙によって選出されるが特別の手当てを受けず、日常的な業務の責任を持つ。（安井2010：186）

　サターン社の報酬制度についてはここでは深く立ち入らないが、アーカーの指摘していたこととの関連でいえば、そしてテレビコマーシャルで流れていた従業員のイメージが仕事への誇りを強く感じさせる内容であったことを思えば当然だが、GMよりもサターンの報酬の方が結果的には高かった。安井によれば、1992年から1999年までの報酬ボーナスは順に2,600ドル、3,000ドル、6,400ドル、10,000ドル、10,000ドル、2,017ドル、3,300ドル、6,200ドルだったが、この期間のGM労働者が得ていた利潤分配ボーナスは平均して500ドルであったという（安井2010：189-190）。

　ブランド・エクイティを構築するためには、チームとして経営にも参加するシステム——そのための訓練制度も含めて——や報酬制度によって仕事への誇りを持つサターンの従業員の存在は不可欠だった。組織としてのブランドや人としてのブランドという視点が必要だというアーカーの主張は納得できるものだった。しかし、GM全体として、あるいはUAWとの関係を考えるなら、そのような従業員の存在を可能とするシステムは、サターンという会社にとっては無理があった。サターンの報酬の方がGMより高額だったとしても、次のような事態が発生するからである。

GMとサターンの関係

　1996年、GMはサターンの新型車をスプリングヒルではなく、閉鎖を予定されていたデラウェア州のウィルミント工場で生産するとの決定を下した。また、1998年にはサターン工場で製造する部品の内、エンジン、トランスミッション、金属加工、プラスチック加工などをアウトソーシングする経営方針をGMは決定している。サターン工場はそれらの部品をすべて内部で製造することを特色としていたのに、である。サターン社にとってそれは仕事の減少を意味しており、

154 第Ⅲ部 具体例から考える —— ブランド創出の現場

当然ながら人員の縮小、ボーナスの減額へとつながるものだった。こうした決定は、サターン社がこれまでにない会社として顧客に訴求していたブランド・エクイティの主要な部分が削がれることを意味していた。サターン社がGMからまったく独立した存在なのではなく、GMの経営方針によって運命を左右される存在であることが明らかになってしまったからである。先に紹介した協定覚書の④にあったGMの権利（「GMは投資と新製品の決定に対する自由裁量は保持する」）が保障されていたことがここで大きな意味を持つことになったのである。

　サターン社がそれまでのアメリカ自動車業界にない会社であるためには、GMとUAWとの全国協定や労使慣行にしばられないことが前提だった。その前提があって、サターンに特有のワークユニットというシステムや報酬制度が生まれたのだが、その分、UAWが長年の闘争で勝ち取ってきた権利も放棄することになっていた。例えば、レイオフ時の手厚い所得保障である。サターン社の従業員はほとんどがGMの既存工場で働いていた人たちであったが、サターン社の従業員として雇用されたことによって、そうした権利を失っていたし、GMへ復帰することもできなかった。

　GMという巨大な会社のコスト削減の影響をサターン車は受けないわけにはいかなかった。結局、2009年に経営破たんしたGMは、2010年にはサターンというブランドを廃止することになった。サターンの独立性などどこにもなかった。サターン・ブランドの成功をGMに還元することなどできるはずもなかった。ここで私たちは観光マーケティングを考える上でどのようなことを教訓として学ぶべきだろうか。

4. 観光マーケティングへ向けて

経験価値との関連

　アーカーの2冊の著書が示しているのはどのようなことだったろうか。

　サターンは、日本製の小型車に匹敵する性能の車を目指していたが、製品としての機能的便益を訴求するよりも、サターン工場や、そこで働く従業員のあり方に焦点をあわせてマーケティング戦略が練られていた。テレビコマーシャルではこれまでにないタイプの車であることよりも先に、これまでにない会社であるこ

とが伝えられていた。"A Different Kind of Company." そして、"A Different Kind of Car." なのである。このことはアーカーが指摘するように、機能的便益よりも情緒的便益、自己表現的便益を重視するものであった。サターンを購入し、運転する自分という自己表現的便益はシュミットの経験価値マーケティングでも重視されるべきものだった。

　ある意味でアーカーは、経験価値マーケティングを可能にするような視点をシュミットとは異なる方向に設定してみせたのだということもできる。シュミットは感覚的経験価値、情緒的経験価値、創造的・認知的経験価値、肉体的経験価値とライフスタイル全般、準拠集団や文化との関連づけという五つの経験価値のタイプを挙げ、詳細な解説をしていた。これは**経験価値を受け止める消費者（＝顧客）の側の問題として処理しているところが特徴的**だった。アーカーは製品の機能的便益とともに、それを**製造する組織や従業員にまで視野を広げて経験価値の抱かれる所以に迫った**のだと見ることができる。この製造工場の従業員にまで遡る関係性重視の姿勢は、シュミットの経験価値マーケティングでは重きを置かれていなかった。こうしたアーカーの「サターン・ストーリー」に見られる見解は、経験価値を感じる顧客の側に留まらない、**経験価値の別な視点からの捉え方を示した**ものだと見ることができる。

　先に筆者はケラーのブランド・エクイティ論が顧客ベースの捉え方であることを紹介したが、考えようによっては、アーカーの見解を詳細に吟味すればするほど、消費者の感受に重きを置きすぎる見解だったと位置づけることもできる。そのこと自体は、観光マーケティングを考える私たちからすれば、顧客側における経験価値の誕生とブランド・エクイティの関係が明確になる上で有用な見解でもあった。しかしながら、**ゼロからスタートしてブランド・エクイティ構築に成功したサターンのケースは、観光振興を考える日本全国の中小都市や町村にとってはより参考となる**。日本の地域ということで考えれば、サターン工場の従業員がマーケティングで重要であったように、温泉地や農村、漁村で働く人々への共感を醸成することが該当するからである。そして地域には、サターン工場とは比較にならない自然環境の利点や「記憶の共同体」というべき地域の歴史が豊富に見いだされるはずだからである。

156 第Ⅲ部　具体例から考える――ブランド創出の現場

観光マーケティングの原点――サターン消失の意味

　以上はアーカーの「サターン・ストーリー」が示唆する観光マーケティング手法の広がり、あるいは経験価値を生み出す素材の広がり（＝可能性）についてのものだった。最後に私たちはサターンが消失してしまったことの意味も考えてみなければならない。それは次のような文脈となる。

　サターンはGMのイメージから切り離されることを意図的に選んだ会社であり、車だった。すでに触れたように、サターン購買者には、サターンがGMの車であったなら買わなかったという人たちも多かった。サターンのブランド・エクイティ構築の成功は明らかにGMをイメージさせないところにもあった。しかしながら、第3節でみたように、サターンの命運を最終的に決定するのはGMなのであり、2009年のGMの破綻以前に、部品のアウトソーシングなどサターンの独立性に反する提案（というより決定が）がGMからサターンにもたらされていた。

　GMは巨大な自動車会社であり、当然ながら、効率性重視（＝企業側からみての合理性重視）という原則に適う思考・行動を企業としてする。すなわち、サターンが試みたブランド・エクイティ構築とは矛盾する発想をする会社である。そうであってみれば、サターンは最初から、GMそのものの破綻とは別に、GMの業績が順調であったとしても存続し得ない可能性があった。アーカーは本章の第1節でも引用したように、その危険性をすでにサターンの事例としてではなく、**一般的な原理としてブランド・エクイティの構築と効率（＝短期の企業業績）を求める傾向が矛盾すること**を指摘していた。ここでも観光マーケティングを考える上での重要なヒントが潜んでいる。

　上記の事情は、それまで大きな観光客流入のなかった小さな町や村において、地域の独自性（地理的な位置、自然環境、生態系、歴史など）を活かそうとする試みは、効率を重視するような、大規模化と顧客の願望を過剰に叶えようとするマス・ツーリズムの潮流に飲み込まれないようにすべきである、ということを示唆する。ここに至って、私たちは観光マーケティングへの道を探るというよりは観光マーケティング検証のど真ん中にいる、というべきだろう。ただここでは、そうしたマス・ツーリズム型の発想で過剰な観光施設を国や北海道からの補助金をもとに造って破綻した北海道夕張市のケースを想起するだけで十分だろう。

サターン工場従業員の個人的な思いに消費者を共感させることでブランド・エクイティ構築にゼロから成功したケースは、地域が経験価値の生成を企図するうえで大きな示唆となる。そして、サターン工場とGMの関係性を振り返ってみることは私たちが観光マーケティングの出発点で、本書で幾度も触れてきたように、コトラーらのいうSTPの前にどのようなツーリズムの様態——マス・ツーリズムなのかスモール・ツーリズムなのか、あるいはその中間であるミディアム・ツーリズム——を選択するのか意思決定をすることが必要だとしたことの適切さを暗示するだろう。アーカーの研究は観光マーケティングにとって明確な道筋を示す貴重な資料というべきである。

参考文献

アーカー，デービッド・A. 著　陶山計介・中田善啓・尾崎久仁博・小林哲訳　1991＝1994『ブランド・エクイティ戦略』ダイヤモンド社

アーカー，デービッド・A. 著　陶山計介・小林哲・梅本春夫・石垣智徳訳　1996＝1997『ブランド優位の戦略』ダイヤモンド社

青木幸弘編　2011『価値共創時代のブランド戦略』ミネルヴァ書房

ケラー，ケビン・L. 著　恩蔵直人・亀井昭宏訳　1998＝2000『戦略的ブランド・マネジメント』東急エージェンシー

安井恒則　2010「GMサターン社の労使パートナーシップ経営」『阪南論集　社会科学編』第45巻第3号　阪南大学

第 7 章

地域はどう観光ブランドを創るか

┌───┐

▶本章のポイント

　本章では明らかにブランド・エクイティを構築できた事例を紹介し、その特徴・経過を分析する。本書で繰り返し述べてきた最初の意思決定と旅行形態・観光形態の細分化という観光マーケティング実践の見事な実例である（株）南信州観光公社のケースもあれば、観光客を呼び寄せることなどまったく意識しない地域重視の活動から観光ブランドが形成された北九州フィルム・コミッションや小樽運河保存運動のケースもある。「長崎さるく」のように最初からマス・ツーリズムとして大量の観光客誘致を目指したケースでも、市民主体の「まち歩き」マップ作成でブランド・エクイティ構築ができた点で画期的だった。スモール・ツーリズムしかあり得なかった大分県安心院町（現：宇佐市）のように、修学旅行というマス・ツーリズムの誘致に成功しているケースもある。また、本章では観光現象として無視できないものであるにもかかわらず、あまり言及されることのない「幻想性の機制」というメカニズムを、別府八湯ウォークのケースで紹介している。これらの事例によって観光マーケティングを考える貴重なヒントが得られるはずである。

└───┘

160　第Ⅲ部　具体例から考える──ブランド創出の現場

　旅行会社は造成する旅行商品によってブランドを確立することが可能である。典型的なシステムアップ商品であるパッケージツアーに関していえば、旅行会社は魅力的な、また話題となっている観光素材・旅行素材を組み入れることによってブランドを維持しようとする。

　クルーズトレインとしてブランド化に成功したJR九州の「ななつ星 in 九州」を旅行日程に組み込むことができれば、その旅行商品は高い経験価値を提供できる。いや、現在のJR九州は「ななつ星」のみならず、水戸岡鋭治がそれ以前にデザインした観光列車もブランド化に成功しつつあり、旅行会社にとってはそれを旅行商品に組み込むことによって商品価値を高めることが可能である。例えば2015年11月から12月のほぼ2カ月間、JTBの国内パッケージツアー・ブランドである「エースJTB」（中部発）では鹿児島中央駅と指宿を結ぶ特急観光列車「指宿のたまて箱」など九州内を走る列車を中心に据えた商品を販売していた。**水戸岡鋭治がデザインした列車はすでに移動するための旅行素材（＝観光媒体）であるよりも、観光の目的となる観光対象としてブランド性を獲得しつつある。**

　世界遺産に登録された観光箇所がすぐさま旅行商品として大量に生産されるのもブランド維持──商品力の優勢さの維持──を図るためであろう。あるいは第4章で紹介した日本旅行の平田進也のように、旅行を企画し、添乗員として自らの旅行商品をブランド化できたケースもある。

　会社自体のブランド化であれ旅行商品のブランド化であれ、旅行会社はブランド化を目指すことによって商品間に差異のない、低価格化競争に陥りがちなコモディティ化を免れることができる。**窪山哲雄は負のブランド・イメージの強かったウィンザーホテル洞爺を「大人のためのリゾート」として、**海外に支店を出していなかったフランスの三ツ星レストラン「ミッシェル・ブラス」や京都の老舗「美山荘」などを出店させることで、**「生涯顧客」を創造するブランドに押し上げ**た（窪山哲雄『ホスピタリティ・マーケティングの教科書』）。

　ブランドは名前（マーク、ロゴ、ジングルなども含む）に実質が備わってこそ顧客に連想され、選択される。もちろん、ブランドは高級化という路線においてのみ形成されるわけではない。宿泊特化型・朝食無料提供のビジネスホテルにおいては、あえて低価格化競争に踏み出すことによってブランド化に成功している事例もある。低価格であっても、価格に見合う、あるいはそれ以上の実質を提供

第 7 章　地域はどう観光ブランドを創るか　*161*

できれば、衣料品のユニクロに見られるようにブランドとして認知される。

　では地域はどのようにブランド、なかんずく観光ブランドを形成することができるだろうか。本章ではブランド化に成功している地域の事例を紹介していきたいと思う。それらは推進する側が必ずしも観光マーケティングを意識して実践されたものばかりではないが、本書でこだわる**観光マーケティングの順序 ―― マス・ツーリズムかスモール・ツーリズムかの意思決定、どのような旅行形態・観光形態に訴えるかという細分化の作業 ――** をより具体的に理解する上での格好の事例である。

1.　安心院方式と南信州観光公社

　地域が一時的に、あるいは永続的にブランドとして広く認知されるケースとしては世界遺産登録地がある。これは世界遺産というブランドを冠とすることで地域自体も観光ブランドとして認知されるケースである。世界自然遺産の屋久島や白神山地、知床は登録以前にも一定のブランド性は認知されていたが、その認知の広がりという点に関していえば、登録されたことによってその内容が広くパブリシティとしてテレビ等で伝わったことがより多く来訪者を招くことになったケースである。

　似たケースでいえば、映画や大河ドラマのロケ地となったことで一時的にブランド化することもある。もちろん、これは一過性の、一時的なブームにすぎないともいえる。NHK の大河ドラマ『篤姫』が 2008 年に放映された際、薩摩藩の姫君である篤姫＝鹿児島というブランド化が一時的に実現したように見えたけれども、その図式は 2009 年にはすでに無効となっていた。国土交通省の宿泊旅行統計によれば、2008 年の鹿児島県の延べ宿泊者数は 498 万人、対前年で 3.8%増だった。特にドラマが佳境に入る第 4 四半期の 10 月から 12 月は対前年 8.6%の伸びを示していた。しかしドラマ放映の終了した 2009 年 1 月から 3 月の延べ宿泊者数は対前年で 7.2%減、さらに 4 月から 6 月に至っては対前年 9.3%の減となったのである。

　鹿児島で起こった『篤姫』ブームとは、今後 1，2 年の内に一度鹿児島に行ってみたいと常々思っていた人たちに対しての**需要の先取り**ではなかったか、と見

162　第Ⅲ部　具体例から考える ── ブランド創出の現場

ることも可能である。映画のロケ地、あるいはそのヒットによる一時的な知名度
の上昇は、地域が観光ブランドを自力で形成するというのとは異なる現象である
（ただし、後に述べる北九州市のようにフィルム・コミッションによって持続的
なブランドを創出し得たケースはごく稀にはある）。

　さて、ここでの本題である大分県の安心院町（現：宇佐市）と（株）南信州観
光公社（以下、（株）は省いて表記）は、そうした外部の力によるブランド形成、
あるいは一時的なブームでなく、規模はともかくとして自力でブランド化に成功
した事例である。すなわち、人口が1万人に満たない町村や数万人から10万人
程度の中小都市といった地域が観光ブランドとなる ── 両者はこうした先進的
な事例の真っ先に挙げられる存在である。**特に南信州観光公社はその手法におい
てマス・ツーリズムへの適合性を有しており、多くの着地型観光を目指す地域か
ら注目されている。**

　両者は従来の観光業界の常識ではブランド形成できるとは思えなかった地域
での出来事であり、**ブランド・エクイティをゼロから構築しようと考える地域に
とっての大変に参考になる事例**といってよい。本章で真っ先に取り上げる所以で
ある。

安心院方式とは何か

　大分県安心院町は安心院方式とも呼ばれる「会員制農村民泊」という手法に
よって、NHKや毎日新聞で紹介されることなどもあって一躍全国に知られる存
在となった。当初は10軒ほどの農家が1997年に1日1組のみ泊めるというス
モール・ツーリズムのスタイルで始まった。その方式が斬新だったため各地の行
政関係者の視察やマスコミの取材が相次ぎ、2003年には2,000人を超えたこと
で地名と実質が認知されるようになった。すなわちこの時点で、あるいはそれ以
前までに、一定の関心を持つ人たちの範囲であっても、安心院の「会員制農村民
泊」はブランド構築がなされたといってもよい。

　「会員制農村民泊」を始めた1997年ですでに90人の視察・取材人数があった
とされ、2000年には修学旅行生の宿泊も始まっている。2001年には海外からの
視察・取材の人数も158人を数えている。ブランドは直接経験した人たち（製
品であれば購入した人たち）から伝聞・報道、どのようなかたちであれ伝播して

いくのが通例であり、記憶にインプットされた人たちに影響を与える。その中には、当然、修学旅行に有益な学習効果を付加したいと考える学校関係者や、そうした付加価値の伴う旅行を提案したいと考える旅行会社社員もいたはずである（このことの具体的事例としては、次に触れる南信州観光公社で明らかにする）。

中学校・高校の学校単位の体験学習宿泊者数は 2004 年度には対前年 3 倍以上の 1,600 人を超える数になった。それは安心院が修学旅行のデスティネーション（旅行目的地）として小規模ながらブランドとして定着したことを物語っている。また、「会員制農村民泊」という安心院の方式に関心を持って来訪する一般宿泊客も 2002 年以降、2,500 人から 3,000 人近い数字となっていた。

以下、安心院でのグリーン・ツーリズム進展の経緯を旧安心院町の資料をもとに紹介しよう。

安心院は比較的農地に恵まれ、米・ぶどうを中心に圃場整備や近代化施設整備による効率化・省力化が図られつつあったものの、1990 年代、兼業化や担い手の減少で農業は弱体化しつつあった。過疎化や高齢化も進む中で、従来通りの農産物生産だけではやっていけないという認識が生まれた。農林水産省は 1992 年 6 月に公表した新政策「新しい食料・農業・農村政策の方向」においてグリーン・ツーリズムの推進を打ち出しており、安心院でもその年 8 戸の農家が中心になり「アグリツーリズム研究会」が設立された（その後、1996 年には、非農家も含めて 30 人ほどの会員で「安心院町グリーンツーリズム研究会」に名称変更）。そこで農村振興策が練られるが、農家民泊も検討された。過大な投資をすることなく、都市住民を迎え入れたいという意向が生まれたのである。

国の政策では農林漁業体験民宿業については登録制度を実施することになっていた。当時の農林水産省の外郭団体（財）都市農村漁村交流活性化機構の登録基準では旅館業法や食品衛生法をそのまま適用するものであったため、農家が資金の用意もなく踏み出せるものではなかった。特に食品衛生法の定める、家族用とは別に客専用の調理場を設置し、飲食店営業の許可を保健所から受ける必要があるという規則は障害となっていた。多くの農村地域でグリーン・ツーリズムとして農家民泊が実施できないのは当然だった。**安心院方式はそれを乗り越える知恵の産物だった。**

164 第Ⅲ部 具体例から考える —— ブランド創出の現場

　転機となったのは1996年9月、町恒例のイベント「ワイン祭り」において、一時的・試験的に行なわれた農家での体験宿泊募集だった。それには約30人の応募があり、農家にとっては大きな自信となった。「ワイン祭り」から2カ月後、ドイツの農家民宿を視察に出かけたことで安心院のグリーン・ツーリズムの方向性は決定することになる。ドイツの農家民宿では朝食のみで夕食は提供しないのが普通であり（近年では朝食を提供しないケースも多い）、農家の主婦に過重な負担がかからない仕組みとなっていることが、自分たちもやっていけるという確信をもたらしたのだと思われる。

　安心院は次のような方針を明確にしていた。「旅館、民宿などの旅館業ではなく、あくまで農業・農村の活性化を目的に、訪れる方々に農村『安心院』の心を理解していただくもの」、というのがそれである。**つまり営業目的でなく、都市と農村の交流事業、すなわち会員になってもらって農村での日常を楽しんでもらうというのが趣旨である。**もちろんこれは国の登録制度という農村の実態にそぐわない縛りを逃れる方策でもあったという点も否定できないだろう。

　ここでの重要な点は、民宿をやってみたいという農家の意思を尊重し、前例がない、法律に触れるという口実で行政にありがちの —— 地域住民からすれば怠慢としか映らない —— 拒否の姿勢を当時の安心院町役場が取らなかったことである。そして工夫したのが、一般の宿泊客を泊めるのではない、安心院の農家や農業文化に親しんでもらう会員に限定して泊まってもらうというかたちを整えたことである（もっとも、会員になるのは、予約して実際に農家に到着した時点で構わないのだが）。

　会員制にしたことで通常の旅館業法や食品衛生法で規定されるものがいくつかクリアできた。一定の部屋数とその広さという規制を受けず、客用の台所を作ることなく農家の夕食を一緒に協力して作り、食べるという体裁（＝自炊型）で宿泊してもらうことが可能になったのである。

　この「会員制農村民泊」の約束事は次の通りである（他の地域では一般的に「農家民泊」とされるのだが、安心院では非農家も含むため「農村民泊」と表記される）。

　① 空いている部屋で行なう（お金をかけないで始められる）。

② 基本的に夕食は出さないが、希望により提供する場合は普段の夕食とする（農家が無理をせず継続できやすい体制づくり）。

③ 1日1組。それ以上は泊めない。

④ 忙しいときは断る。

⑤ 農業・農村文化体験の一環での農泊体験とする。

⑥ 農泊体験料は、経済的にも精神的にも継続できる程度の料金とする（農業体験も実費をいただく）。

⑦ 大人1人200円・子ども1人100円を環境美化運動等、研究会の活動資金に還元する。

⑧ "一度泊まったら遠い親戚"メンバーカードを渡し、農泊会員になってもらう（無料）。

⑨ 民泊（宿）保険に加入する。

⑩ 諸問題は原則として、自己責任で負う。

ここでは、まず農家が負担を感じない仕組みであること、そして泊まる側も農家側が提供できるもので満足する姿勢が必要であることが明示されている。農村民泊の案内に「パジャマ・洗面具は持参してください」とあるのもそうした現われである。このような観光客の願望を過度に実現しない仕組みは、当然ながらスモール・ツーリズムでしか機能しない。1日1組ということともあわせて、初発の安心院方式という仕組みはスモール・ツーリズムとしかいえないものだった。

もう一点、安心院の「会員制農村民泊」で重要なのは、グリーン・ツーリズム、すなわち観光の一形態という側面とともに、地域住民の生き方・生きがいづくりという観点での評価も可能だという点である。地域活性化というときの、経済的な地域振興という側面と、特にシニア層における生きがいづくりという側面である。後者は多くの地域において生涯学習というかたちで、公民館における講座で学ぶというスタイルが多いけれども、生きがいということでいえば社会との接点——仕事としての他者との関わり——が提供されるということも一つの解決法であろう。

安心院町における「会員制農村民泊」開始6年を経過した時点での評価書では、「確実なリピーターをつくる」「温泉やグルメでなく、（普通の）農村を舞台

とした『人が人を呼ぶ』新しい旅である」「泊まることにより、地域に倍近いお金が落ちる」といった観光振興という視点からのものと並んで、「農泊受け入れ家庭、特に女性や高齢者の方が自信にあふれている」「農村・農業を守るだけでなく環境・高齢者・教育・福祉対策にもなる」といった高齢者の生きがいづくり、という視点での評価も書かれている。

いずれにしろ、別府八湯ウォークのところでも触れるが、**特に観光振興を意識してということでなく、地域住民の生きがいや楽しみとして実施されたことが観光ブランドとして育っていくということはあり得る。**むしろ、地域がゼロからのブランド・エクイティ構築を目指すならこちらの方が現実的だと考えるべきである。巨額の資金を投入してブランドとしての確立を狙った大型観光施設が、リゾート法時代、宮崎県のシーガイアに代表されるように破綻したことを思い出すべきである。小規模の市町村がどれだけの資金を投入すべきか、どれだけの来訪者を期待できるかなど、すでに繰り返し述べてきているように、観光マーケティングの最初の段階でマス・ツーリズムを目指すのかスモール・ツーリズムを目指すかの意思決定こそが先であろう。

安心院とマス・ツーリズム

当初、スモール・ツーリズムでしかあり得ないかたちで始まった安心院のグリーン・ツーリズムの現在の状況はどうなっているだろうか。

始まったころの農村民泊は1泊朝食付きで大人4,000円、小学生以上で2,500円、乳幼児は無料だった。夕食が必要な場合は別途1,000円程度となっていた。現在では1泊朝食付きで大人5,300円、子ども（3歳以上）3,800円、夕食は1,500円となっている。こうした上昇はやむを得ないことだろう。

むしろはっきり認識しておくべきなのは、**現在の安心院はスモール・ツーリズムの部分は残るものの、紛れもなくマス・ツーリズムのデスティネーション（旅行目的地）でもある**点だ。その端的な旅行形態は修学旅行である。2004年に安心院を訪れた神奈川県立高校の修学旅行の生徒数は229人だった。もちろん、30軒ほどの農家・非農家に分散して滞在することになるのだが、それはまさにマス・ツーリズムの範疇で考えるべき事態である。

安心院が修学旅行の目的地となったのは、いうまでもなく、全国版のテレビ

放送、新聞・雑誌で情報発信されたからに他ならない。ただ、それも 2002 年 3 月 28 日に全国に先駆けて大分県生活環境部長名で各保健所に出された通知「グリーンツーリズムにおける農家等宿泊に係る旅館業法及び食品衛生法上の取り扱いについて」の効果が大きかった。会員制にするという建前で実施されていた農村民泊の現状を、県が正式に認めるという規制緩和の通知だったからである。**すなわち、安心院におけるグリーン・ツーリズムの実態を踏まえ、旅館業法上の簡易宿所の営業許可対象とし、客が農家と一緒に調理、飲食する体験型であれば食品衛生法に定める飲食店（旅館）営業の許可は必要ないとしたのである。**

この「会員制農村民泊」という工夫とそれが大分県に正式に認められたこと、そして地域の高齢者が生き生きとしていることなどはマスコミにとって報道する価値があった。こうした情報は修学旅行を実施している中学校・高校の校長や教員にとって、生徒たちに訪問・経験させたい素材と映ったことは間違いない。**地域がゼロからブランド・エクイティを構築することは容易ではないが、農村地域の観光、すなわちグリーン・ツーリズムがどのようにマス・ツーリズムの典型たる修学旅行を引き寄せることができたかの手順を知る上での大変参考になる事例である。**

ここでは 100 人、200 人といった数で修学旅行生がやって来ることに伴う問題を確認しておきたい。それはスモール・ツーリズムに留まらず、マス・ツーリズムよって一層の地域振興を図りたい地方自治体にとって大きな関心事であるはずだ。

当初のスモール・ツーリズムの状態であれば、訪問する側が「会員制農村民泊」の性格をよく理解して楽しみに来ている、というのが通例であったろう。互いに理解することが可能であり、その観光のかたちが相互に納得されるものであったはずだ。もちろん、マス・ツーリズムを形成する修学旅行の場合であっても、来訪前の準備の段階で安心院がなぜ評価されているかなど、単に農業体験をするだけに留まらない事前学習をしていれば、安心院についてまったく無理解の観光客が来るということにはならない。

ただし、迎える農家や宿泊客の双方が納得し合っている状況でも地域に軋轢が生まれる可能性はある。**数多くの来訪者が地域に群れることで、マス・ツーリズムのもたらす弊害が生まれることも否定しがたい。**観光客が一挙に多数来訪する

ことは、個々の観光客に悪意はなくとも地域に害を及ぼすことはある。多数の観光客の場合、エコツーリズムであれば自然・生態系を損なう可能性は皆無ではない。鹿児島県屋久島の縄文杉登山ではその傾向は顕著である。グリーン・ツーリズムであれば静寂な農村地域で騒々しさが生まれ、交通渋滞など地域社会のアメニティ低下を招くことがあっても不思議ではない。

　すでにブランドとして認知されている安心院は、本来の「会員制農村民泊」という実質だけでなく、農家での民泊や農業体験に留まらない農村固有の文化や歴史までもがそのブランド・エクイティを形成しつつある。農産物への関心も増している。ワインの購入など特産物もまたブランド・エクイティを構成する要素となってきている。そうした中で地域における温度差も伝えられている。

　現在の安心院ではNPO法人グリーンツーリズム研究会が都市住民との交流活動を一手に引き受けている。また、同研究会は2005年5月には（財）日本修学旅行協会と業務委託の提携をしている。マス・ツーリズムである修学旅行への本気の取組みといってよい。グリーン・ツーリズムの先駆として知られている北海道や長野県、京都府といった地域と比べてもその活動は積極的である。特に啓蒙活動においてそれをビジネスとして確立している点は大きい。

　安心院を視察したい外部者に対して次のような規定を作っている。農村民泊で1泊2食6,800円を支払っている人たちに対しては、受講料が1〜3名の場合4,000円、4名以上の場合は1人1,100円、1時間の講師料が5,800円、やはり1時間の現地視察代が8,000円、農村民泊しない場合は受講料が1〜3名で6,000円、4名以上は1人1,600円と差をつけている。地域が成功しているとさまざまな地方自治体やシンクタンクなどからの視察が後を絶たない状況が生まれる。視察団に対して有料で講義・講習を行なうことは当然のことであり、これも地域からすれば資金確保という点で有効な方法である。

　安心院ではさらにビジネス面というよりは、ブランド・アイデンティティを確実なものとし、ブランド・イメージをより定着させる観点から意義のある大分・安心院グリーンツーリズム実践大学が実施されている。これは年5回、各回とも2日間実施されるもので、1日目が講義、2日目は体験や現地視察となっている。

　例えば、2014年に実施された第10期の実践大学、4回目のプログラムは次のようなものである。

第7章　地域はどう観光ブランドを創るか　*169*

11 月 29 日（土）

13：45〜14：00　開講式

14：00〜15：20　講義（1）「農泊　私のおもてなし」農泊経営の女性3名
　　　　　　　　　が登壇

15：30〜16：50　講義（2）「第 15 回　グリーンツーリズム・ヨーロッパ研
　　　　　　　　　修　報告会」
　　　　　　　　　受講料　会員・学生 1,000 円／一般 2,000 円
　　　　　　　　　会場　　安心の里交流研修センター

11 月 30 日（日）

10：00〜12：30　「秋のつみ草料理　あれこれ」
　　　　　　　　　会場　　院内平成の森公園　農村交流センター　調理室
　　　　　　　　　受講料　会員・学生・一般とも 2,000 円
　　　　　　　　　持ち物　エプロン、三角巾

13：00〜15：30　「農泊家庭を巡る旅」農泊経営の4家庭を車に分乗して訪問
　　　　　　　　　集合　　安心院 GT 研究会　事務局前
　　　　　　　　　受講料　会員・学生・一般とも 500 円

　「会員制農村民泊」という仕組みで名前が知られ、ブランドへと成長していっ
た安心院だったが、2002 年の大分県の通知——国が定める旅館業法、食品衛生
法の規定外の農村民泊を簡易宿所の営業許可対象とする通知——があってから
は、安心院のグリーン・ツーリズムというかたちでのブランド化が進んだ。それ
は、当初の「会員制農村民泊」というスモール・ツーリズムでしかあり得なかっ
た状態から、修学旅行というマス・ツーリズムを構成する旅行形態をも受け入れ
ることで、ブランド・エクイティを付加したということができる。それはブラン
ドとしての拡張だった。さらには、上記の視察希望者に対する講義・講習の設
定、主として九州内の人を対象とした大分・安心院グリーンツーリズム実践大学
の設立はブランド・イメージ構築の上で効果的なものだった。

南信州観光公社はなぜ評価されるのか

　長野県飯田市は 1995 年、本物志向の体験型観光の受け入れ地域を目指す方針
を立てた。当時、長野県には観光客の入込みが年間 1 億人ほどあったものの、同

170　第Ⅲ部　具体例から考える ── ブランド創出の現場

市周辺にはリンゴ狩りや天竜川の舟下りの他目立った観光対象もなかったため、その5%ほどしか来ていなかった。しかも観光客の入込みは中京圏からの日帰りバスツアーや関西圏から長野方面への1泊旅行の立ち寄りが多かった。**通過型観光地**の役割に留まっていた。

　飯田市が宿泊を絡めた**滞在型観光地**を目指すのは当然のことだった。**そこで飯田市は宿泊してもらうために本物志向の体験を打ち出すことにしたのである。**ただ、これはゼロからのスタートであり、苦戦するのは当然のことだった。

　1995年に飯田市は体験学習を目玉とした修学旅行誘致を、3,000通のダイレクトメールによって関東・関西の中学校・高等学校、教育委員会、旅行会社に対して行なった。飯田市が懸命の努力で行なった体験学習の売り込みも、すぐには大きな成果を出すことはできなかった。それでも1年を経て、最初の学校が訪れる。しかし、将来の南信州観光公社にとってそれ以上に大きな成果に結びつく出来事もあった。その1996年に飯田市の誘客プロモーションを受けた首都圏の旅行会社で教育旅行を担当する社員が、翌1997年に初めて飯田市に修学旅行生を連れて来たからである。この社員こそ、現在、同公社社長を務める高橋充だったのである。

　以下、高橋充の文章（高橋2013）をもとに経緯を見てみよう。

　先の修学旅行では飯田市の千代地区で五平餅作りを体験する。そこから事態は進展していく。農家の人たちの飾らない人柄に生徒が打ち解け、素晴らしい体験交流だったと校長や引率した教師は感動し、修学旅行後には、次年度の修学旅行では千代地区の農家に泊まることはできないかとの相談を高橋は受ける。その頃まだ農家民泊という言葉はなく、実現は難しいだろう、というのが高橋の印象だった。飯田市も二の足を踏むのではないかと思いつつ担当者に相談してみたところ、積極的に取り組んでみるという回答を得た。

　1998年、飯田市としては初めての農家民泊の受け入れが行なわれた。その後も、農家民泊は南信州の修学旅行の受け入れにおいてシンボル的なプログラムとなったのだが、飯田市が10万人規模の都市ということとも関係するが、この後に南信州観光公社がブランドとして成功する要因の一つが確定された。それは農家民泊の受け入れの条件として、南信州地域の旅館・ホテルを農家民泊の前後いずれかの日程で1泊以上必ず入れる、としたことである。

飯田市によってその後5年間続けられた教育体験旅行誘致事業は、次の段階として、「飯田市・下伊那郡広域での体験型観光による地域振興を図るためのコーディネート会社の設立へと舵を切られた」。このコーディネート会社の意味するところについては後述するが、要するに第三セクターの新会社が作られたのである。

2001年1月、飯田市の他、四つの村と10の地元民間企業・団体の出資によって、飯田市長を代表取締役とする（株）南信州観光公社が設立されたのである。現在では飯田市・下伊那郡の14市町村と19の民間企業・団体の出資となっているが、その規模は教育旅行で年間5万人の利用となっている。また、体験プログラムは約180種類にもなっている。

因みに、次のようなものが代表例である。

農林業体験……農家民泊、田植え、リンゴの摘果、酪農農家体験、森林営林、稲刈り

伝統工芸・クラフト創造……草木染め、土笛作り、紬の機織り、炭焼き、陶芸

味覚体験・食文化……そば打ち体験、五平餅作り、イチゴジャム作り、田舎料理体験、よもぎ餅作り、イチゴ狩り

環境学習・自然散策……巨木と語る、飯田線ウォーキング、絶滅危惧種の実態と保護観察、高原散策、桜守の旅、南信州フォトガイドの旅

アウトドアアクティビティ……天竜川ラフティング、渓流釣り、乗馬、野外キャンプ

農家民泊や農業体験から成るグリーン・ツーリズムという多くの地域で見られるケースとは完全に異なっている。環境学習・自然散策は地元のガイドが付くことで、エコツーリズムとして通用する観光のかたちである。伝統工芸・クラフト創造では農業体験の幅を大きく越える点で今日の体験という観光形態の可能性の広がりを感じさせる。それは教育旅行において有効であるばかりでなく、女性層の仲間・親睦旅行などさまざまな旅行形態において楽しまれる内容である。マス・ツーリズムにも適合するさまざまなメニューを有していると見ることができる。

172　第Ⅲ部　具体例から考える──ブランド創出の現場

　先の高橋充の文章によれば、飯田市は南信州観光公社を作ったことで観光事業を任せきりにするのではなく、公社設立後も市役所内に公社担当職員１名を置き、2006年からは広域観光係２名を新たに配置し、台湾や韓国からのインバウンド事業に取り組んでいるとのことである。また飯田市ばかりでなく下伊那郡の町村の半数以上が民泊農家の調整等で協力しており、受け入れ態勢も飯田市だけの取り組みであるよりも南信州観光公社を作ったことによる効果が大きい。現在では民泊受け入れ農家が約400軒、上記の各種プログラムにガイド・インストラクターなどで関わっている人は1,000名を超えるという。

　以上のような状況により、同公社は着地型観光の見事な成功例として紹介されることが多い。しかし、飯田市のような人口10万人規模の都市でこれほど見事な着地型観光地となっているところは他にない。NHKテレビなどで観光客誘致の成功事例とされているところは長崎県松浦郡小値賀町の人口3,000人、ここで見た安心院のように人口8,000人、観光ではないが地域活性化の成功例として紹介されることの多い鹿児島県鹿屋市柳谷集落（通称：やねだん）に至っては人口1,000人にも満たない、といった規模での話である。

　小規模な町や村での限定された観光形態、主として修学旅行に集中する旅行形態という限られた範囲での着地型観光の成功事例しかなかなか思い当たらない。南信州観光公社がどのような仕組みで成功しているかはあまり明確に配置づけられてはいない。もちろん、飯田市が下伊那郡の町村や民間企業を含めて第三セクターの会社を作るというような意欲のあったこと、高橋充という発地側で修学旅行など教育旅行を担当していた現役バリバリの人材に恵まれたことなど理由はいくつかある。しかし、**一般には知られていない、ランドオペレーターという手法を理解することが飯田市のような規模の都市が着地型観光に成功しようとする場合には必須である。**

ランドオペレーターとしての南信州観光公社

　ランドオペレーターの機能とは、奇妙に響くかもしれないがフィルム・コミッションが果たしている役割と類似している。それはまた、ごく少数の小規模の町村を除けば、多くの地域でなぜ国が必死になって推進しようとしている着地型観光が成功しないかを見事に説明している。

第7章　地域はどう観光ブランドを創るか　*173*

　まず、ランドオペレーターの仕事について説明しておきたい。これは特に海外旅行において馴染みの仕事であり、国内旅行においてはもともとあまり必要とされない機能であり、仕事だった。

　まだインターネットなどまったく普及していなかった時代――1970年代などでは海外旅行、特にヨーロッパ旅行の手配は旅行会社にとって難儀なものだった。大阪の旅行会社支店が北海道への3泊4日の団体旅行を手配する場合には、旅館・ホテルやバス会社に直接電話して部屋や観光バスを予約すればよかった。一方、10日間のヨーロッパ旅行を手配する場合は電話で済ますというわけにはいかない。当時はまだテレックスの時代であり、パリ、ロンドン、ローマ、ジュネーブといった都市のそれぞれにホテル、バス会社、ガイド、レストランなどを手配するなど、言葉の問題もあり大変に煩わしいことだった。ここでランドオペレーターという仕事が発生する。

　ランドオペレーターというのは、日本でいえばJTBのように国内の旅行を大量に手掛けており、宿泊施設、運輸機関に対して大量の送客をしている旅行会社であるのが普通だった。いわば、信頼度の問題である。もちろん、パリに本社のあるミキ・ツーリストのように日本人ツアーの手配を専門とする旅行会社もあったが（創業者自身は欧州内の旅行会社に長く勤めた人物である）、むしろ例外的である。

　自国内や欧州内に手配面で優位性を持っている旅行会社が、外国からのツアーの手配をする場合にはランドオペレーターの顔になるということである。日本の旅行会社の仕事区分でいえば、日本人の国内旅行、日本人の海外旅行、外国人の日本国内旅行という区分での最後者ということになる。いまでいうインバウンドを担当する部門ということになる。

　ヨーロッパ内の地上部分の旅行手配を一手に引き受けるのがランドオペレーターの仕事である。スイスに本社のあるクオニ・トラベルやロンドンのトマスクック、先ほどのパリのミキ・ツーリストなどへ10日間のヨーロッパ・ツアーの日程表を送れば、ヨーロッパ内のランドオペレーターが自国内のホテル、バス、レストランだけでなく近隣国の手配もやってくれる。これほど便利なことはない。1社へ依頼するだけで4カ国のそれぞれの必要な手配をしてくれるのである。しかも、そうしたランドオペレーターは日本国内に支店・営業所を持ってい

たりする。

現地（ヨーロッパ）のことはすべて手配してくれる —— これは第3節で紹介する北九州フィルム・コミッションと、現地のことはすべて世話をするという意味で、そうした仕組みとなっている点で極めて似通っている。

ヨーロッパで、もちろん他の国でも有効なこのランドオペレーターという機能を南信州観光公社は果たしているのだといえる。宿泊できる農家を探したり、さまざまな体験メニューを用意するなど、発地側の旅行会社では手配が難しいことをすべて準備してくれるのがランドオペレーターとしての同公社の役割である。同公社の成功を考えるには、**実はランドオペレーターとして流通にまで踏み込んでいることで信頼されるブランド構築が可能となった**という点を忘れてはならない。

筆者は旧著で南信州観光公社が成功している理由に次の四つを挙げた（吉田2010：258）。

① 南信州観光公社がランドオペレーターの役割に徹した。
② 観光対象の発掘という点に関して外部からのアドバイスがあった。
③ 体験型観光という新たな観光商品が販売できるような、発地の旅行会社に対するノウハウがあった（首都圏の旅行会社で教育旅行担当者であった高橋充が2000年に飯田観光協会職員として移住し、2001年には新たに発足した観光公社の支配人に就任したことが大きい）。
④ 地域の農家の人たちを対象にインストラクター講習会が毎年開催され、観光対象たる体験農業などの質を高めている。

今日、地域（着地）側が主体となって、送客側である発地の旅行会社の気の付かない地域の魅力を提供する着地型観光で地域振興をという掛け声は、ほとんどが②や④をしていることで事足れり、となっている。

ここでは、流通と密接に関わる上記の①と③について見ていく。

旅行会社の仕事は本来、発地側からの、デスティネーション（旅行目的地）までの交通手段を含めた旅行商品を売ることだった。旅行商品が旅行素材と観光素材から成るシステムアップ商品であることはすでに第4章で述べたが、地域資源

が活用されるタイプの観光素材については、当然ながら現地の方が詳しい。ただその際、**重要なのはその観光素材が発地側旅行会社の抱える顧客層（あるいは潜在的な顧客を含めて）の旅行形態・観光形態に適合するかどうかである。**これこそが流通を意識することに他ならない。

　消費者を意識して気に入られる商品を作るだけでは流通を意識したことにはならない。インターネット時代となった今日においては、オンラインで飛行機やJR、宿泊施設、観光施設の予約が消費者自身で簡単にできるようになった。同じように、旅行先の観光素材（観光商品といってもよい）についても、ネット上で内容を確認し、ネット上で予約も可能なケースがある。それはあくまで個人ベースでの販売である。大河ドラマやアニメ、映画の舞台で広く認知されている場合ならいざ知らず、旅行会社によるパッケージツアーや新聞募集旅行などで旅行商品に組み込まれて流通するのでなければ多くの観光客の入込みを期待することはできない。**一般消費者だけでなく、顧客を大量に有する旅行会社がどのように反応するかまで意識しなければ流通を考えているとはいえない。**現在の国の観光政策の最大の難点は、この流通に関してほとんど無理解なところである。

　国の政策では、地域が発見した観光素材による着地型観光商品をインターネット上の国が用意するサイト上に載せれば、そしてそれがよい商品であれば、大手旅行会社や消費者がアクセスして販売可能とされていたが、消費者はともかく大手旅行会社が手を出すことはなかった。大手旅行会社が造成する旅行商品において、その方法では流通に原理的に乗らないからである。ランドオペレーターの旅行会社に与える安心感は、インターネット上では得られないからである。

　地域自慢の観光素材というだけでは発地側の旅行会社に送客を頼るマス・ツーリズムの流通ルートには乗らない。しかし、安心院の「会員制農村民泊」のように少数のお客（1日1組）しか期待しないスモール・ツーリズムに留まるかたちならば、そうした流通ルートを意識する必要はない。これは**観光マーケティングの最初の意思決定に関わることである。**つまり、逆にいえば、少数のお客で十分と考えるならば――スモール・ツーリズムでいくと意思決定がなされているならば――いまの時代において、インターネットが有力な武器となることも確かである。

　観光による本格的な地域振興を考えるならば、どうしてもマス・ツーリズムの

176 第Ⅲ部 具体例から考える——ブランド創出の現場

手法となる。南信州観光公社ができる前の段階で、飯田市は観光形態を体験学習に絞り、その観光形態に最も適合する旅行形態を修学旅行であると細分化の作業を済ませていた。**標的マーケティングを実践したのだといえる。**反応は少なくともゼロではなかったことが飯田市には幸いした。

先に紹介したように、現在は同公社社長である高橋自身が高校側からの要望で農家民泊を飯田市側に提案したことで、修学旅行に観光形態としての付加価値（＝農家民泊）をプラスすることができたのである。修学旅行生に対する経験価値の生まれる機会が増えたことになる。高橋のビジネス上の体験は、発地側旅行会社への強力なセールス材料となるものだった。

いま述べてきたことが南信州観光公社成功要因の③に当たることだとすれば、①は仕事の分担についてのことである。観光客に必要な仕事を発地側（送客側）と着地側（受け入れ側）がどのように分担するのか、ということである。

先に紹介したヨーロッパのツアーに関するランドオペレーターの仕事の特質——現地のことは現地旅行会社に任せる——を、そのまま継承しているのが南信州観光公社だといえる。修学旅行の農家民泊や体験学習を学校側から直接受けることをせず、必ず旅行会社経由としていることがその役割分担（＝流通重視）の象徴的なことである。しかも、先に触れたように農家民泊の前後に必ず1泊は地域の旅館・ホテルとしているところが流通を理解している証左である。そこに修学旅行生の宿泊を奪い合うというトラブルが発生しないからである。発地側旅行会社がさまざまな旅行形態の大人の宿泊を依頼する際に地域の旅館・ホテルからの反発が生まれないからである。

このように着地型観光をマス・ツーリズムのレベルで達成しているところに南信州観光公社の評価される理由があった。そして現在は先のプログラム一覧からも分かるように修学旅行生ばかりでなく一般客も強く意識されている。あるいは、体験や交流のもたらす精神的な効果を企業研修にも生かせるのではないかということで、2012年からは企業・組織向けに「心と体を動かす体験型企業研修プラン」を企画するようになった。

安心院の場合は「会員制農村民泊」というスモール・ツーリズムから修学旅行というマス・ツーリズム、飯田市と南信州観光公社の場合は最初に修学旅行、ブランドとして認知されてからは一般向けの本物体験というように順序は異なる

が、ともに各地の地方自治体からすれば学ぶべき先進事例となっており、研修・講義もビジネスの一つとなっている。スモール・ツーリズムに留まるのでない限り、事業拡大は当然のことである。ただ、同公社は現在では名古屋からのバスツアーも手掛けるようになっており、ランドオペレーターとしての役割を越えるところまで進出している。今後の課題となるかもしれない。

国の観光政策から考える

　観光圏整備事業は民主党時代の 2009 年度事業仕分けで、ほとんど意味のない事業として 8 割という大幅な予算削減を提示された。そこで観光庁は、観光圏整備事業に代わる補助事業を作り出した。2010 年には着地型観光を担う組織として「観光地域づくりプラットフォーム」の立ち上げに補助金を出す政策を打ち出した。もっともこれは、日本経済新聞が 2010 年 11 月 14 日付朝刊記事で「事業名を差し替えて存続を図る」と報じたような性格のものだった。

　このプラットフォームなるものは、地域の観光事業者ばかりでなく、農業・商工業など多様な関係者も加わって、体験型観光や交流など地域でしか造成できない着地型観光商品を生み出すことを目的とした。もちろん、このとき意識されていたのは南信州観光公社の存在である。ただ、それは先に指摘した成功要因①〜④の内、②と④だけで事足れり、とするものだった。③の流通に関する留意がまったくなかった。

　流通にまったく注意が向いていなかったというのは言い過ぎかもしれない。なぜなら、このプラットフォームは着地型観光商品を企画し、消費者や大手旅行会社に販売までする組織だとされていたのである。しかし、発地側の大手旅行会社に相手にされることはなかった。そこで 2015 年には「日本版 DMO」育成へと政策が変わる。それは 6 月 30 日に地方創生施策の指針となる「まち・ひと・しごと創生基本方針」が閣議決定され、そこに「日本版 DMO を核とする観光地域づくり・ブランドづくりの推進」が盛り込まれたことによって誕生した。DMO は Destination Management/Marketing Organization の頭文字をとったもので、観光地のブランド化、マーケティングを担う組織だとされる。

　観光庁は日本版 DMO の確立が必要な理由を、概略、次のように整理している。それはこれまでの観光地域づくりの課題として整理されている。

178 第Ⅲ部 具体例から考える──ブランド創出の現場

① 関係者の巻き込みが不十分……地域の関連事業者や住民等の多様な関係者の巻き込みが不十分であり、そのため「地域の幅広い資源の最大限の活用につながらない」し、「地域住民の誇りと愛着を醸成する豊かな地域づくりにつながらない」。

② データの収集・分析が不十分……「観光客を十把一絡げに扱っている地域が少なくない」。ターゲットとなる顧客層が明確にされておらず、それに対応する地域のコンセプトも明確でない。

③ 民間的手法の導入が不十分……ブランド構築ができていない。

　こうした課題が南信州観光公社においてどのように解決されていたか、本書でこれまで述べてきていることも含めて、検討してみよう。

　例えば①については、まさに関係者の巻き込みができたからこそ同公社は成功したのだということができる。しかし、本章での他の事例を見れば分かるように、そのような総ぐるみの体制を作ることが必須の条件なのではない。むしろそこで時間を費やしていれば先行する他地域に後れを取るばかりである。誰かが走り出せばよいのだ。同公社の場合も、いまでこそ14市町村と19の地元企業・団体が出資しているが、設立時には飯田市の他は四つの村と10の企業・団体の出資だった。

　一方、安心院においては農家民泊をやりたいという農家と、それを何とか実現してあげたいと願う町役場の担当者だけで始めればよかった。観光庁がいうような、交通事業者、宿泊施設、農林漁業、商工業、飲食店、地域住民、行政が連携して日本版DMOを作ろうと時間をかけていること自体が無駄なのである（しかも、組織を作って観光庁に登録しなければ何も始まらない、資金が得られないという仕組み）。

　次に②についていえば、本書で再三述べてきているように、観光客という一括りなのではなく、旅行形態や観光形態による細分化ができなければ標的マーケティングのできるはずがない。これは観光現場たる地域に最も欠けている知識であり、地域が観光マーケティングのできない最大の理由である。そうした状況でブランド構築などできるわけもなく、③のような理由付けは意味をなさない。飯田市や安心院のように、行政が率先するか、意欲ある個人・グループを強く支援

第7章　地域はどう観光ブランドを創るか　*179*

するかの違いはあっても、民間企業の参加を待つほど消極的ではなかった。観光庁が挙げている手順ではブランド構築などできるはずがないのである。

　いずれにしろ、①〜③を通じて流通に関する視点の欠落は著しいものがある。南信州観光公社でいえば、教育旅行というターゲットとなる顧客層が明確になったとしても、それをどのような流通チャネルに乗せるかは、高橋充のような存在があったからこそ確定できたのである。そして、発地側旅行会社が信頼を寄せるランドオペレーターに徹することが重要だったのである。

2.　小樽運河保存運動からのブランド構築

　小樽の地名は小樽運河がすぐに連想されるほど、その保存運動で全国に名前が知れ渡った。その保存運動が盛んだった1970年代、入込み観光客数はほぼ230万人台から240万人台だった。しかし、現在の小樽運河が完成した1986年には273万人を超える数字となった。その後も入込み観光客数は毎年10%前後増えてゆき、1999年には約973万人という驚くべき数字となった（ただし、この数字はマイカル小樽開業による日帰り客、すなわち買い物客の増加によるものだった）。現在は700万人前後であるが、それでも小樽運河によってブランド化が達成されたのだと一応は見ることができる。ここでは、当初は観光など意識もされていなかったにもかかわらず、結果的に観光ブランドが構築されたケースとして小樽を考えてみたいと思う。単純な経過としてでなく、また複雑な分化をした保存運動の推移に拘泥するのでなく、あくまで観光ブランドがなぜ形成されたのかを地域資源や人間の関わりにおいて見てゆきたい。

小樽運河の建設

　小樽が明治時代に発展を遂げたのは、札幌や岩見沢の先、幌内（現：三笠市）で1873年（明治6年）に石炭が発見され、その積み出し港となったことが発端である。小樽港は湾曲した弓状の良港だった。小樽港の北に位置する手宮に1877年桟橋が建設され、小樽／幌内間の幌内鉄道も1882年（明治15年）に開通している。その2年前にできた小樽／札幌間は、日本の鉄道としては新橋／横浜間、大阪／神戸間に次ぐ3番目のものだった。

180　第Ⅲ部　具体例から考える——ブランド創出の現場

　小樽港は1889年(明治22年)には特別輸出港の指定を受け、港湾の整備が一気に進む。1880年代後半に海岸の埋め立てが行なわれ、そこに石造りの倉庫が建ち並んだ。手宮側から伸びるコンクリートの防波堤も第1期工事が1897年(明治30年)に着工され、1908年(明治41年)に竣工する。小樽は完全に石炭積み出し港として機能し、小樽市内には次のような建造物が次々に完成する。

　　日本郵船(株)小樽支店……1906年(明治39年)10月1日竣工
　　百十三銀行小樽支店……1908年(明治41年)竣工（月日不明）
　　日本銀行小樽支店……1912年(明治45年)7月25日竣工
　　北海道銀行本店……1912年(明治45年)7月21日竣工

　上記の建造物は小樽が近代都市として発展していることの何よりの証しであろう。そして小樽運河の建設が1914年(大正3年)に開始され、1923年に完成する。幅40メートル、長さが約1,300メートルの運河である。小樽港は船を埠頭に着けるのでなく、艀に物資を積み、港内の貨物船と運河沿いの倉庫を結ぶ荷役方式を取ったのである。

　戦後、運河は時代遅れとなり使われなくなった。1955年には運河はヘドロで澱み、艀のへさきには雑草が生え、倉庫も扉を閉ざしてゴーストタウンのような状況だったという（峰山1995：35）。1966年には小樽市議会において札幌から来る国道5号線の交通渋滞を解消するため「札樽バイパス」を建設する計画（道道小樽臨港線計画）が提示され、運河のバイパス寄りの700メートルが埋め立てられることになった。

　高度経済成長時代の日本にあっては用地買収の経費節減のため、公有水面の埋め立てが選択されるのは当然だった。同時代のことでいえば、よく知られている事例として福岡県柳川市の掘割埋め立て計画がある。江戸時代に形成され、市内を縦横に走る掘割は高度経済成長期以前には、子どもが水遊びをしたり、主婦が食器の水洗いをしたりする日常生活の舞台だった。しかし、1970年代には掘割は単なる排水路となっていた。水道の普及によって掘割の水を利用する必要がなくなり、合成洗剤や油脂分の混じった、汚濁した水が流されるようになったからである。そこで公有水面である掘割の大部分を埋め立て、コンクリート張りの下水路とする計画が持ち上がった。地上は道路や駐車場として利用されるはずだった。そして、その事業の担当部署として都市下水係が設けられたのだが、その当

第7章　地域はどう観光ブランドを創るか　*181*

の担当係長が掘割をなくすことに疑問を感じたのである。すでに市も県・国も埋め立てを了承し、補助金の付いた事業だったものの、掘割は地域住民と密接にかかわった生命の系だとの確信から係長は市長に直訴する。このことだけでもびっくりだが、市長が「河川浄化計画」を承認することの方がさらにびっくりであろう。

　メタンガスが湧き、臭くなっている掘割のヘドロ浚渫は業者に委託するのではなく、市職員と住民の共同で行なわれたのである。まだ失われてはいない「記憶の共同体」が見事に作用して掘割は残されたのである。東京などから長崎やハウステンボスを訪ねるツアーなら、福岡空港から入って柳川に立ち寄り、掘割をどんこ船で巡る川下りを楽しみ、昼食は名物のうなぎせいろ蒸し、というのが定番となっている。

　福岡県柳川市の掘割保存については幸福な結末を迎え、それが今日の観光客誘致に役立っているというケースだった。小樽運河の場合は保存運動は複雑な様相を呈することになる。

小樽運河保存運動の顛末

　1966年に小樽市議会に提示された道道小樽臨港線計画は、1967年には着工された。道路建設が運河地区に近づくにつれて問題の本質が明らかとなってきた。決定的だったのは1972年に有幌地区の石造倉庫6群、約30棟が一挙に壊され、臨港道路に生まれ変わった時だった。周辺の景観が一変したのを目撃して、小樽市民は強い危機感を抱いたのである。これで運河が埋め立てられることになれば、歴史的・文化的な環境が一挙に失われるのではないか、という危機感である。

　以下、小笠原克や西村幸夫、大山信義の著書をもとに経緯を確認しておきたい（小笠原1986、西村1997、大山2001）。

　1973年12月　小樽市民24人による「小樽運河を守る会」の発起人会の発足。

　1974年5月　「守る会」事務局長が文化庁に陳情。

　1975年6月　「小樽運河を守る会設立総会及び文化集会」開催。この時期には会員が1,200人にまで達しており、1万人の保存署名も集めていた。設立総会時の決議文には、「私たち小樽市民は、このふるさ

182　第Ⅲ部　具体例から考える —— ブランド創出の現場

との歴史と美しさを、みんなの郷土を愛する心を結集して守り
ぬき、次の世代に誇りを持って手渡さなければならない義務と
責任があります。千の同志、万の支持を持って誕生した『小樽
運河を守る会』の名において、私たちは自分たちのふるさとを、
自分たちの心と自分たちの手によって、新しくつくり上げてい
くことを決議します」、とある。

1976 年 1 月　日本建築学会北海道支部が知事と市長に保存要望書を提出。

1977 年 11 月　小樽商工会議所を中心に「小樽臨港線整備促進期成会」設立。

＊ 1977 年から 78 年にかけて運河埋め立てに反対多数のアンケート調査結果
がさまざまなグループから出される。

1978 年 7 月　「第 1 回ポートフェスティバル・イン・オタル」開催。2 日間の
　　　　　　　人出は約 6 万人。

1979 年 11 月　小樽市議会総務委員会と建設委員会が運河埋め立てを強行採決。

1979 年 12 月　小樽市議会が運河水路 40 メートルの半分を埋め立て、6 車線の臨
　　　　　　　港線を建設する陳情案件を強行採決。

1980 年 5 月　全国町並みゼミが小樽で開催される。

1982 年 9 月　前年の小樽市での各種手続き、免許取得を受け、運輸省が運河
　　　　　　　埋め立てを許可。行政上の手続きはすべて完了。

1983 年 9 月　小樽商工会議所が運河保存を表明。経済人有志の「小樽運河百
　　　　　　　人委員会」（運河保存派）発足。

　　 11 月　上記委員会が 9 万 4,227 人の署名を達成。しかし、運河埋め立
　　　　　　　て杭打ち工事開始。

1984 年 5 月　知事提案による第 1 回五者会談を開催。推進派の小樽市長、道
　　　　　　　道小樽臨港線早期完成促進期成会会長、保存派の商工会議所会
　　　　　　　頭、「守る会」会長、百人委員会代表がメンバー。

　　 9 月　前月までの五者会談は平行線のため、8 月 18 日には知事が埋め
　　　　　　　立てを決断。それを受けて埋め立て工事が本格着工した。

　　 11 月　知事の提案による「小樽市活性化委員会」の設立総会開催。

以上が小樽運河保存運動の推移である。いくつか重要なポイントがある。実際

第 7 章　地域はどう観光ブランドを創るか　*183*

の運河埋め立てに関していえば、1966 年の当初計画では幅 40 メートルの運河のほとんどを埋め立てるというものだった。しかし、「小樽運河を守る会」の運河保存運動があったことで、1979 年の小樽市議会の決議では埋め立てるのは半分だとされた。1986 年 3 月に完成した運河は幅 20 メートルに埋め立てられたものの、その横には水面近くまで下げられた親水性の高い散策路と 63 基のガス灯が設けられ、今日では観光の目玉となっている。

　また、運河保存運動があったことで、小樽市が市内に残る歴史的な建造物を活かしたまちづくりに積極的に取り組むようになったともされる（西村 1997：18）。

　小樽運河保存派と道道小樽臨港線建設促進派の双方においてそれぞれ軋轢が生まれていた。1977 年に埋め立て促進の方向であった小樽商工会議所は、会頭の意向で 1983 年には運河保存の立場をとる。前年に運河埋め立てに疑問を呈した西武セゾングループ幹部の発言があり、変化が生まれた。それは青年会議所に所属する若手経済人に影響があり小樽運河百人委員会設立へと進んでゆく。しかし、当然ながら経済界に埋め立てを推進すべきだという勢力も間違いなく存在していた。小樽商工会議所会頭が運河保存の立場を表明した直後、副会頭がすぐさま辞表を提出したのはそのことを示しているだろう。

　保存派の方でも分裂していく。公式の行政手続きが進んで埋め立て工事着工となる中で、あくまで埋め立て反対の活動をしようとする人たちと、知事の提案した、未来の小樽市に向けて「小樽市活性化委員会」に参加する意向の人たちとの分化である。

　どの立場が正しかったかをいえるような性格の問題ではない。ただ、**小樽運河保存運動の推移が、少なくともその「小樽運河」という名称を全国に浸透させたことは否定しがたい事実であろう。そして皮肉なことに、散策路とガス灯の加わった、改変された小樽運河がブランドの実質となったのである。**

　当事者というべき小樽市民や経済人とは異なる外部の視線や、埋め立て賛成・反対の立場に敢えて立たないようなケースについて以下、考えてみたい。

外部の視線とポスト運河保存運動

　小樽市民による運河保存運動、具体的には「小樽運河を守る会」が確信をもって運動を推進できたのは、外部の声によるところも大きかった。早い時期としては1970年1月、日本建築学会明治建築小委員会の村松貞次郎が「小樽の運河と倉庫群は長崎の南山手通り、神戸の異人館通りと並ぶ、わが国の近代史を象徴する三大景観」と評価したことがあった。

　北海道大学工学部建築工学科の助手や大学院生も運河の歴史的・文化的価値を啓蒙するために調査活動や対案の作成、各種声明文の草稿づくりに関わるなどしていた。研究者（やその卵）たちにとって小樽運河は評価したくなるような対象であった。

　また、北海道内の札幌に留まらず、1978年には東京にも「小樽運河を考える会」が設立され、運河埋め立てが全国的にも注目されるようになった。特に、1980年に「全国町並みゼミ」が小樽で開催されたように、昔からの町並みを保存しようという運動に加わっている研究者や実務者が小樽運河に関心を持ったことが大きかった。

　外部からの視線が地域を鍛える、あるいは地域を勇気づけるということはしばしば起きる。後に紹介する別府八湯ウォークにもその傾向はあった。あるいは単に視線というだけでなく、地域外に出ていた人が戻るUターンや、移住というかたちでのIターンも起こる。ただし、その人たちは異なる考えを持っていた。1978年7月に2日間にわたって開催され、6万人が押し寄せたとされる「第1回ポートフェスティバル・イン・オタル」のことである。

　このイベントは運河紛争とは別のところで、ほとんど偶然といってよい経緯で開催された。大山信義によれば、ポートフェスティバルを立ち上げた一人は次のように語ったという（大山2001：300）。港で実施されていた伝統的な潮祭りの際、埠頭でロックをやっていたら祭りの邪魔になると排除された。それで小樽運河に艀船を繋留し、その船上でロックをやった。友人からはあんなヘドロ臭いところでやるのかといわれたが、実際に始めたら多くの若者が集まった。第1回のポートフェスティバルでは6万人だったが、やがて25万人を動員するイベントに成長していく。

　重要なのはどのような人物がポートフェスティバルを引っ張ったかというこ

とである。先の発言者はヨーロッパ旅行をしていたときにアムステルダムなどの運河と古い町並みに故郷の小樽の町を思い浮かべたという。初代実行委員長は札幌生まれの小樽育ちだが東京勤務の帰郷組であり、やはりヨーロッパ旅行で刺激を受けたという。岐阜県出身で京都の大学を中退後、ヨーロッパ放浪の旅を3年間続けた人物は小樽に住みついた。ポートフェスティバルは郷土愛もさることながら、そこからの広がりである**トポフィリア（場所愛）、地域に対する共通感情**をもとにつながった人物たちによって実施されたところに特徴があった。

　つまりポートフェスティバルは、運河や建造物に深い愛着を持つ人たちによるものではあっても、運河保存運動と直接関わるものではなかった。ポートフェスティバルが開催されるような空間の歴史性・文化性——宗教社会学者のベラーらがいう**「記憶の共同体」**——が評価され、強く意識されていたところの方にこそ特徴があった。

　小樽の名前が運河とともに全国に浸透していくのは——**ブランドが確立する最初のステップとしては**——確かに運河保存運動が果たした役割が大きかった。小樽そのものの地名、あるいは運河ということだけで名前が広まったのではない。あくまで運河保存運動があったからこそ、小樽運河は一躍全国に知られるようになったのである。しかし、**ブランドはただ名前が認知されるというだけでなく、必ず内容・実質が伴わなければならない。**小樽運河を含む小樽がブランドとして確立していく上では、つまり内容・実質を形成していく上では、ポートフェスティバルの果たした役割はその影響という点で大きなものがあった。

　次のような経過が見えるからである。

　1986年にはポートフェスティバルの若者の行動に刺激され、20代後半から30歳代の青年層が「オタル・サマーフェスティバル」を計画する。これは小樽青年会議所のメンバーが中心となった活動であり、その性格は自ずと決定される。当然、地域振興に資するということが意識される。ただ、注目すべきは運河保存運動に参画していた「小樽運河百人委員会」のメンバーもそこに加わったことである。小樽臨港線建設工事はすでに完成が目の前であり、人々の視線は未来の方に向かいつつあった、ということができる。

　このサマーフェスティバルは小樽運河にこだわるというよりも、他の地域資源、日本銀行小樽支店など歴史的建造物が集まるかつて北のウォール街と呼ばれ

186　第Ⅲ部　具体例から考える —— ブランド創出の現場

た場所にこだわったイベントだった。艀船でもライブが行なわれたが、金融街に
ジャズ演奏の舞台が組まれたのである。小樽運河も金融街の歴史的建造物もとも
に地域資源であることに変わりはなく、運河保存運動で名前が全国に知られた小
樽は、少なくとも地元ではブランドにふさわしい地域資源を活かした内容・実質
が整備されていくのである。

観光ブランド小樽の現状と未来

　1970 年代、80 年代と小樽運河保存に関して外部から向けられた視線は、景観
保護派というべき人たちからのものだった。現在では、小樽は入込み観光客から
熱い視線を寄せられており、運河周辺には写真を撮ろうとする人たちの群れが絶
えることはない。日本人ばかりでなく、中国人の姿も多い。しかし、冒頭に触れ
たように 1999 年に入込み観光客数約 973 万人にまで膨らんだものの、その後は
減少を続け、2011 年には 600 万人をわずかに超える程度にまで落ち込んだ。最
近では 2013 年が 710 万人余り、2014 年が約 745 万人と持ち直している。

　小樽市は 2006 年から 2015 年までを対象とする「小樽市観光基本計画」を作
成しており、その取り組みをブランドの効果を拡張する試みとしてこれから検討
したい。

　まず、数字から確認しておこう。

　1998 年が入込み観光客数 665 万人余りだったにもかかわらず、翌年の 1999 年
が約 973 万人と激増したのは、その年の 3 月にマイカル小樽（現：ウイングベイ
小樽）が開業したからであり、翌 2000 年には入込み観光客は約 859 万人と減少
している。ただ、こうした全体の数字の減少よりも小樽の観光にとってより深刻
なのは、**宿泊客数が入込み観光客数の 1 割にも満たないこと**の方である。1999
年でいえば宿泊客数は 8%ほどの約 78 万人にすぎず、マイカル小樽への日帰り
客の多かったことが推測される。2000 年の場合は宿泊客は微増で約 79 万人、比
率で 9.2%ほどである。ともあれ、こうした数字から小樽市が**滞在型観光地**を目
指そうとするのは当然である。この後触れる長崎市の宿泊客数は入込み観光客数
が 511 万 7,700 人だった 1998 年の頃で 50.2%、それまでの最高となった入込み
観光客数 630 万 6,800 人となった 2014 年でも 43.5%である。小樽と大変な違い
である。さらに注目すべきは、2014 年の長崎市は個人客が 85%を超えている点

である。

　小樽を訪ねる観光客はまず小樽運河へ行き、写真を撮る。もちろん、小樽はそれだけではない。北一硝子に代表される多くのガラス工芸品店・オルゴール店は観光客でごった返しているし、町並みに魅せられる人も多い。小樽寿司屋通りと呼ばれる花園銀座通りだけでなく、2013年に香港の鮨チェーンと競合して過去最高値の1億5,540万円でマグロ一匹を落札した「すしざんまい」も進出し、小樽は鮨でも有名となっている。観光客は運河の写真を撮った後は、かつての倉庫や建造物を活用した飲食店やさまざまなショップをめぐることで時間をつぶす。そうした観光対象に小樽は溢れている。

　いま述べたのはかなり限定された小樽のスケッチである。小樽市はまさにそのことを問題視している。「小樽市観光基本計画」には2003年度・2004年度に実施された「小樽市観光客動態調査」（サンプル数5,766件）も掲載されており、次のように興味深い結果が出ている。

道内外別の来樽目的（各目的の全体でのシェアと、その目的の道内客・道外客の比率）

運河と歴史的景観	24.1%	道内 19.7%	道外 80.3%
食べ物	21.4%	道内 24.9%	道外 75.1%
ガラス・オルゴール	16.8%	道内 23.9%	道外 76.1%
温泉	7.1%	道内 44.4%	道外 55.6%
自然	4.9%	道内 31.2%	道外 68.8%
異国情緒	4.5%	道内 18.1%	道外 81.9%

他には文学・美術が1.3%、スキー0.5%、マリンレジャー0.3%となっている。

　やはり現在の小樽は「運河と歴史的景観」「食べ物」「ガラス・オルゴール」が観光対象となっていることが分かる。訪問先の調査でも、「運河・堺町（通り）・手宮周辺」ゾーンとなっており、三つの人気観光対象と一致している。また、具体的な観光施設等でも「小樽運河」が最も多く、「北一硝子三号館」「小樽オルゴール堂」がそれに続いている。

　小樽は見事なまでに分かりやすい観光地である。ブランド・エクイティが限定された構成要素のみで成り立っているともいえる。しかし、今後の小樽観光を考

えた場合、道内客のシェアが比較的大きい温泉や自然は、道外客に対しても「癒し」や「鑑賞する」「学ぶ」といった観光形態での可能性を見いだせるかもしれない。そうした観光形態の楽しみをどう発信するかは小樽観光の重要な課題である。

「小樽市観光基本計画」では先のアンケート調査で見られたように、観光対象が三つに集中しており、課題として下記の事項を挙げている。

① マス・ツーリズム依存からの脱却
② 国際化・グローバル化への対応強化
③ 滞在型・歩いて楽しむ街への変革
④ 多様な地域資源の活用と広域連携の推進
⑤ 個性豊かで人情味あふれる小樽人の活用
⑥ さらなる意識改革の必要性

いくつかの点を整理しておく必要がある。

アンケート調査では市内での利用交通機関の問も設定されており、徒歩で市内観光をしているのが45％に上っている。これは観光対象として「運河と歴史的景観」がトップを占めている小樽観光の現状を示している。③の「滞在型・歩いて楽しむ街への変革」の内、後半はすでに実現されているというべきである。ただ、前半の「滞在型」というのが大きな課題として残る。どうすればよいか――。一つの解決策は前節で紹介した飯田市の考えたような体験型観光を売り出すという方法であり、いま一つは、後に紹介する長崎の「まち歩き」を滞在型に結びつけるという方法である。小樽市はそのどちらかが可能となるだろうか、あるいはそのどちらでもない新たな工夫が必要だろうか。**ここからが観光マーケティングの思考――旅行形態・観光形態の細分化――がぜひとも必要とされる局面である**。

アンケートの利用交通機関で圧倒的に多かったのは徒歩だったが、それ以外では自家用車の20.5％である。その次は路線バス9.2％、レンタカー7.2％である。自家用車で訪れるのは当然ながら道内客が83.3％を占めている。青森県など自家用車で訪問可能である東北地方北部まで含めると、この人たちに三大観光対象以

外を楽しんでもらう働きかけが必要であり、それはかなり可能性の高い転換だと思える。④で具体例とされている朝里川温泉や、ニシン漁で栄えた時代をしのばせる鰊御殿は、三大観光対象がもたらす楽しみとは明らかに異なっており、「癒し」や「学ぶ」という観光形態への誘引が可能であろう。そして、自家用車であればこそそうした観光対象にはアプローチしやすい。

　観光マーケティングの最初の段階で意思決定が必要なマス・ツーリズムとスモール・ツーリズムの関係については慎重な判断を要する。①にあるような「マス・ツーリズム依存からの脱却」を小樽規模の観光地が実現できるはずはない。むしろ、④への対応が可能となるためには、まさにマス・ツーリズムの典型である報奨旅行や組織内募集旅行、修学旅行、パッケージツアー、新聞募集旅行などにおいて小樽をただ立ち寄りで三大観光対象を楽しむ観光地でなく、朝里川温泉に宿泊したり、個人客では行きにくい鰊御殿へも容易く周遊するための宿泊すべき観光地へと旅行会社に転換してもらう必要がある。

　ただ、この転換は自家用車で来訪する観光客に比べれば、容易ではない。南信州観光公社のように誰かがランドオペレーターの役割に徹する仕事をできるのだろうか。いや、それ以前に、発地側旅行会社が飛びつくような、例えば体験型のプログラムをどれほど用意できるのだろうか。この二つの段階を経ることが容易でないのは、多くの地域が体験型のプログラムを用意しました、という段階に留まっていることを見れば明らかだろう。

　あるいは、別の方法もあるだろう。本章第4節で取り上げる、別府八湯ウォークで始まるケースである。簡単にいえば、20.5％の自家用車利用の観光客が、先に述べたように④にある観光資源を「癒し」や「学ぶ」という観光形態で楽しむことが話題となれば、それはブランドの内容・実質が付加されたことを意味する。その段階になってはじめてマス・ツーリズムにおける変化が期待できる。それはこの後、第4節で**幻想性の機制**として説明される。

　上記以外の⑤と⑥については、やはり本章第5節の「長崎さるく」で達成されていることである。また、②についても、中国人や台湾人の来訪に次いで、タイやマレーシア、インドネシアに対する査証発給の緩和、当事国の経済的発展によって達成される可能性の高いものといえる。

　「小樽市観光基本計画」においては目標が質的な面においては次のように宣言

190　第Ⅲ部　具体例から考える ── ブランド創出の現場

されている。

① 　観光客の満足度を高めます。
② 　宿泊滞在型への移行を進めます。
③ 　観光の経済的波及効果を高めます。

　おそらく、これらはスローガンであるにすぎず、具体的な実現に向けての、観光マーケティングの手法に沿った、すなわち観光形態・旅行形態の細分化による対策が練られているわけではない。課題の④の解決に向けたような手順をさまざま場面において考えなければならない。
　「小樽市観光基本計画」の最後には「小樽観光の目指すべき姿と主要施策」が掲げられている。施策として具体的な活用事例まで挙げられている。しかし、実現できる道筋としての観光マーケティングの思考がそこには見られないことが残念である。

3. 北九州フィルム・コミッション

　今日の観光振興は予期せぬかたちで成功することがある。少なくとも、当初は観光振興が意図されていたのではなかったにもかかわらず、結果として来訪者の増加を招くことがある。逆に、観光振興を意図して懸命に努力したものの思うような成果が上がらなかったということも多い。前者の目覚ましい、学ぶべき事例として北九州フィルム・コミッションのケースがある。
　後述するように、もともとは北九州市のイメージアップを図ろうと広報室の仕事として始まったフィルム・コミッション事業ではあるが、その観光客誘致の効果は絶大なものがある。北九州市の入込み観光客数は、1989年には359万人だったものが2010年には実に1,164万人、3倍以上の数字となっている。これは一時的なブームによる増加ではなく、温泉地でいえば由布院温泉や黒川温泉のような継続的な優位が掴まれたのだと見ることができる。北九州市のフィルム・コミッション自体がブランドとなっており、その波及効果が観光客増大にまで及んでいるのである。

第7章 地域はどう観光ブランドを創るか　*191*

　もちろん、現在の北九州市では、MICEや産業観光による地域振興も一定の成果を挙げているものの、北九州市のブランドとしてのイメージの浸透の速さと広がりにおいてはフイルム・コミッション事業には遠く及ばない。北九州市の場合、かつての「ものづくりの街」や近年の環境都市というイメージも強いものの、フィルム・コミッション事業がもたらすのは単に経済的な地域振興という以上のものである。

　まず、その話題性から取り上げていこう。

西島秀俊「MOZU」と「東京ドラマアウォード2014」

　2015年10月15日、「劇場版MOZU」（2015年11月7日公開）の主演俳優西島秀俊と監督の羽住英一郎が出席して記念イベント「北九州へ凱旋！　MOZU市誕生」が福岡県北九州市で行なわれた。会場は映画の最後の場面ともなった小倉井筒屋クロスロードで、そこには60メートルのレッドカーペットが敷かれ、女性客を中心に約1,500人のファンが集まった。このイベントで特筆すべきなのは、劇場版の完成を祝して北九州市を「新都市・MOZU市」と命名したことである。街を挙げてこの映画を応援しようという意思表明である。

　このイベントは映画の内容・ロケ地ということからいえば奇異にも映る。

　なぜなら、映画の大半はフィリピンが舞台であり、映画序盤での派手なアクション場面も県庁や市役所のある名古屋市の三の丸交差点を完全封鎖しての大規模ロケで話題となっている映画だったからである。北九州市は最後の場面で小倉井筒屋クロスロードを西島秀俊が歩き去るロケ地でしかないからである。ただ、テレビドラマの方で「MOZU」を見ていた人たちにとってそこはなじみ深い場所である。イベントが「北九州へ凱旋」となっている理由でもある。

　テレビドラマ「MOZU」全体の象徴ともいうべき爆破シーンは小倉井筒屋（ドラマ中では銀座井筒屋）クロスロードを封鎖して撮影された。それは何度も何度も繰り返し回想される場面である。テレビドラマでは2013年10月から11月に約30カ所で、東京のJR駅や空港や病院、学校に見立てたロケが北九州市内で行なわれた。それもあってのことであろう。北九州市はさらに映画界に知られる栄誉を獲得することになる。

　世界に通用するドラマを顕彰する「東京ドラマアウォード2014」の特別賞を

北九州フィルム・コミッションが受賞したのである。撮影協力という観点からの受賞であり、撮影の裏方ともいうべきフィルム・コミッションが受賞するのは初めてのことである。北九州フィルム・コミッションの名声がさらに上昇するのは間違いない。このような順調さは何に由来するのか——。明らかに映画監督羽住英一郎との出会いが大きい。

羽住はテレビドラマ「MOZU」と「劇場版MOZU」の監督であるが、それ以前にも「海猿」のシリーズに始まって、「ワイルド7」「おっぱいバレー」など多くの映画で北九州市をロケ地に選んでいる。2010年には羽住は北九州市文化大使にも就任しており、結びつきを深めている。フィルム・コミッション事業を熱心に推進した結果としてのことであり、観光マーケティングを考える上での大きな示唆を私たちに与える。

高倉健「あなたへ」ロケ地が示すこと

「あなたへ」は2012年8月25日に封切された高倉健最後の映画である。亡くなった妻の記憶を辿るため日本各地を旅する映画である。高倉健が撮影期間中移動した総距離は9,000キロに及ぶ。

ロケ地は感動的なラストシーンの撮影が行なわれた門司港レトロ地区のある北九州市の他、富山県、岐阜県、兵庫県朝来市、山口県下関市、長崎県で、ロケ地名産品をプレゼントする「全国ロケ地マップ」なるパンフレットも製作されている。そこには各ロケ地の問い合わせ先も記載されているが、ある特徴的なことに私たちは気づく。下記の通りである。

各ロケ地の問い合わせ先（名称はパンフレット表示のまま）
・富山県ロケーションオフィス（富山県観光課内）
・岐阜フィルムコミッション（岐阜県観光課内）
・朝来市観光交流課
・下関市観光政策課（下関フィルム・コミッション）
・長崎県フィルムコミッション（長崎県観光連盟内）
・北九州フィルム・コミッション（北九州市広報室内）

第7章　地域はどう観光ブランドを創るか　*193*

　フィルム・コミッション事業に関してはその表記や名称にばらつきがあるものの、映画などの撮影を誘致し、撮影がスムーズにいくように地域としての協力・援助をするという仕事の中身については変わりがない。ただ、その仕事に向けた熱意や、始まりの動機においてかなりの差異が生まれている。

　今日、フィルム・コミッション事業は観光振興につながる重要な取り組みである、との認識が行政関係者にも浸透している。北九州市を除けば、他のロケ地のフィルム・コミッション事業がいずれも観光振興を担うべき部署となっていることがその証左である。なぜか北九州市のフィルム・コミッションだけが観光振興を担当するのではない、広報室の分掌となっている。**これは北九州市のフィルム・コミッション事業が観光客誘致のために始まったのではないことに由来する。**

　1998年頃から当時の運輸省はフィルム・コミッション事業を観光振興に役立てたいとの発想に立つようになった。それ以降に設立された各地のフィルム・コミッションは観光関係の部署が中心であることの理由である。**北九州市ではそれに先立つ1989年にフィルム・コミッション事業への取り組みを始めている。**

　経緯は以下の通りである。

フィルム・コミッション事業の始まり

　きっかけはかつての北海道東北開発公庫（現：日本政策投資銀行）が1988年に行なった「全国11大都市住みやすさアンケート」だった。アンケートでは11大都市の生活環境について「住宅」「自然環境」「消費生活」「文化レジャー」「教育」「医療」「事故・犯罪」「気候・自然条件」の8分野、42項目を数値で評価し、北九州市は総合で1位となったものの、「良好な生活環境を有する大都市はどこと思うか？」というイメージ調査ではワースト1位だったのである。

　いうまでもなく、北九州市は1963年に門司市、小倉市、戸畑市、八幡市、若松市の5都市が合併してできた政令指定都市である。それぞれの都市ごとに「教育」に関わる学校や図書館、「医療」に関わる病院、保健所などがあったわけだから、北九州市がさまざまな施設面で優位であったことは想像がつく。それにもかかわらず生活環境の面では最悪なイメージが持たれていた。そこで同市は1989年にこの実態とイメージの差を埋めるべく、広報室の中にイメージアップ

194　第Ⅲ部　具体例から考える —— ブランド創出の現場

班を設立した。イメージアップ班の仕事は、映画やテレビ番組において「北九州市の本当の姿」「いいイメージ」を積極的に打ち出せるような活動をすることだった。要するに、北九州市における初期のイメージアップ事業とは今日でいうフィルム・コミッション事業に他ならなかった。

　始まりは手探りである。1989年の時点では、イメージアップ班はアメリカにフィルム・コミッションという組織が存在することも知らなければ、国内に同様の活動をする地方自治体もなかったからである。

　それでも北九州市にとって幸運だったのは、職員の一般企業への出向制度があり、民間の知恵、業務遂行状況を学ぶ制度が設けられていたことだった。職員の一人が大手広告代理店電通へ1年間出向しており、広報・イベント事業を中心に研修を終えていた。その職員が1989年4月に広報室イメージアップ班に配属されたのである。そのタイミングは絶妙であったといってよい。

　とはいうものの、イメージアップ班誕生時には当然ながらロケはなく、ゼロからのスタートである。ここで電通へ出向していたことが活きる。電通出向時の知人を通じてテレビ局のプロデューサーや制作プロダクションを紹介してもらえたからである。職員は6月、8月と上京し、1日10社以上を訪問するものの、もちろん簡単にはロケ誘致はできない。しかし、1989年の秋には旅番組のロケが初めてやって来る。担当職員は5名ほどの撮影クルーとマイクロバスに乗り込み、一日付きっきりでさまざまな便宜を図り、支援をする。

　最初のロケで実践された支援体制はその後も持続され、北九州市のロケ支援は次第に認知されていく。10年目に当たる1998年、「日本にもFCを！」という政策を掲げた当時の運輸省から先行事例との評価も受けるようになる。そして2000年という年はFC、すなわちフィルム・コミッションにとって画期的な年となる。正式にフィルム・コミッションの組織が誕生した年なのである。北九州市でも、運輸省との接触でアメリカのフィルム・コミッションの事情を知ることで大きな転換が起きる。それまでの「都市のイメージアップ」に加えて、**ロケ滞在中の消費活動による経済効果や中長期的には映像関連産業の集積も事業目的とされたのである。**

　上記の目的が拡大されることにより組織の編成にも改変があった。2000年9月27日に設立された北九州フィルム・コミッションは北九州市の他、北九州商

工会議所、北九州活性化協議会、北九州青年会議所、西日本産業貿易コンベンション協会、北九州市観光協会という市内5団体が構成メンバーとして加わったのである。市のイメージアップに留まらない、市全体としての地域経済、地域住民のあり方にも関わる視点が必要となったのである。

　日本にフィルム・コミッションという組織が正式に生まれるのは2000年であったけれども、北九州市は広報室のイメージアップ班が実質的にフィルム・コミッション事業を10年近く手掛けており、最初から優位に立っていたということができる。そして設立時に加わった主たる目的 —— 撮影スタッフによる地域での消費効果と中長期的な映像関連産業の集積 —— を大きく超えるかたちで北九州フィルム・コミッションは地域ブランドへと育っていくのである。

北九州が得たもの、鹿児島が逸したもの

　北九州フィルム・コミッションは「画になる町。—— 映画王国、北九州へ」という8頁の見開きパンフレットを発行している。そこには「日本初のフィルム・コミッション！」「不可能を可能にする」といったアピールの他、10本余りの映画ロケ地が地図で示され、旅行に誘うような解説文も付されている。

　例えば、藤原竜也と松山ケンイチが主演した「デスノート」では、建築家の磯崎新が設計した北九州市立美術館の大階段が二人の対峙する重要なシーンで使われたことが紹介されている。「K-20　怪人二十面相」では時代背景にふさわしく、1912年(明治45年)に竣工した旧サッポロビールの工場跡である門司赤煉瓦プレイスやアインシュタインも宿泊した旧門司三井倶楽部、重要文化財ともなっている西日本工業倶楽部などの建物がロケに使われている —— こうした紹介記事は映画ファンには楽しく、併記されている観光スポットや名物料理の紹介とも相まって旅心を誘うかもしれない。

　先のパンフレットには地域がブランドを確立する上で大変参考になる内容も記載されている。北九州文化大使に任命されている羽住英一郎監督の紹介記事とインタビューである。北九州でブランドが確立され、鹿児島はせっかくのチャンスを逃してブランド確立に至らなかった経緯を振り返っておきたい。

　羽住監督の作品は映画デビュー作である2004年公開の「海猿」の後、2005年放映のテレビドラマ「EVOLUTION 海猿」、2006年公開で興行収入71億円の

196　第Ⅲ部　具体例から考える ── ブランド創出の現場

大ヒットとなった映画第2作「LIMIT OF LOVE 海猿」と続いていく。意外なことに映画のロケ地としては北九州がそれほど重要であったとはいえない。正確にロケ地ごとの撮影時間や映画そのものでの時間配分については分からないものの、映画第1作であれば広島県呉市、第2作であれば宮崎県や鹿児島県の方がシーンとしては重要であったかもしれない。

　羽住が北九州を自作のロケ地としてその後も使い続けることになるのはなぜだろうか。羽住が文化大使に就任したからというのは理由ではなく結果である。フィルム・コミッションという組織が正式に設立される2000年ではなく、1989年からすでに事実上のフィルム・コミッション事業に手を付けていた北九州において、羽住が他のロケ地よりも感謝することが多かったと推測するのが妥当であろう。

　先のパンフレットのインタビューでも羽住は北九州市の協力ぶりに言及している。「海猿」の映画シリーズは2010年に第3作、2012年に第4作が公開されている。羽住が文化大使に就任した2010年の第3作「THE LAST MESSAGE 海猿」では門司港をはじめ北九州市のロケ地が多く登場する。中でも門司区にある旧清掃工場を使ってのロケは海上の巨大天然ガスプラント「レガリア」に見立てた重要なものだった。

　筆者が2013年に北九州市広報室でヒアリングさせていただいた際には、職員の方からは、市内ロケを地域にお願いするときに文化大使となっている監督だと市民からの協力を得やすいとの話も伺った。確かに、全編ほぼ北九州ロケとなった綾瀬はるか主演の2009年4月公開「おっぱいバレー」のことを考えると、そうした発想が生まれてもおかしくないと思える。それは文化大使就任の前年に公開された映画であるけれども、羽住英一郎が監督であることによって二つの面で他の地方自治体が入り込めない事態がすでに生まれていた。

　一つは、原作小説の舞台は静岡県だったにもかかわらず、北九州フィルム・コミッションの熱心な誘致活動で、ロケは主として北九州市で行なわれたのである。現代に設定されていた時代を映画では1979年としたため、北九州ではそれにふさわしい景観を提供できた。ただ、それだけではない。もう一つは、筑豊電鉄萩原電停付近（八幡西区）を終日封鎖して昔の自動車や映画の看板を掛けて時代背景を演出したことである。こうした北九州フィルム・コミッションの協力ぶ

りが羽住には評価されたのである。

　ところで、「海猿」シリーズは東京、横浜ばかりでなく地方でも重要なシーンが撮影されていた。鹿児島にとっての絶好のチャンスは映画第2作となる「LIMIT OF LOVE 海猿」の時だった。当初、関門海峡で大型客船遭難のシーンを撮る予定だったものの、海流の流れが急で危険と判断され、鹿児島の錦江湾で撮影が行なわれることになった。鹿児島市内側から錦江湾が撮られ、市内中心地のいづろ路電車通りなども登場した。鹿児島にとってこの映画がブランド構築への足掛かりとなるはずだった。

　映画公開の前年、2005年の鹿児島ロケの際には鹿児島青年会議所が中心となって「応援する会」が組織されていた。さまざまな業種の40歳までのメンバーから成る青年会議所にとって、人気映画のロケは地域活性化・地域振興のためにも重要な契機と映ったことは間違いない。この時こそ、羽住英一郎と関係性を築く絶好のチャンスだった。羽住としても、映画デビュー作が評価され、フジテレビのドラマ版でも実績を積んでの映画「海猿」シリーズの第2作であり、ここで監督としてブレークしたのである。ここで強い関係性を作れなかったことは、その後の北九州市と羽住の関係を考えれば悔やんでも悔やみきれない機会の喪失だった。

　2011年3月にはボランティアとして活動してきた団体がNPO法人化される。このNPO法人かごしまフィルムオフィス（KFO）は2011年度に国の「緊急雇用創出事業臨時特例基金」を活用した「人材育成委託料」の助成を受けて運営される。この時期には行政も鹿児島がフィルム・コミッション事業に熱心であるかの広報をしていた。しかし、同基金は単年度事業に対する助成にすぎず、鹿児島でのフィルム・コミッション事業は大きく縮小されることになる。

　KFOを実質的に運営していたのは映画関係の仕事に携わったことのある女性であり、中心には適任者を据えていた。しかし、組織の人員を北九州市と比べた場合には大きな差が見られる。役職者や嘱託も含めて5名ほどの人員で活動していた北九州フィルム・コミッションは行政の一部門として仕事をしているのであり、継続性が保証されていた。KFOの場合には国の助成があって初めて活動が軌道に乗るスタイルであり、行政が自ら身銭を切って、あるいは時間を割いて活動しているわけではなかった。現在のKFOは県から委託を受けているとはいう

198　第Ⅲ部　具体例から考える —— ブランド創出の現場

ものの、人員は 2 名であり、北九州市フィルム・コミッションが可能とする仕事の分量とは比較にならない。

　それでも、鹿児島では幸運なことに、桜島や薩摩富士と呼ばれる開聞岳などロケ地としてふさわしい景観に恵まれ、西郷隆盛から篤姫、島津斉彬 —— この人物が映画化・ドラマ化されるのは時間の問題である —— など歴史的な話題にも事欠かないこともあって、さまざまな映画やドラマが撮影される。換言すれば、働きかけをしなくともロケはやって来る、ともいえる。ただ、北九州フィルム・コミッションや神戸フィルムオフィスの活動に刺激を受けて各地のフィルム・コミッションが積極的な働きかけを映画監督や制作プロダクションにするようになったとしたら、それでも安閑としていられるだろうか。

神戸フィルムオフィス

　市であれ県であれ、行政が民間事業者や NPO に業務委託することは今日では珍しくはない。図書館や国民宿舎など公営施設の運営を民間に委ねる指定管理者制度も 2003 年の地方自治法改正で可能になった。しかし、フィルム・コミッション事業はそうした体制でどの程度映画会社やテレビ局の要望に応えられるかは北九州市と比較した場合には明白であろう。**フィルム・コミッション事業は、一時的なロケの支援をするという活動ではなく、継続的な地域のブランドを創出する重要な事業なのである。**多くの県・市でフィルム・コミッション事業が継続的な、地域振興に有効な手立てだと考えられていればこそ、予算と人員が割かれているのである。

　行政の腰が引けている鹿児島の場合には、フィルム・コミッション事業を担う組織として参考にすべきは神戸フィルムオフィスの方であろう。

　知名度では北九州市を上回り、実績では北九州市と双璧ともいえる神戸フィルムオフィスは 2000 年 9 月 13 日に開設されている（代表者の田中まこは観光カリスマに認定されている）。神戸フィルムオフィスは、フィルム・コミッションの国際的なネットワーク機関である国際フィルムコミッショナーズ協会（AFCI）の日本第 1 号の正式会員でもある。

　神戸フィルムオフィスのウェブサイトによれば、設立経緯は次のように書かれている。

第7章　地域はどう観光ブランドを創るか　*199*

　神戸は多様な景観がコンパクトに集まり、空港、鉄道など交通アクセスも非常によい環境にあり、撮影に適した条件が揃っています。このような優位性を活用し、映像プロジェクトを神戸に誘致することは、神戸に多くの方々に来ていただくとともに神戸のまちが国内外に PR されることによる観光集客力の強化につながり、また、将来的には映像関連産業の集積も期待され、今後の神戸経済の活性化に大きく寄与するものです。

　神戸フィルムオフィスは上記のような明確な意図をもって設立された。組織としても（一財）神戸国際観光コンベンション協会に事務局を置き、神戸市産業振興局観光コンベンション課から成るプロジェクトチームが結成された。代表であるフィルムコミッショナーには行政の人間ではなく、映像制作の経験豊富、かつ通訳の仕事の代表も務めており海外に幅広いネットワークを持つ田中まこが就任したのである。事業目的や組織編成、代表者の選任という点で総合的な地域経済活性化に貢献する意図が明確だった。

　神戸フィルムオフィスがその存在感を大きく示したのは、2001 年公開の宮藤官九郎脚本、行定勲監督「GO」という映画の地下鉄ロケであろう。東京や横浜など初期に設立されていたフィルム・コミッションを含めて、どこも地下鉄線路内でのロケを許可する地域はなかった。しかし神戸だけが OK を出したのである。地下鉄の電車に主人公の窪塚洋介が追いかけられる迫力シーンが、終電が走り去った後の神戸市営地下鉄上沢駅構内で撮影された。日本初の地下鉄線路内のロケである。

　この映画は日本アカデミー賞など数多くの映画賞で最優秀作品賞や監督賞、主演男優賞、助演男優賞、助演女優賞を占めることで話題にもなった。その成果は神戸フィルムオフィスを地域ブランドに押し上げたのである。すなわち、「GO」によって神戸フィルムオフィスは、一躍日本を代表するフィルム・コミッションだと映画関係者に認識されたのである。

　現在では、映画とテレビドラマのロケ数は 2013 年度で北九州は過去最高の 26 本に上っており、10 本前後の神戸を上回っているようである。ただ、フィルム・コミッション事業としてのブランド力は単にロケ数でなく、どれだけ話題作のロケがやって来るかにもよっている。神戸では 2014 年でいえば木村拓哉主演の映画「HERO」や宮沢りえが主演女優賞を獲得して話題となった映画「紙の月」、

200 第Ⅲ部 具体例から考える ── ブランド創出の現場

2013年度でいえば大人気となったテレビドラマ「半沢直樹」のロケが行なわれていたことも特筆されるべきだろう。話題作はそれだけ地域ブランド力を向上させるのに直接的に貢献する。

北九州フィルム・コミッションの意義

　最後に、北九州フィルム・コミッションの現況から、そのブランド構築がいかにゆるぎないものとなっているか確認しておきたい。始まりは、①北九州市のイメージアップのためだったが、2000年にはそこに、②撮影スタッフによる消費効果、③中長期的な映像関連産業の集積が期待された。そうした2000年の地域の総力を挙げる組織への編成に十分応えうる、①から③に留まらない効果を北九州フィルム・コミッションは生み出している。**地域に向けての生きがいづくり、というような観点での活性化である。**

　今日、地域活性化というとき、経済的な地域振興とともに、地域住民の生き方・生きがいに関わる生涯学習の推進が目指されることも多い。後者については、主として県民ホールや公民館などでの公開講座や、大学の授業の地域への開放が中心である。北九州市においてはここに映画との関わりがもたらす効果が加わる。2011年度でいうと、映画ロケへの市民参加は約8,000人だったが、映画がもたらすものは撮影終了後にも訪れる。

　支援した映画が完成すれば特別試写会や出演者参加のイベントなどが北九州市内で開かれる。最初に紹介した「劇場版MOZU」の記念イベント「北九州へ凱旋！ MOZU市誕生」など、賑わいが創出され、地域に活力が生まれる。2013年9月21日開催の「星空上映会」では人気俳優のトークショー、映画「おっぱいバレー」の上映、「シネマグルメ屋台村」と称して、映画撮影の際に出演者たちに提供されたロケ飯販売がケータリングカーによってなされた。

　また、北九州でロケが行なわれた映画については北九州フィルム・コミッションによって、表が映画のチラシ、裏がロケ地の案内となっているパンフレットが作られる。地図上でロケ地が示される程度のパンフレットは他地域でもよく作られているが、北九州の場合はかなり具体的である。2013年に公開された岡田准一主演の「図書館戦争」の場合には、北九州市立図書館と北九州市立美術館でそれぞれ銃撃シーンが撮られており、それぞれ三つのシーンが写真とともに紹介さ

第7章　地域はどう観光ブランドを創るか　*201*

れている。ともに2013年の公開作、芥川賞受賞式での田中慎弥のあいさつが話題となった「共喰い」や、北九州でのロケ150本記念作品となった「ジンクス」のパンフレットではロケ地が前者で8カ所、後者で12カ所それぞれ写真付きで紹介されている。

　上記のロケ地も紹介されている独自パンフレットは、チラシを製作する映画の配給会社にとってもありがたいものであろう。地域住民にとっては誇らしいことにもなる。こうした効果は次のような「ひまわり塾」（市職員と企業の有志団体）のアンケート調査にも現われている。北九州フィルム・コミッションの配布資料から拾ってみると次のごとくである。

　「何気ない風景や街並みが、見方によって映画のワンシーンになることに改めて気づかされた」

　「自分の住んでいる街の知らない部分が見れて面白かった」

　「私はエキストラに出て、映画が出来上がることが本当に大変なことがよくわかりました。慣れ親しんだ場所が出てきて、とても感動しました」

　こうしたコメントは、自らの地域を再発見することにもつながる。これは生涯学習の一環として評価すべきことがらである。今日の観光は、地域住民が伝統を守っていたり、活き活きしていればそのことが観光対象にもなり得る。自分たちの日常世界とは異なる、別なかたちの地域住民の暮らしぶりは観光対象となり得るのである。

　ここで思い出していただきたいのは第6章で紹介した「サターン・ストーリー」である。サターンのブランド・エクイティの構築には、サターン工場の従業員の仕事のやりがいや誇りが不可欠だった。北九州市においてはフィルム・コミッション事業が地域住民の生きがいづくりに貢献していた（あるいは双方向の関係として、地域住民の協力によってフィルム・コミッション事業もスムーズに運営されているという側面もあったといえる）。そうした地域住民のあり方は、外部の目にどう映るだろうか。サターン車が工場従業員という人としてのブランドが強調されたように、今日の観光においては地域住民もまたブランド・エクイティを構築するための重要な要素であることは間違いないのである。

202 第Ⅲ部 具体例から考える —— ブランド創出の現場

4. 別府八湯ウォークからオンパクへ

オンパクとは2001年に大分県別府市で始まった「別府八湯温泉泊覧会」の略称である。地域振興の有効なモデルとして経済産業省に注目され、2004年から2006年にかけ事業のモデル化が進められた。2007年度からはこのオンパク・モデルを地域再生の手段として全国に普及させるため、同省によって「地域新事業活性化中間支援機能強化補助事業」がスタートする。オンパクという手法によって、全国の温泉観光地においてさまざまな新規事業が生まれることが期待されたのである。

別府ではオンパク以前に地域にとってはより根源的な、**地域への愛着が試されるような別府八湯ウォーク**が1999年に始まっていた。そこに流れる精神・思想あってのオンパクであり、その基盤を欠いたままで実施された他の温泉地におけるオンパクは前途多難だった。オンパクは別府八湯ウォークという起源をもつ地域において創出された地域ブランドなのであり、他の地域が安易に創出できると考えるべきではない。ここではその経過を見ていきたい。

なお、別府八湯とは別府、鉄輪、浜脇、観海寺、明礬、堀田、柴石、亀川の8温泉のことである。それぞれの温泉が位置する場所は、もともとは別々の町や村であり、合併・吸収されて別府市となった。別府八湯のそれぞれの呼称は、その地域に由来するものであり泉質も自然環境も歴史も異なっている。いわばそれぞれが固有の魅力を有しているともいえる。ただ、高度経済成長期からバブル期の頃は、別府北浜や観海寺、鉄輪というマス・ツーリズム対応型の大型温泉旅館ばかりが大都市圏からの観光客には注目されていた。別府八湯という別府市の重要な地域資源は十分には認識されていなかったともいえる。そうした偏りが別府八湯ウォークからオンパクにかけて修正されていく経緯こそがここで紹介したいことである。

別府八湯竹瓦倶楽部誕生の意義

別府は1990年代に入ってからのバブル崩壊後、遂には温泉地自体が衰退してしまう全国各地の大温泉地ほどではないにしても、低迷気味となっていた。現在

の集計法とは異なるが、別府に過去最高の来訪者があったのは隣接する安心院町（現：宇佐市）にアフリカンサファリが開園した1971年で、1,312万人（宿泊客数は613万人）だった。バブル崩壊後にはその数字は観光客数1,100万人台、宿泊客数は400万人台に落ちた。1960年代の高度経済成長期、1980年代後半のバブル時代に繁栄した他の大温泉観光地に比べればよく持ちこたえていると見ることもできたが、そうした数字とは別の危機感も別府では生まれていた。それは地域に対する愛着や誇りに関わるものであり、来訪者の数字だけにこだわるものではなかった。

　例えば、オンパクの推進者である鶴田浩一郎らは次のように、数字の拡大ばかりを求めるマス・ツーリズムの中で失われたものを五つ挙げている。

　　a　八湯の文化……市内8ヵ所の温泉郷それぞれの地域特性の喪失
　　b　外湯の文化……旅館内湯の整備による外湯文化の喪失
　　c　湯治の文化……温泉を活かした予防的医学と保養滞在スタイルの喪失
　　d　別荘の文化……都市部の美しい緑と快適な別荘空間の喪失
　　e　路地の文化……港町・温泉街の界隈性の喪失

　　　　　　　　　　　　　　　　　　　　　　　　　　　（鶴田・野上 2008：4）

　何か事を始めようとする時に、どのような問題点が存在するかを正確に認識することは重要であろう。上記の問題意識があったればこそ、オンパクは成功する。ただ、ここではまだその前の段階、別府八湯ウォークのことである。

　別府には異なる泉質の八つの温泉地があり、外湯の文化があった。しかし、この点については1993年に別府市温泉課の行なったアンケート調査で次のようなことが明らかとなっていた。別府市民で別府八湯の名前を全部言える人は1,461人中26.8%にすぎなかった。半分言えるは37.0%、少し言えるは27.8%である（山村 1994：33）。今日の別府八湯の名称の浸透度からすれば驚きの低い数字である。後に始まる別府八湯ウォークはこのような別府市民の地域への関心度合いを大きく改善するものとなった。

　さて、別府八湯ウォークの始まりというべき別府八湯竹瓦倶楽部が生まれるきっかけは、1998年9月28日に開催された別府八湯地域づくりフォーラム「よ

204　第Ⅲ部　具体例から考える —— ブランド創出の現場

みがえるか竹瓦温泉 —— 別府温泉再生の道」だった。これは別府市内の若手経営者の団体である別府産業経営研究会（1969 年設立）によって実施されたものである。基調講演者に筑紫哲也を招いたそのフォーラムでは、地域住民が主体のまちづくりの必要性が提言された。この提言を受けて設立されたのが竹瓦温泉界隈の地元住民を中心とした組織「別府八湯竹瓦倶楽部」だった。1998 年 12 月のことである。

　同倶楽部の活動目的は、そのウェブサイトで次のように表現されている。「別府八湯竹瓦倶楽部の活動は、私たちの暮らしている『町』で遊びながら、『町』を知り、伝え、『町』を考える活動です」。あるいはまた、その構成メンバーについては次のように書かれる。「別府八湯竹瓦倶楽部は、別府温泉のシンボル『竹瓦温泉』とその界隈の町を愛するものにより構成され、竹瓦温泉の保存を行うと同時に、倶楽部会員・地域住民および観光客らの交流を図り、竹瓦温泉界隈を『温かな人情味溢れる魅力的で暮らしやすい町』とすることを目的とする」。

　ここではいきなり観光振興が前面に押し出されているわけではないことに注目する必要がある。先ほどの別府八湯に関する認知度の低さへの一つの対応策として機能する側面も、別府八湯竹瓦倶楽部は有している。**地域住民が地域のことをもっとよく知り、楽しむ —— このような機運が生まれたことこそ、別府八湯竹瓦倶楽部誕生の意義なのである。漢字表記で「倶楽部」となっているのも、そこに「倶に楽しむ」という意味が込められていると理解すべきである。**別府において地域住民が地域を知る試みの第一弾として、引用文にあるように、別府温泉地域の象徴的存在ともいうべき竹瓦温泉界隈がテーマとなったのである。

　因みに、竹瓦温泉は次のような歴史を有している。

　竹瓦温泉はもともと「乾液泉」の名で 1879 年（明治 12 年）に建てられた。当初は竹を半分に割っただけの竹瓦葺きの屋根だった。1902 年（明治 35 年）には県費で改築され、その時、通常の瓦葺きの屋根となった。ただ、名前は「竹ん瓦の湯」と、そのまま残った。1913 年（大正 2 年）にも改修されるが、現在の木造 2 階建て入母屋造りの建物は 1938 年（昭和 13 年）に別府市が改築したものである。そして現在の別府市営の公衆浴場となっている。

　別府市が改築した頃、別府温泉発祥の地である浜脇温泉が最も賑わっていた。浜脇温泉の並湯が入浴客 247 万 5,430 人と圧倒的な多さであり、竹瓦温泉は入浴

客数で12番目、13万3,590人にすぎなかった。戦後の1949年(昭和24年)には23万9,451人となり、4番目の入浴客数となるが、その後は減少し、1983年(昭和58年)には6万3,914人と最も少ない入浴者数となった。しかし、竹瓦温泉を何とかしようという機運が盛り上がった1998年の先のフォーラム以降、事態は好転していく。1999年(平成11年)には12万77人にまで回復している(別府市2003：202)。

具体的な行動として生まれたのが1999年7月に実施された最初のまち歩き、「竹瓦かいわい路地裏散歩」である。その地域の再発見・見直しの手段としてこのまち歩き、ウォーキングツアーは実施されたのである。これはその後も継続され、現在では週4日、午前中に約2時間半かけて歩くツアーとして定着している。ここではまだ観光客が意識されたというよりは、別府市民に竹瓦温泉界隈を知ってもらおうという活動だったということができる。

別府八湯ウォークへの広がりと外部の視線

地域をよりよく知ってもらおうというこの運動「竹瓦かいわい路地裏散歩」はすぐさま別府市内全域に広がっていく。次の通りである。

2000年3月　鉄輪温泉地区にて鉄輪湯けむり倶楽部発足。月1回「鉄輪湯けむり散歩」を開催。
2000年9月　別府温泉・山の手地区において山の手倶楽部発足。月1回「山の手レトロ散策」を開催。
2003年7月　亀川温泉地区で亀川温泉亀カメ倶楽部、堀田温泉地区で堀田温泉郷倶楽部等のまちづくり団体が次々に誕生。

別府八湯竹瓦倶楽部が誕生したことの意義とは、地域への別府市民の関心を取り戻したことに尽きるのだが、それが観光振興に役立っていくのはむしろ派生的なものだといってよい。私たちは地域ブランドが創出されていく過程を見る際に、このような偶然ともいうべき起源の多いことに注意を向けるべきである。露骨な観光振興を意図した試みは今日では容易く見抜かれてしまう。別府八湯でそれぞれ実施されるに至った「まち歩き」は、観光客に向けてというよりは地域住

206　第Ⅲ部　具体例から考える —— ブランド創出の現場

民によりよく地域を知ってもらうというのが優先事項だった。

　ともあれ、「竹瓦かいわい路地裏散歩」を嚆矢として実施されている別府八湯ウォークは次のごとくである。まず別府八湯ウォークのウェブサイトをもとに、従来から実施されているものを中心に紹介しておこう。

①　竹瓦かいわい路地裏散歩……毎週月・水・金曜日、第3・5日曜日、出発午前10時。所要2時間半（距離にして3km程度）。700円。現在は「別府八湯語り部の会」によるガイド。

②　竹瓦ゆうぐれ散策……毎日実施、出発午後4時。所要1時間。500円。

③　竹瓦・夜の路地裏散歩……毎月第2・4金曜日、出発午後8時。流しの演奏にのっての「まち歩き」。「湯のまちママさんガイド」の七五調路地裏案内あり。1,000円（レトロ絵葉書セット付き）。

④　浜脇温泉・セピア色散歩……別府発祥の地とされる地域、懐かしい匂いがする路地の散歩。毎週日曜日、出発午前10時。所要2時間半（距離にして3km程度）。300円。

⑤　山の手レトロ散策……別府温泉の西側で古くから別荘地として開発され、多くの名建築が点在するため、雰囲気のある町並みが楽しめる。第1・2・4日曜日、出発午前10時、約2時間（距離にして3km程度）。第1日曜日は1,700円（昼食、記念写真、入場料含む）、第2・4日曜日は700円。

⑥　鉄輪温泉湯けむり散歩……古くから湯治場として知られる地域で、いまも貸間などその情緒を楽しめる。名物地獄蒸しにも出会える。毎月第3日曜日、出発午前10時。所要2時間半（距離にして3km程度）。700円。

⑦　人情のまち亀川湯遊（ゆうゆう）散策……豊富な温泉に恵まれた下町情緒の残る地域。毎月第1日曜日、出発午前10時。所要2時間。1,000円（昼食付き）。

⑧　堀田湯の里・湯けむり散策……高速道路IC近くに位置する、古くから湯布院、日田方面からの西の玄関口で、田園地域。毎月第2日曜日、出発午前10時。所要2時間。700円。

　各コースのガイド役は、別府八湯竹瓦倶楽部をはじめとする先述の鉄輪温泉

や亀川温泉、堀田温泉など地元有志によるボランティアである。さらに注目すべきことは、別府市観光協会が2001年に開設した「観光ガイド養成講座」に市外から受講生として参加し、その後、受講生が中心となって設立された観光ボランティアガイドのグループ「別府八湯語り部の会」のメンバーとなるような人も含まれていることである。このことは別府八湯ウォークに始まる地域住民に向けて地域を知ってもらうための「まち歩き」が、地域外の、別府の歴史や温泉地としての歴史に関心を持つ、別府の景観に愛着を持つ人たちを生み出していることをも示している。郷土愛のみでなく、広く地域外の別府に関心を持つ人たちにトポフィリア（場所愛）、共通感情が生まれているのである。これは「サターン・ストーリー」に見たブランド・エクイティの構築という観点からすればとても重要なことである。

　さて、現在では上記のものに加え10以上の新たなコースが設定されている。

　例えば、完全予約制のハンディキャップのある方を対象とした「ふれあいウォーク」である。それは毎回5組以内、介助者同行が条件で毎月第2土曜日に実施されている。「竹瓦かいわい路地裏散歩」に準じたコースで大人700円、介助者500円、小学生350円である。他にも歴史散策のコースや船を使った海の散歩コースも設定されている。

　この別府八湯の大きな特色は、地元住民を中心としたボランティアガイドが案内するという点だったが、参加費の安さも際立っている。現在700円のコースは、スタート時には500円だった。地域が愛されることが主目的となっており、観光客も参加するようになったいま、その効果は計り知れないものがある。

　筆者は2013年6月の第3日曜日、「鉄輪温泉湯けむり散歩」に参加した。筆者を除けば50代の女性グループ5人のみの参加だった。案内役はある旅館の若旦那であり、旅館裏の抜け道を通り、鬼山ホテルのロビーへ大女将の許可を得て入らせてもらい、東郷青児の、モネのオランジュリー美術館にある「睡蓮」サイズのキャンバス画を鑑賞する、といった通常のツアーではあり得ない動線である。2時間半の「まち歩き」中には500mlのペットボトル、160円の豚まん、地獄蒸しで知られるサカエ家の広間でのおやつタイム（ぜんざい、地獄蒸し卵、椎茸の漬物）もあって参加費の700円では申し訳ないような豊富さである。路地の至る所で温泉地らしい光景も見ることができ大満足の内容である。

208　第Ⅲ部　具体例から考える —— ブランド創出の現場

　別府八湯ウォークは、マス・ツーリズムでは実現できないスモール・ツーリズムの形態でのみ可能な観光のかたちである。もともと参加者の上限は15名程度であり、ひたすら数多くの参加者を集める方向性ではなかった。別府八湯ウォークは地域住民でなければなかなか味わうことのできない別府の日常生活にまで入り込むことで魅力が生まれているプランである。

　少人数の参加者だから地域ブランドとして認知されないということではない。

　先ほどの「別府八湯語り部の会」が担当した「竹瓦かいわい路地裏散歩」で、2002年から2007年までの累計参加者数は4,536人にすぎない。その頃の実施回数は週3回だとして年間約150回、6年間で900回 —— 1回あたりの参加者数は5人である。まさしく筆者が2013年に鉄輪温泉の方ではあるが、体験したのと同じような参加者数である。もっと大きな括りでいっても、NPO法人オンパクが把握するところでは、別府八湯全体で年間1万人ほどの数字に留まっている（鶴田他2008：10）。それでも別府八湯ウォークは明確な地域ブランドへと育っていく。すなわち、外部からの視線が別府八湯ウォークをブランド化していくのである。

幻想性の機制 —— JR九州のパンフレットから始まること

　筆者は2001年にJR九州の懇談会委員として、同社の複数幹部と話をする機会があった。そこで耳にしたのは「別府は頑張っている」「別府八湯ウォークは応援したい」との共通した声だった。竹瓦温泉地区でボランティアガイドによる「まち歩き」が始まったのは、先に述べたように、1999年の7月だった。その時期からすれば、かなり早くからJR九州は別府八湯ウォークに注目していたのだといえる。それは外部からの視線に他ならない。

　例えば、筆者の手元にあるJR九州のパンフレット「列車で行く　別府の旅」（2008年度上期版）は、明確に「別府八湯を楽しんで」というメッセージを伝えるものとなっている。

　目次（2ページ目）と見開きとなる3ページ目には、別府八湯のそれぞれの位置が分かりやすく地図で示されている。そして、次の4、5ページの見開き部分はこのパンフレットの意図が最も明確に伝わる配置となっている。全体の4分の1は、従来からの別府観光の定番である地獄めぐりが紹介されている。しかし、

残る4分の3は別府八湯の温泉がそれぞれまったく均等に、詳しく紹介されている。これはそれまでの別府紹介のツアー・パンフレットのスタイルとは大きく異なるものだった。

1960年代の高度経済成長時代から1980年代後半のバブル期まで、団体旅行で賑わっていたのは大型温泉旅館の存在する観海寺温泉、鉄輪温泉、別府温泉ばかりである。パッケージツアーも当然ながらそうした大型旅館の存在する三つの温泉地ばかりを取り上げていた。大型温泉旅館のない堀田温泉や亀川温泉、浜脇温泉、柴石温泉の存在が観光客に顧みられることはなかった。あるいは、すでに紹介したように、別府市民ですら別府八湯のすべての名前が出る人は3割にも満たなかったのである。このような状況でJR九州のパンフレットが別府八湯を均等に紹介するのは画期的なことだった。

7ページから、見開きの8、9ページにかけては、別府八湯ウォークのうち五つのコースが紹介されている。個人・グループ客向けのこのパンフレットでは、所要時間が2時間から2時間半のため団体旅行やパッケージツアーでは組み込み難い「竹瓦かいわい路地裏散歩」「浜脇温泉・セピア色散歩」「山の手レトロ散策」も紹介されている。ゆったりした日程でなければ別府八湯ウォークに参加することは不可能である。マス・ツーリズムの典型たる団体旅行やパッケージツアーでは何よりも効率性が重視され、なるべく多くの観光対象を消化しようとするのが普通である。一つの区域で2時間半を費やすということは、複数の国宝を有する奈良・京都の寺院やルーブル美術館のような観光対象でなければ不可能なのである。マス・ツーリズムの日程ではあり得ないのである。

別府八湯ウォークによって観光客を呼び込もうとするJR九州のパンフレットの意義をどう考えればよいだろうか。ここではマス・ツーリズムにおける**幻想性の機制**ということを理解する必要がある。

JR九州が別府八湯の紹介に踏み切ったことで、他の旅行会社にまず影響が出る。例えば同時期のJTB九州のエースJTB「新九州物語　別府・由布院」というパンフレットでは、話題となってきた別府八湯ウォークの内、紹介されているのはともに夕刻4時から所要1時間の「竹瓦ゆうぐれ散策」と「別府鉄輪ゆうぐれさんぽ」のみである。マス・ツーリズムの慌ただしい日程の中でも夕食前の時間帯で消化できる「まち歩き」に限定されているのである。JTB九州のパンフ

210　第Ⅲ部　具体例から考える —— ブランド創出の現場

レットが示しているのは、人気の由布院温泉に加えて別府の新たな売り物ができたという商品構成である。少しでも目新しさが加わればそれだけ集客が順調となる、との発想である。

　上記のようなJR九州やJTB九州のパンフレットでは、やはり大きく写真のスペースを取った竹瓦温泉の外観こそが最も見る者の目を引く。こうした情報の拡散は**幻想性の機制**を招く。別府八湯ウォーク、その象徴的存在たる「竹瓦かいわい路地裏散歩」は竹瓦温泉の建物を含めた地域全体、路地裏やアーケードなどを含めたトータルとして味わうべきものである。そのためには2時間半という時間が必要だった。おそらく、日程の詰まった団体旅行やパッケージツアー・新聞募集旅行で訪れた**多くの観光客にとって「まち歩き」はスケジュール的に体験不可能なものである**。そこで最も魅力的な、かつ分かりやすい竹瓦温泉の外観の写真だけ撮る。そうした観光客の行動を現地では多く見る。

　つまり、別府八湯ウォークの評判を聞いて別府を訪れた人たちは、団体旅行やパッケージツアーであれば自らの日程に入っている定番の地獄めぐりばかりでなく、せめて竹瓦温泉の写真だけは撮って帰ろう、ということになるのである。別府八湯ウォークの情報をもとに別府への旅行を決めた人であっても、ツアーによってはその関心の源であった「竹瓦かいわい路地裏散歩」を経験することなく別府を去っていくのである。月1回の開催となる「鉄輪温泉湯けむり散歩」の参加などさらに難しい。

　こうした**幻想性の機制**という現象は、黒川温泉などでも起きている。

　黒川温泉は入湯手形による露天風呂めぐりが大きな魅力となっており、黒川温泉に宿泊しない、あるいはできないツアーも多数やって来る。少しでも黒川温泉を味わってみたいという客が多いため、日程に組み込まれる。2時間の自由時間中に三つの露天風呂へ入ろうということなのだが、どうしても人気は新明館に集中する。10年かけて後藤哲也が自ら鑿と金槌で造った洞窟風呂と露天風呂に入るためである。

　テレビ等でよく取り上げられていることもあって新明館には立ち寄り入浴客が集中してしまう。平日の午後3時、4時という時間帯でも、橋を渡った入り口付近に7，8人は入場を待っていることがよくある。そればかりかマス・ツーリズム対応型の一部旅館では、メインテナンスのためというような理由で入湯手

形で入ろうとする立ち寄り入湯客を断るケースもある。つまり、ツアーのパンフレットで黒川温泉に立ち寄って入湯手形で露天風呂が楽しめますという謳い文句は多くの場合、100％の実現性は期待できない。

　もちろん、宿泊するのであれば黒川温泉を十分に楽しむことはできる。筆者のゼミ旅行では女子学生が午後4時には新明館にも満員で入場できず、ある旅館ではメインテナンス理由で入館を断られたということがあった。しかし、黒川温泉宿泊であったために、新明館へは早めの夕食後出かけてがらがらの露天風呂・洞窟風呂を楽しむことができた。パンフレットには浴衣姿の女性が温泉街を歩く写真が必ずといってよいほど載っているが、そうした静かな雰囲気も楽しむことができる。

　黒川温泉における**幻想性の機制**とは、パンフレットを見て、温泉街の情緒や露天風呂めぐりを当てにしていても、立ち寄りのコースではそれらを十分に堪能することはできない、経験価値という観点からすれば不満足に陥ってもおかしくはない、にもかかわらず黒川温泉には多くのツアーがやって来てしまう、という現象のことである。

オンパクとは何か

　幻想性の機制という効果も働いて別府八湯ウォークが広く知られるようになったところで、別府では2001年に新たな地域振興の試みが始まる。オンパク、正式名称「別府八湯温泉泊覧会」のことである。別府における具体的なブランドとして別府八湯ウォークに加えてオンパクが名乗りを上げた瞬間である。

　オンパクが何たるかについては、第1回オンパクの公式ガイドブックで次のように説明されている。

　別府、浜脇、観海寺、堀田、明礬、柴石、鉄輪、亀川の8つの温泉郷から成る別府八湯。それぞれの温泉郷ごとに独自の風情があり、町の佇まいや匂いが異なります。オンパクは別府八湯温泉泊覧会の略称で、別府八湯を会場に「温泉」「健康」「食」「ウォーキング」に関するプログラムを体験しながら温泉を再発見する温泉泊覧会です。世界一の温泉地・別府八湯で温泉の力を知り、健康や食について学び、楽しみながら元気になれる10日間。人生を豊かに彩る200のプロ

212　第Ⅲ部　具体例から考える —— ブランド創出の現場

グラムが揃っています。（別府八湯温泉泊覧会実行委員会 2001：1）

　明らかに別府八湯がブランドとして浸透していることを受けての試みだということができる。少なくとも、別府八湯ウォークというかたちが生まれていなければオンパクは誕生していなかったかもしれない。もちろん、オンパクはオンパクで独自ブランドとしての実質を兼ね備えており、その表出に成功したのである。

　オンパクとしての新たな目的は明確に語られている。「温泉資源を活かした産業の創出」（鶴田・野上 2008：3）である。それは鶴田浩一郎ら別府のまちづくり若手リーダーたちが 1998 年から 3 年間の「別府 ONSEN 文化国際交流事業」において、欧米諸国の成功している滞在型温泉地（＝リゾート）のリーダーたちとの交流から得られた確信に基づいている。各温泉地はその成り立ちや発展形態、文化の違いはあるものの、手法としては次の 3 点において共通していた。

① 「地域の文化と伝統を活かすこと」
② 「地域資源（＝温泉）を利用した（医療や美容等の）新たな産業を育てること」
③ 「環境（と温泉資源）を保護すること」

（鶴田・野上 2008：3）

　地域文化・伝統文化を尊重することや自然・生態系の保護は、観光と地域の関係においもよくいわれる。エコツーリズムなどはその典型であるが、上記において特徴的なのは、**温泉に結びつく新たな産業の創出が明確に謳われている**ことである。これはビジネスのあり方についての提言であり、先に紹介した別府八湯竹瓦倶楽部の「私たちの暮らしている『町』で遊びながら、『町』を知り、伝え、『町』を考える活動」という思想とはまったく異なる考え方である。別府八湯というブランドの更なる展開ということもできるが、そのベースに「まち歩き」を置いたことはその後の類似オンパクとの大きな違いとなる。

　2001 年の 10 月 19 日から 28 日まで開催された第 1 回「別府八湯温泉泊覧会ハットウオンパク」の公式ガイドブックに沿ってどのようなことが行なわれたの

第 7 章　地域はどう観光ブランドを創るか　*213*

か振り返ってみよう。2 ページから 9 ページまで、温泉、健康、食、ウォーキングというテーマについて説明がされ、その後 8 ページにわたって全プログラム（講座）が紹介されている。

(1) **温泉**……別府八湯のすごさが具体的な数字として紹介される。湧出量が 1 日 13 万 6,000 キロリットルを超え（日本 1 位・世界 2 位）、源泉数は 2,848（日本 1 位・世界 1 位、日本全体の 10 分の 1）、泉質数は 10 種類（世界に存在する泉質は 11 種類）。そして、地域文化としての温泉は次のように表現される。「町中に立ち昇る湯煙と、公共の温泉場に向かう人たちが昼夜を問わず行き交う別府。失われつつある人情や懐かしい風景など歴史ある温泉地ならではの独自の情緒が、今も町中に残っています。世界一の湯にゆったり身をゆだね、今まで体感したことのない別府八湯の底力をたっぷり味わってください」。これは「**竹瓦かいわい路地裏散歩**」に始まる別府八湯ウォークの精神をそのまま受け継いでいる部分である。プログラムとしては、毎月 26 日の「ふろの日」と同額の割引入湯券（260 円）をオンパク期間中設定、温泉名人が案内してくれる「湯めぐりアカデミー」、そして別府八湯温泉道 88 湯から選んだ、効能の異なる 2 種類の温泉を組み合わせた「オンパクスペシャル」4 コースである。

(2) **健康・癒し・美**……この部分に「温泉資源を活かした産業の創出」、すなわち新事業の出現が最も期待されている。温泉は癒しとして位置付けられているが、その癒し関連としては色や香り、音を取り入れたセラピーも講座が開設された。その他にも健康関連で水中ウォーキング、ヨガ、フラダンス、心を癒す「夕暮れコンサート —— 路地裏に響く音」、音楽療法など 30 のプログラムが用意された。

(3) **歩く**……ここではすでに別府八湯ウォークとして実施されている「竹瓦かいわい路地裏散歩」「鉄輪温泉湯けむり散歩」「山の手レトロ散策」がそのまま入り、初公開のコースとして「亀川温泉エコウォーク —— 古くて新しい町を巡る」「柴石明礬自然散策 —— 豊かな自然に触れる旅」「城島エコウォーク —— 森と温泉を考える」「浜脇温泉時間旅行 —— 明治時代にタイムスリップする」の四つが設定された。亀川温泉と浜脇温泉ではその

後、「人情の町亀川湯遊散策」と「浜脇温泉・セピア色散歩」として定例化されることになる。また、特別コースとして、「竹瓦俳句散歩」「竹瓦文学散歩」「竹瓦写真散歩」という個別目的に沿った「まち歩き」もオンパク期間中には設定された。**これは別府八湯ウォークの可能性の広がりを感じさせるものだった。**

(4) **食**……屋台気分で気軽に味わえる、鉄輪温泉の地域文化ともいうべき地獄蒸し料理や、別府湾で取れた新鮮な魚を七輪の炭火で焼いて出す食堂と、和菓子を提供する休憩場所が設けられた。

(1) (3) (4) のプログラムはすでに別府に定着している地域文化だった。(2) こそがオンパク独自の新事業である。もちろん、新事業といっても温泉＝癒しという地域資源に結びつくものであり、その意義は大きなものがあった。

オンパクの別府八湯ウォークにはなかった意義の最大のものは、(2) のプログラムを提供するのが地域で個別にスポーツ、カルチャー、エステ系の教室を開いていた個人事業者であったという点であろう。小規模の教室を運営していた人たちが、オンパクという人を呼べるイベントで自らの事業の商品価値がどれほどのものかを確認できる絶好のチャンスを得たのである。また、こうした個人事業者の参加は、大企業が行なうイベント、キャンペーンとは異なる魅力を生み出したはずである。

オンパクの本質

オンパクは地域資源を活用したイベントという側面と、個人事業者のビジネス機会を拡大するという側面をともに持っていた。ただ、やはり前提としては、地域資源である温泉を見直す、地域を「まち歩き」によって再確認するという別府八湯ウォークがあったればこその成立だったと考えることが適切である。**そこにあった精神が活かされなければこのオンパクという地域再生の手法は有効でないともいえる。**その事例を、2006年に早くもオンパク・モデルを採用した北海道函館の湯の川温泉のケースで見てみよう。

ここでは2008年10月18日から11月9日まで行なわれた第4回「はこだて湯の川オンパク」の公式ガイドブックによって分析を試みたい。

第 7 章　地域はどう観光ブランドを創るか　*215*

　まず、オンパクについては次のように説明される。「湯の川温泉街を中心とした体験型プログラムを通じて、参加者の皆様に『元気・キレイ』になっていただく。それがオンパク（温泉泊覧会）です」。

　開催プログラムは 66、内訳は日帰りの小旅行（トレッキングやドライブ旅行を含む）18、奥尻、恐山、奥入瀬渓流という 1 泊 2 日のツアーが 3、スポーツ・陶芸などの体験教室が 16、フラメンコやフラダンスなどのショーと音楽会が 11、癒し 5、旅館での実演付きのランチ・イベント型食事会 13、その他 3（どちらにも分類できるもの、どこにも分類しがたいものもあるのでプログラムの総数とは合致しない）。

　その他に分類されている「ゆのぶら」（まち歩き）は、飲食代に充てるチケット（1 冊 3,000 円）を買って、飲食店を回るという別府八湯ウォークとは似ても似つかぬものである。先に筆者自身が参加した別府八湯ウォークの「鉄輪温泉湯けむり散歩」が参加費 700 円で実にお値打ちであることを紹介した。地域を好きになってもらおうという気持ちが案内役の旅館関係者から直に伝わってくることが大きな特徴だった。別府オンパクはその精神を引き継ぐものだった。

　また、別府オンパクでは 30 ほどの個人事業者が参加していることと、旅館関係者が前面に出ることを避けたのが特徴だった。温泉旅館は 260 円で温泉入浴を提供する以外は比較的後方に退いていた。ところが湯の川オンパクではあまりに温泉旅館関係者が前に出過ぎた結果、温泉街の客寄せイベントの様相を呈してしまっていた。日帰りツアーも 1 泊 2 日のツアーも付いてゆくのは旅館関係者である。イベント型食事会や食事付き音楽会も会場はほとんどが温泉旅館である。日帰りツアーもほとんどが旅館で食事・入浴後、解散である。外からの観光客を目当てにしているとしか思えないプログラムばかりである。

　別府オンパクファン倶楽部の、2006 年秋までの合計から割り出した居住地別比率は、別府 43.8％、大分 31.8％、県内 13.1％、県外 11.3％である（鶴田・野上2008：19）。別府オンパクは、別府八湯ウォークの始まりがそうであったように、あくまで地域住民のためのイベントだった。そうであっても、やがて地域外に知られ、評価され、ブランドに成長していく。JR 九州が真っ先に別府八湯ウォークに注目したように、この順序でなければ外部からは評価されない。

　別府オンパクでは 1,000 円以下のプログラムがほとんどであるのに対し、湯の

川オンパクでは旅館での食事を入れているため —— 地域の個人事業者を育てるよりは、自らの売り上げを伸ばそうとしているため —— 3,000円を超えるものがかなり多くなっている。別府オンパクでは別府八湯ウォークで生まれた精神が引き継がれているのに対し、湯の川オンパクでは温泉旅館の滞在客数を増やし、より多く消費してもらおうという意図があからさまである。それは結果として生まれるものではあっても、プログラムに露骨に反映されるべきではない。

　第4回湯の川オンパクの反省会ではかなり厳しい意見が出されたとウェブサイトで明かされていた。その内容は外部からはかり知ることはできないものの、これまで述べてきたところからどのような点に問題があったかは明らかであろう。

5. 「長崎さるく」

　別府で紹介した「まち歩き」は観光のスタイル、あるいはそれ以前の地域住民のための地域再発見・楽しみ方の一つとしては東京、京都でも存在していた。どちらかといえば東京の場合は路上観察というような一部の文化人に実践されるものだったし、京都の場合は歴史的な観光資源の蓄積という観点からすれば当然だが、より観光客の行動様式（＝観光形態）として存在していた。別府の場合には地域住民のための楽しみとして始まり、幻想性の機制が働いて観光振興の点で効果があった。長崎もまた、別府より少し遅れて「長崎さるく」という「まち歩き」観光を定着させたことで知られている。それはもともと長崎としてブランド化を達成していた観光地に新たなブランド要素（＝観光形態）を付加することでブランド・エクイティの構成要素をより多彩にした目覚ましい事例ということができる。

　以下、茶谷幸治の『まち歩きが観光を変える』（2008）を参照しつつ経緯を確認していきたい。

「長崎さるく博'06」実施まで

　まず、「さるく」という言葉についてである。長崎弁で「ぶらぶら歩く」という意味だが今日ではあまり使われていない言葉だった。ただ、現在長崎市長となっている田上富久が広報部にいたときに、広報誌のタイトルとして使われていた。

「長崎さるく」は低迷する長崎の観光を向上させようとする当時の市長の意向による「2006年計画」の中で生まれた。10年来復元が進められてきた出島が完成する2006年は、長崎港に橋の長さ1,289メートル、海面からの高さ65メートルで日本一、塔から斜めに張ったケーブルで支える構造の斜張橋としては九州一、全国で6番目の長さの女神大橋の完成する年でもあった。長崎市長はその画期となる年に合わせて長崎観光の新機軸を打ち出したいと考えていた。

　何百億円もかけて博覧会をやるのでなく、費用をかけずに市民総出のエネルギーでまちが賑わうような大型の観光企画ができないか、というのが市長の発想だった。それは2007年春の統一地方選挙で自身の4期目の当選を狙う意図も窺えるものだった。その観光計画の担当となったのが当時、観光部観光振興課主幹の田上富久である。田上はその計画を「長崎市観光2006アクションプラン」と名づけ、各分野の市民の代表者23人からなる策定委員会を組織した。また、アクションプランの内容を具体的に作成するワーキングチームを9人の市民によって構成した。

　ワーキングチームの検討会議は2003年4月から始まり、アクションプランの最終提言を2004年の2月に出している。電通に勤務後、独立してイベント・プロデューサーをしていた茶谷幸治が田上から協力要請のメールを受け取ったのは2003年11月19日である。それはワーキングチームが中間提言を出した11月10日の9日後に当たる。この時間的推移にはかなり重要なものが含まれている。

　中間提言ではすでに今後の観光の方向性について「まち歩き」を主軸に据えることが明確に謳われており、2006年に開催するイベントの検討に入る予定が述べられていた。田上からのメールを受け取った茶谷は驚きを隠さない。なぜなら、イベントは目的やコンセプトを明確にする「構想」から始まり、「基本計画」で具体化の方向を示し、「実施計画」で実施方法を具体的に指示するという流れになるのだが、地方自治体が大規模なイベントを企画する際、何をしたいかという構想までも依頼されるケースが多かったからだという。田上からのメールではすでに「構想」と「基本計画」が長崎市の場合は書かれており、イベント・プロデューサーの仕事の半分はすでに達成されている段階だった。「実施計画」は「構想」と「基本計画」がしっかりしていれば、あとは具体的な実行計画を進めるだけである。時間と労力はかかるものの、それはさほどの困難ではない、と茶

218 第Ⅲ部 具体例から考える──ブランド創出の現場

谷はいう。(茶谷 2008：24-42)

それでも、紆余曲折はあった。その最大のものは「まち歩き」(=「長崎さるく」)という観光形態から、それも含めて「長崎さるく博'06」というイベントに変わってしまったことである。

中間提言書では「まち歩き」が歴史的・文化的資源の多い長崎にふさわしい観光形態であることが強調され、メリットとして連泊やリピーターが増えることが謳われていた。その時点では博覧会というようなイメージが伴うものではなかった。

中間提言書は、イベントを「知らなかった長崎の体験と発見」をコンセプトとしており、次のような取り組みを意図していた。

①　市民主体のイベント……従来実施されてきた行政主導のイベントではなく、市民が主役として参加できるイベントとする。

②　一過性でないイベントとする……イベントを通じて市民の中にさまざまなノウハウや経験が蓄積され、活動グループが育ち、翌年以降も継続されるイベントとする。

③　３か年で拡大していくイベントとする……2006 年が本番であるが、2004 年、2005 年とプレイベントを小規模でも開催することで、活動グループやプロデューサーの育成を図りつつ、市内外に周知してもらう。

なお、③でいうプロデューサーとは、茶谷のようなイベント・プロデューサーではなく、「さるく」のコースや地図の製作に携わった市民プロデューサーのことを指す。①でいう市民参加もこのことをいう。

上記の方針は地域が新たな観光形態を開発していく手法として優れたものである。別府の「まち歩き」は観光振興を意識したものではなく、当初は市民に知ってもらい、楽しんでもらうことが目的だった。長崎の場合は、2006 年のイベントを大きな目的としており観光振興が最初から意識されていた。

いずれにしろ、この中間提言書の段階では博覧会という形式が意識されていたわけではなかった。2003 年の 11 月に田上主幹からメールを受け取った茶谷は、このイベントのプロデューサーとして参加し、翌年 4 月には自ら書き上げた「第

一次実施計画」を市長に直接説明する場面を迎える。

その段階までに、意外な出来事が茶谷を待っていた。

2006 年にかける当時の市長の意気込みは先に述べた理由もあって並大抵のものではなく、市役所内に「長崎市 2006 プロジェクト推進本部」を創設し、その専任組織として「観光 2006 推進室」を設けるほどだった。このとき、田上主幹は関係のない部署へ課長として移動をする。「基本計画」を自ら書き上げ、茶谷が参加するまでに市民グループをまとめ、「まち歩き」というコンセプトを軌道に乗せた最大の功労者である田上がその任を外れたのである。

茶谷は田上の熱意に打たれてこのイベントに大きくのめり込んだといってもよく、その失望感は著書から伝わってくる。田上人事に割り切れなさを感じる茶谷に対して、「田上主幹は、言葉少なく無念さが顔に現われていたが、『（今後も）やってほしい』と私に言った」（茶谷 2008：76）、と著書には述べられている。

2004 年 4 月の茶谷と市長の対面で、上記事情についてなにがしか忖度することはできる。2006 年のイベントに関して市長に進言する人も多いらしく、なぜ映像館や先端技術館といったパビリオンを建てないのか、東京の人気タレントを呼べないのか、といくつもの声が出ていた。「まち歩き」で人を集めることができるのかという声が多く、市長もその点を心配していた。長崎市で起きていたそのような反応は、2006 年のイベントを「まち歩き」中心に考え、それによって将来的に長崎観光のかたちを変えていこうと意気込んでいた田上主幹に逆風となったことは想像に難くない。市長と田上主幹が対面する場面を想像するのは難しくない。

結局、市長は「博」をどうしてもつけてほしいということで、「さるく」という言葉をどうしても残したい茶谷との妥協で、2006 年イベントの名称は「長崎さるく博」となった。市長は「さるく」という言葉にも違和感がある、「あるく」では駄目なのかとも主張していたのである。

市長との面会の後、茶谷は次のように書いている。

　　この時点（茶谷と市長の面談）から、今まで「博覧会」とは考えずに長崎を「まち歩きのまち」にすることが目標であると考えてきた私に、「博覧会」としての内容を満たすという新たな負荷が意識された。しかし、私も、やるならそこまでやってもよい、と乗りかかった船の行き先がさらに遠くなったことを、むしろ歓迎したい気分で

220　第Ⅲ部　具体例から考える──ブランド創出の現場

もあった。(茶谷 2008：90)

「博」という言葉が付いたことで、開幕や閉幕の式典も行なうことになった。また、事業規模も大きくなり、予算も集中することになった。**「日本ではじめてのまち歩き博覧会『長崎さるく博'06』」**として正式発表されることになったのである。

　ここでは博覧会のことがメインのテーマではないので、結論のみ簡潔に記しておきたい。「長崎さるく博'06」は**自由に地図を片手に歩き回る「遊さるく」**(42コース)が推計で市民 70 万 5,000 人、観光客 641 万 4,000 人の合計 711 万 9,000人、**地元ガイドが付いて案内する「通さるく」**(31 コース)は予定されていた 1,770 本を大きく上回る 4,479 本が実施され、参加者数は実数で市民 3 万 4,000 人、観光客 7 万 4,000 人の合計 10 万 8,000 人、**専門家の講座とガイドツアーを合わせた「学さるく」**が予定設定数 110 回に対して 159 回の実施で参加者数は市民 3,000 人、観光客 2,000 人だった。

　上記以外のイベントなども含めると参加者は市民で 247 万 5,000 人、観光客数は 775 万 8,000 人、合計 1,023 万 3,000 人となる。(株)長崎経済研究所による算出では、4 月から 10 月までの 7 カ月間で入込み観光客数は宿泊で 151 万人(対前年 8.5%増)、日帰りで 204 万人(対前年 5.4%増)、観光客の消費支出 484 億円、市民の支出・主催者の支出も含めれば総支出 527 億円、第 3 次波及まで含めた総合効果は 865 億円とされる。

　こうした数字からすれば「長崎さるく博'06」は成功だったといえる。しかし、それ以上に大きかったのは、当初の田上主幹らが考えていた、将来の長崎観光の道筋を決定するような「まち歩き」が「長崎さるく」として確たるものとして定着したことであろう。当時の長崎市長が伝わらないと懸念した「長崎さるく」という名称が知られることになっただけでなく、その内容までもが多くの人たちによって体験されたことでブランドとなったのである。

ブランドとしての「長崎さるく」

　長崎には茶碗蒸しで有名な老舗「吉宗」がある。茶碗蒸しが主役で、それを活かすための蒸し寿司のセットが定番となっている。筆者はそれが楽しみでよく長

崎へ通った。長崎駅から「吉宗」のある中心街までは路面電車で行くのだが、車内に修学旅行生をよく見かける。熟年のカップルや若い女性のグループ、さらには中国人も多い。こうした光景は、「長崎さるく」がもはや一定のブランド性を有している証しだと筆者には思える。

発端を思い出してみよう。

長崎の観光はそれまで観光対象を周遊するスタイルだったが、それに加えて「長崎の新しい楽しみ方」として「まち歩き」が提示されたのである。観光振興課主幹田上富久らが練った構想においてそれは明確にされていた。田上らが作成した「長崎市観光2006アクションプラン」最終提言書には、「まち歩き」の意義について概略、次のように書かれている（茶谷2008：37-38）。

① 長崎を「これまでのように駆け足でなく、歩く速度や視点で見てほしい」。「短時間で効率よく回る観光」に対し、急がず時間をかけて過ごすスロー・ツーリズムの発想である。
② 長崎には知的好奇心を刺激する資源が豊富で短時間では味わいつくせない。「宿泊してゆっくり堪能してほしい」「次回も違う楽しみを見つけに来てほしい」との長崎側の願いを叶えるための「まち歩き」という観光形態。
③ 見るだけの観光でなく、住民と言葉を交わすような、地域の生活文化に触れるような楽しみ方を知ってほしい。

これらは日程をひたすら効率的に組んでしまうマス・ツーリズム、具体的には団体旅行やパッケージツアー、新聞募集旅行などには馴染まない観光のかたちである。歴史的な観光資源の多い長崎にとって、観光バスで忙しく周遊するのでなく、公共交通機関で移動し、「さるく」のコースが設定されている地域をゆっくり歩く観光のかたちが定着するならば、長崎の観光振興にとっては大きな転換となることは確実だった。そして、それが実現されているのが現在の長崎の姿である。

「長崎さるく」は次のように組まれていた。

ベースとなっているのは42の「遊さるく」のコースである。2006年に合わせて作成されたものである。先に触れた2004年の10月23日から32日間実施さ

222 第Ⅲ部 具体例から考える —— ブランド創出の現場

れたプレイベントでは4コースであったが、市民プロデューサーのアイデアが次々にコースを生んでいった。その過程で興味深い、重要な出来事もあった。**各地の地方自治体が普通は拒むようなことが可能になったのである。**

　市民プロデューサーが集まる会議の席で、「地図に個人商店を書いてもよいか」が議論された。行政の判断では特定の個人や企業名だけを挙げることは敬遠されるのが普通である。書き入れなければ長崎の良さは伝わらないということで、記入が可能ということになった。ちゃんぽん発祥の店である四海楼のような大きな店ばかりでなく、オリジナルの絵葉書や地域で知られた栗饅頭を売る個人商店が紹介されることで「長崎さるく」のマップは市民目線のものとなった。これは意外と大きな転換点だということができる。

　地域へ観光客を誘致する上では、あるいは観光に限らず、行政が特定の個人・団体・企業に肩入れすることが結果的に、地域にとって適切だった場合がある。**よく知られた事例では、滋賀県長浜市のいまは黒壁ガラス館として知られる建物買収の際に取った市役所の対応がある。**

　黒壁ガラス館は明治時代に第百三十銀行長浜支店として建てられた洋館であり、外壁が黒漆喰の土蔵造りという異色のものだった。戦後はカトリックの教会として使用されてきたが、その教会が移転することになり、建物は取り壊される可能性が出てきた。「黒壁銀行」「大手の黒壁」（建物は北国街道と大手門通りの交差点角に建っている）といった愛称で親しまれてきた建物である。それを長浜のシンボルと考える人たちがいた。さまざまな業種についているものの、子どもの頃の思い出深いその建物を失いたくないという意思の明確な10人ほどの人たちが保存活動を始める。資金を出し合って建物を買収しようというのである。こうした一部市民の活動に長浜市も逸早く出資を決定するのである。1988年4月には長浜市の出資も加わり、第三セクター「株式会社黒壁」が設立された。その後の長浜市の発展はよく知られるところであり、ここでは触れないが、早い段階で一部市民の活動に行政が金を出すという点が着目すべきところである。そのことが、それをしなかった場合よりはるかに長浜市にメリットをもたらしたのである。（吉田 2006：51-53）

　上記のような、行政の杓子定規の対応を外すことでブランド創出の芽が育つことは確実である。先の安心院の事例もそうしたことを物語っていた。ブランドが

第7章　地域はどう観光ブランドを創るか　*223*

コモディティ化に陥らない、差別化された存在であることを思えば当然である。

　42 の「遊さるく」のコースは、ほぼ 90 分で消化できる内容である。ゆっくりでなければ 40 分程度でも回れてしまう。いわば細かく地域を区切ることによって、楽しめる回数を増やしているのだともいえる。例えば、居留地界隈のコースでいえば、①の「長崎は今日も異国だった〜港がみえる坂から大浦天主堂〜」と②の「東山手の"異国"散歩〜オランダ坂と洋館めぐり〜」は、旧来型の周遊型観光であれば、大浦天主堂とオランダ坂を見せれば事足りるという考え方となる。しかし、①でいえば地域住民にとっては足ともいえるグラバースカイロード（斜行エレベーター）のような新しいものから、1877 年（明治 10 年）以前の居留地時代の面影を残す祈念坂、②でいえば外国人居留地の時代をしのばせる煉瓦塀、領事館、教会など、歩くことでしか楽しめない観光の楽しみに満ちている。

　これだけの「遊さるく」のコース数は別府八湯ウォークが実現したことを大きく超えている。ただ、42 の「遊さるく」に留まらない、楽しみをさらに増やす工夫としても「通さるく」は位置づけることができる。「通さるく」の特徴は専門ガイドが付くことで参加者にとってはより知的な関心を満たせるということもあるし、例えば②のコースでいえば、一般入場が許されていない旧英国領事館坂道も「通さるく」では入場・見学が可能となっており、楽しみが多くなっているともいえる。

　「長崎さるく」がブランドとして認知されていくについて、ここでも「遊さるく」と「通さるく」の関係を別府において見た**幻想性の機制**という観点から述べておきたい。

　「長崎さるく博'06」にイベント・プロデューサーとして参加した茶谷幸治自身が、ほぼ筆者が**幻想性の機制**と判断する戦略を取っている。茶谷は「通さるく」を目玉とするものの、実際には「遊さるく」に参加してもらって集客数を伸ばす、と考えていた。それは彼自身の手掛けてきた地方の会場型博覧会でも経験してきたことだった。

　　（……）私がイベントをプロデュースした「世界リゾート博」には総数 300 万人の入場者があったが、人気パビリオンでも総入館者数は 30 万人から 60 万人ほどにすぎなかった。入場者の過半数は博覧会場にやってきて、人気のパビリオンには入場せずに会場の雰囲気を楽しんでいたといえるのだ。大規模な国際博でも事情は同じで、2,000

万人を超える入場者を集めた愛知万博でも、過半数は人気パビリオンに入館していないのではないか。(茶谷 2008：82-83)

　ここに書かれていることは、別府八湯ウォークを魅力的だと感じながらも、2時間半という時間をそれに費やすわけにいかず、竹瓦温泉の外観だけを写真に撮って帰る観光客や、温泉手形で露天風呂のはしごをする —— 特に話題性の高い新明館の洞窟風呂には入りたい —— という願望を持ちながらも、立ち寄りではそれは叶わないが、それでも黒川温泉には寄ってみたいと思う観光客が生み出すのと同じ現象である。すなわち、**地域が観光客を呼ぼうとするとき、この幻想性の機制というメカニズムをよく理解することが必要なのである。**

　観光形態には「見る」や「食べる」「買う」「体験する」などとともに「学ぶ」もあると第3章で紹介した。「学さるく」だけでなく「通さるく」も観光形態としては「学ぶ」に区分されるものであろう。「遊さるく」は「学ぶ」ということが他の二つの「さるく」ほど重視されてはいない。

　別府と長崎の違いは次のようにも表現できる。別府八湯ウォークでは「まち歩き」は観光の主流ではないけれども**幻想性の機制**という機能を果たすことで地域でのブランド性を高めるのに貢献した。そして、その作用によって観光客の減少を食い止めている。一方、「長崎さるく」ではブランド・イメージの形成という点で、地元住民に案内される「通さるく」の果たす役割は大きかったが、より多くの観光客は自由に回れる「遊さるく」の方を選択している。いわば、「通さるく」がもたらす**幻想性の機制**によって、「遊さるく」は観光の実態として、「長崎さるく」というブランドの実質として機能しているのである。

6.　まとめ —— 観光マーケティングの視点から

　以上述べてきた地域の事例について、本書で明示してきた観光マーケティングの視点からどのように理解すべきかまとめておこう。

最初の意思決定とそれ以前

　観光マーケティングの基本中の基本は、大量の観光客を呼び込むためにそれなりの資金をつぎ込んで顧客の願望を叶えるマス・ツーリズムを目指すのか、それとも地域資源を活かしてそれほどの資金をかけることなく、自らが提供できる範囲で満足してもらえるような観光客だけに来てもらうスモール・ツーリズムを目指すのか、という選択（＝意思決定）をすることだった。それは該当する地域の資金（国からの補助金を含めて）、人材、地理的・歴史的・文化的資源などの条件によって決めるべきことがらである。また、一つの地域にスモール・ツーリズムとマス・ツーリズムが併存することもあり得る。

　安心院で「会員制農村民泊」が１日１組の滞在に限って始まったとき、それは農村のあるがままの姿を見てもらうというスモール・ツーリズムだった。「まち歩き」というどちらかといえばスモール・ツーリズムに近い手法であっても、「長崎さるく」は明確にマス・ツーリズムに貢献するものとして構想された。人口が45万人ほどを数える長崎市にとって観光客の宿泊数増加を狙ってのものだったからである。その規模の都市であっても「まち歩き」に適合しない都市はいくらでもある。歴史的な観光資源の多さと、「長崎さるく」マップで区切られた範囲が狭く、「まち歩き」に適合したことが長崎市には幸いした。東京や京都ならばともかく、50万人前後の都市で長崎のような「まち歩き」で多くの観光客を呼べると考えるべきではない。歴史的・文化的蓄積において恵まれた金沢であっても長崎のように42もの「まち歩き」のコースを作ることはできないだろう。

　ただ、本章で示した具体例で興味深いのは、そうした**意思決定以前のこと**である。別府八湯ウォークの始まりである「竹瓦かいわい路地裏散歩」ではスモール・ツーリズムすら意識されてはいなかった。それは地域住民が地元の資源に親しんでもらうための企画だったからである。それでも、特に竹瓦温泉を中心としてそこに（地域内でのみ通用するという意味での）地域ブランドというべきものが別府市民に意識された。そのことがやがてJR九州にも注目され、地域ブランドの枠を越え、広く知られるようになった。

　似たことは小樽や北九州についてもいえる。

　今日の小樽観光のきっかけが小樽運河保存運動にあったことは否定できない。それは観光など意識されるはずのない、**地域住民による「記憶の共同体」である**

小樽運河を保存しようという意思の発現だった。ただ、保存運動についての報道や、札幌や東京での賛同する人たちの活動が「小樽運河」という言葉をブランドとして認知させ、散策路やガス灯の設置という観光資源化によって実質が伴うことになった。その実質が運河だけでなく、「北のウォール街」といわれた建築群にまで及ぶことでブランド・エクイティが拡張していったケースである。

　あるいは入込み観光客数が1989年の359万人から2010年の1,164万人にまで、3倍以上に増えた北九州の場合はどうだっただろうか。その増加は北九州フィルム・コミッションの活動を通じてブランド化が達成されたからに他ならない。映画のロケ地誘致に抜群の実績を誇るが故に、観光客の関心を惹くことができる。しかし、その始まりは観光振興を意識したものではまったくなく、広報室に設けられた「イメージアップ班」の仕事だった。今後の北九州市観光は、映画のロケ地めぐり以外の自然観光資源や体験メニューでブランド・エクイティを拡張することがさらなる発展の鍵となる。

　観光を意識することなく地域で実践された何らかの活動がその後、結果として観光客に歓迎されるということはしばしば起こる。本章で少し触れた福岡県柳川市の場合には、かつて地域の生命系だった掘割を埋め立てるという計画を中止して、浄化運動することで掘割を維持した。それがなければ、いま観光客はどれほど柳川を訪れるだろうか。滋賀県長浜市の、かつて銀行だった黒壁の建物を保存したいという有志の活動が、やがて女性客の絶えない観光地にと長浜を変貌させた。掘割であれ黒壁の建物であれ、地域には住民が親しんできた資源が必ずある。**それは「記憶の共同体」として地域住民に親しまれてきたという地域固有の歴史を有している。**

　小樽や柳川、長浜が示唆していることは、観光対象が多様となっていることの現われと見ることもできる。かつては華厳の滝や摩周湖、阿蘇などの自然観光資源や、姫路城、知覧の武家屋敷などの人文観光資源といった分かりやすいものが観光対象とされ、旅行会社はそれを観光素材として旅行商品に組み込んだ。しかし今日では、**観光客にとって非日常ならぬ、その土地で展開されている、自分たちとは異なる日常も観光対象となっているのである。**これはインバウンドにおいてもデータとして明らかとなっていることである。

　『JNTO訪日外客訪問地調査2009』によれば、「観光客が訪日前に期待したこ

第 7 章　地域はどう観光ブランドを創るか　*227*

と（複数回答）」という問いに対して、日本の日常というべき「日本の食事」が、「ショッピング」の48.5％を抑えて、58.5％で1位である。国別でみるとより興味深い。中国人は「温泉」62.0％、「ショッピング」54.0％、「日本の食事」51.2％であるが、フランス人の場合は、「日本の食事」79.6％、「日本人の生活に対する興味、交流」59.3％、「伝統的な景観、旧跡」56.3％となっており、より日本人の日常生活に関心を持っていることが窺える。

流通と外部からの視線

　それまでマス・ツーリズムのデスティネーション（旅行目的地）となっていなかった地域が大量の観光客を呼び込むのは容易ではない。着地型観光も人口が数千人の町や村であれば、それに見合う成功事例はある。地域の活性化という観点からマスコミ取材も多く、話題となる。しかし、「大量の」というところでは該当事例とはならない。唯一の成功事例として多くの人が挙げるのは南信州観光公社であろう。しかし、体験メニューを整備することが成功の秘訣と勘違いされているため、後に続く成功事例はなかなか出ない。本書では流通とランドオペレーターの手法という観点から分析したが、このことはなかなか地域には理解されない。国の政策自体が、地域が観光資源を活用して体験メニューなどを創出すれば消費者や大手旅行会社が注目してくれる、という着地型観光の発想を抜け切れていないことが大きい。

　観光は観光客、観光対象、観光媒体、地域社会の四つの構成要素が相互・複合的に関係することで生まれる複雑系の社会現象であり、要素還元主義に陥るような政策は有効ではない（吉田 2010：277-278）。

　地域資源をよく知る地元の方がユニークな観光商品を創出することができるのは確かだが、その観光商品（＝観光対象）を流通させる旅行会社などの観光媒体の働きを無視していては多くの観光客が来訪することはない。もちろん、今日ではインターネットも観光媒体の役割を果たしており、ネット上に情報を挙げればそれをキャッチした個人が観光客としてその地域にやって来ることはあり得る。ただし、それは地域が期待するような入込み観光客数になるとは考えにくい。よほどの大ヒット映画、テレビドラマに関連するものでなければ、個人ベースでの来訪をそれほど期待することはできない。「日本版DMO」などという最

228 第Ⅲ部 具体例から考える —— ブランド創出の現場

近の政策も、地域に限定してさまざまな関係者が組織を作るという限りにおいて要素還元主義に立っているため有効とはならない。

現在の日本では、日本の旅行会社・運輸機関を通した旅行商品として流通に乗らない限り、大量の来訪者を地域が期待することはできない。それは新聞に掲載されるツアーの募集広告や、旅行会社で見かけるパンフレットの多さからも類推できる。東京スカイツリーやユニバーサル・スタジオのような有力な観光施設ができれば別だが、そのような施設を地域が資金を投入してまで誘致することはリゾート法時代の悲惨な現実を思い起こせば地域が取るべき手法ではない。

南信州観光公社の成功は大きな資金を投入するのでなく、旅行会社との関係で築かれた流通経路の確保によってもたらされたものである。その関係性はランドオペレーターに徹することで生まれる信頼性に拠っている。大手旅行会社が安心するようなランドオペレーターの仕事については詳述した通りだが、ここの部分が地域には理解されにくい。

南信州観光公社の場合には、観光マーケティングにおける最初の部分、意思決定と旅行形態・観光形態の細分化が適切だったことももちろんあるが、ランドオペレーターに徹するという仕事の進め方においては、発地側の旅行会社で修学旅行をはじめとする教育旅行の現役営業担当者が参加したことが大きかった。こうした事例は他にはない。旅行会社を定年退社後に出身地に戻り、観光による地域振興の仕事に就くということはよく聞くが、また一部旅行会社で地域に社員を出向させ、観光プロデューサーとして着地型観光商品の開発に当たるケースもある。前者では経験豊富ではあっても 30 代の現役社員ほどのエネルギーは期待できないだろうし、後者については発地側のどの旅行会社にもランドオペレーターとして公平に対応するとは発地側に思われないため、南信州観光公社のようなことは起こらない。

自力で大量の観光客を迎えるのでないケースももちろんある。地域が自覚的でなくとも、**外部からの視線が注がれることで意外な展開を見せることもある。**

別府は観光地として一定のブランド力は有していた。全国的に大温泉観光地がバブル期以降低迷していく中で、別府は意外なところからそのブランド・エクイティを拡張していけた稀有な例である。本章では別府八湯ウォークからオンパクへの経過を紹介した。本来、地域住民のための地域を知り、楽しむ「まち歩き」

が外部の目に留まったのである。JR 九州という観光媒体による拡散があったことで、別府八湯ウォークは地域ブランドからその認知の幅が広がった。その段階で別府というブランドは、そのブランド・エクイティとして「まち歩き」という実質をプラスできたのである。個人事業者を中心とした新たな産業の創出を目標に掲げたオンパクもまた、主として別府市民に楽しんでもらうイベントだったが―― すなわち、地域ブランドに留まるものと思われたが ――、経済産業省の目に留まったことで全国的に通用するブランド・エクイティとして拡散したのである。

　外部からの視線は観光媒体に限るわけではない。観光ということを意識していなくとも、テレビなどで地域が紹介されることで地域はブランドとして認知されることがある。

　観光媒体ならぬマスコミとして、地域活性化という観点から NHK は全国放送で安心院を取り上げた。報道として地域が取り上げられることは、少なくともブランドの最初の部分で名前が認知されるという点において有効である。全国放送されなければほとんど知られることのない長崎県小値賀町、松浦市、鹿児島県鹿屋市柳谷集落は、少なくとも名前だけは広がっていった。

　今を時めく黒川温泉ですら、知名度の低い時代はあった。これは報道でなく、どちらかといえばビジネスがきっかけであるけれども、名前が知られることによって途中からテレビで取り上げられる機会が多くなるというケースである。1986 年 12 月 13 日、熊本日日新聞広告局が地域の生活情報誌『ing』にオールカラーの全面広告（裏面は案内地図）を出したことがきっかけだった。これは黒川温泉がマスコミの広告に登場した最初だった。企画は反響を呼び、すぐさま熊本日日新聞朝刊にも同じ全面カラー広告を出す。広告料は旅館 1 軒あたり 10 万円である。福岡が本社の西日本新聞もまた同じ企画広告を展開したため、黒川温泉の名前は九州一円に広がった。（熊本日日新聞 2000：102-104）

　黒川温泉の名前がブランドとして認知されていったことでテレビ番組に取り上げられることも多くなった。もちろん、黒川温泉がブランドとして今日の確固たる地位を築いたのは、ただ名前が知られていったということだけによるのではない。温泉の質や工夫された露天風呂、食事、雑木を中心とした景観づくりなど実質が備わったからこそブランド・エクイティとして広く認知されるに至ったの

である。

　外部の視線はどこから注がれるか分からない。つまり、どのような地域が次にブランドとして認知されるかは、狭く要素還元主義に陥らないことによってむしろ起きると考えた方がよいかもしれない。

ブランド・エクイティの構築

　ブランドを単なる名称だと考える人は、それが商標登録されているかどうかを問わず、ほとんどいないのではあるまいか。私たちは体験として、あるいは伝聞としてそのブランドの内容・実質について何らかの知識があってこそ、そのブランドを選ぶ。

　では、ブランドとはそもそもどのように成立するのか。成立しているブランドがどのように新商品を市場に売り出したか、どのように品質を維持しているか、どのように市場を拡大しグローバル化に対応したかなど、すでにブランドが成立してからの記述を多く目にしないだろうか。本書ではゼロからブランドが成立するような事例や、本来のかたちとは異なるところからブランドの内容・実質を付加して、その価値を高めていった事例を中心に取り上げてきたつもりである。

　本書で取り上げた事例を整理する前に、次のようなケースについて説明したい。

　農林水産省は農林水産物や酒類、食品について国が地域ブランドを保護する「地理的表示保護制度」を設けている（ここでいう地域ブランドは、特定地域で産出される商品を全国的に認知させるため登録して保護するという趣旨のもので、本書で取り上げている、別府八湯ウォークが地域でまず認知されるという場合の地域ブランドとは意味合いが違う）。2015 年 12 月 22 日には酒以外の 7 産品が初めて登録された。その中にはすでにブランドとして確たる位置を占めている夕張メロンや神戸ビーフ、但馬牛も含まれている。

　その中で、本書でブランドとして取り上げている事例との対比で興味深いのは「鹿児島の壺造り黒酢」（鹿児島県内の黒酢メーカー 7 社による協議会が申請）である。ブランドとしての名前より先に、イメージの方が形成された例である。

　その製法は江戸時代の後期、今から 200 年前に霧島市福山で始まっている。屋外に並べた陶器の壺で発酵、熟成させるという製法である。健康食品には興味

がない筆者でもテレビでそのコマーシャルを何度も目にしたくらいだから、テレビを見る人ならばこの「壺造り」の光景を一度は見ているはずである。桜島を遠望する野外に何百もの壺が並んでいる光景のことである。健康食品に使われている黒酢の特質を理解してもらうためにその映像が頻繁に流れた結果、次のようなことが起こった。

　福山の黒酢壺畑 —— 黒酢を作っている会社名よりも、その野外の壺畑の映像が多くの人に強く刻印された。かつて旅行会社の募集型企画旅行に福山を訪ねるコースは存在しなかった。現在では、例えば 2015 年下期（10 月〜 3 月）のエース JTB の「現地添乗員同行プラン・個人セット型プラン　九州」では、4 日間、または 5 日間の行程中に福山の黒酢を使った中華料理の昼食が入っているし、やはり 2015 年下期の ANA スカイホリデーの「今が旅ドキ九州」では 3 日間、または 4 日間の行程中、福山で 30 分の黒酢壺畑見学が入っている。

　福山の黒酢メーカーがどの程度旅行会社に働きかけをしたかは不明だが、旅行会社にとっては壺畑はまたとない訪問個所であろう。見事に並んだ黒酢の壺だけでも壮観なのに、その背後には鹿児島市内から見るのとは異なる山容の桜島が控えているのである。参加者は黒酢メーカーの会社よりもこの景観に惹かれたのである。旅行会社にとっては指宿温泉と霧島温泉で 2 泊という定番すぎてマンネリに陥っている鹿児島の周遊コースに変化を加える格好の材料となったのである。

　ブランドとしての名前よりも、テレビで見た映像によるイメージの方が先行した例である。本書で取り上げた事例では次のような区分となる。

① 　安心院……ほとんど名前が知られていなかったものの、そのユニークさでスモール・ツーリズムの範囲でブランドとして認知された（名前と内容・実質が同時に認知された）。その後、修学旅行というマス・ツーリズム対応型のブランドとしてもブランド・エクイティを備えていく。

② 　小樽、北九州フィルム・コミッション……観光と関係なく、小樽は運河保存運動、北九州はフィルム・コミッション事業によって地域として名前が認知された後に、観光客の来訪が多くなった（観光ブランドが後から成立するケース。ブランド・エクイティの拡張が期待できる）。

③ 　南信州観光公社、「長崎さるく」……最初から観光ブランドとして名前と

232 第Ⅲ部 具体例から考える —— ブランド創出の現場

内容・実質がともに浸透していった（最初からマス・ツーリズム対応を意識
したが、内容・実質の検討過程で市民参加であることなど卓越していたケー
ス）。

④ 別府八湯ウォーク（特に「竹瓦かいわい路地裏散歩」）……地域で名前と
実質が認知され、まず地域ブランドとして定着。外部に評判が伝わり、別
府に来る人たちが関心を寄せるが、自らは体験できない（幻想性の機制が
働いて、マス・ツーリズムにおけるブランド認知と同等の効果が生まれる）。

　地域がブランドを創出するケースはさまざまである。観光マーケティングが
テーマの本書で提示してきたこととの対応でいえば、①と③はスモール・ツーリ
ズムとマス・ツーリズムの違いはあるものの、明確な意思の確定があった。特に
③についてはその後の旅行形態・観光形態の細分化まで理想的なケースである。
一方、②や④は観光客誘致ということが意識されていたわけではなかった。しか
し、外部からの視線が観光ブランドに押し上げていったのだといえる。
　②や④が観光マーケティングの手順に沿っていないからといって、観光マーケ
ティングが不要だということにはならない。これは観光が複雑系の現象であるか
らこそ生まれる幸運な偶然だともいえる。ただ、これも今日の観光の観光対象が
とてつもなく広がり、観光形態も多様となったことと関係がある。

参考文献

大山信義　2001『コミュニティ社会学の転換』多賀出版

小笠原克　1986『小樽運河戦争始末』朝日新聞社

小樽市　2005『小樽市観光基本計画』小樽市

窪山哲雄　2014『ホスピタリティ・マーケティングの教科書』実業之日本社

熊本日日新聞情報文化センター　2000『黒川温泉「急成長」を読む』熊本日日新聞

国際観光振興機構編著　2010『JNTO訪日外客訪問地調査2009』国際観光サービスセンター

高橋充　2013「ほんもの体験や農家民泊を活かした集客交流モデル構築までの道のりと今後の
　展開」『地域開発』2013年5月号　（一財）日本地域開発センター

茶谷幸治　2008『まち歩きが観光を変える』学芸出版社

鶴田浩一郎・野上泰生　2008『地域の輝きを育てる「オンパク」モデル —— オンパク型イベン
　ト手法を通じた地域資源の活用と人材育成 ——』総合研究開発機構

西村幸夫　1997『町並みまちづくり物語』古今書院

はこだて湯の川オンパク実行委員会　2008『ONPAKU ガイドブック　2008.10.18 ～ 11.9』はこ
　　だて湯の川オンパク実行委員会

別府市　2003『別府市誌　第 1 巻』別府市

別府八湯温泉泊覧会実行委員会　2001『ハットウオンパク公式ガイドブック』別府八湯温泉泊
　　覧会実行委員会

峰山冨美　1995『地域に生きる —— 小樽運河と共に ——』北海道新聞出版局

山村順次　1994『別府市における共同温泉と温泉地整備に関する調査研究報告書』別府市観光
　　経済部温泉課

吉田春生　2006『観光と地域社会』ミネルヴァ書房

吉田春生　2010『新しい観光の時代』原書房

あ と が き

　本書は日本においてどのようにすれば企業なり地方自治体なりが観光マーケティグに踏み出せるのか、その第一歩・第二歩に焦点を合わせて執筆したものである。第一歩はマス・ツーリズムとスモール・ツーリズムのどちらを選択するのかという意思決定であり、第二歩は旅行形態・観光形態の細分化によって標的となる顧客を明確にする作業である。

　第Ⅰ部では、コトラーの理論によってでは日本において観光マーケティングに踏み出せないことや、それに対する筆者の基本的な考えを説明している。またシュミットの経験価値マーケティングの有効性が検証され、旅と観光における経験価値の詳細が述べられている。

　第Ⅱ部では旅行会社によって造成される旅行商品がどのように生まれたか、どのような種類の旅行商品があるのか、どのようなものによって構成されているのかという基本的なことを紹介した上で、旅行会社の方針に左右されない強いブランドとなっている旅行素材・観光素材にも触れている。また、観光マーケティングにおいて最も重要と考えられる標的マーケティングによって新商品として成功している事例についても紹介している。

　第Ⅲ部では、ブランドの概念を明確にするために、アメリカのサターン車のケースで、アーカーやケラーの研究にも言及しつつ、ブランド・エクイティの具体的な捉え方を検証し、いまは消滅したサターン・ブランドが示唆するものを観光マーケティングにどう生かせるかを考察している。そして、ブランド・エクイティの構築に成功し、明らかにブランドを創出できた日本の地域について紹介し、本書で述べている観光マーケティング理論とどのように整合するかを説明している。

　以上述べた本書の内容を読者諸氏に理解いただく上では、流通ということがキーワードとなる。そこで本書の校正中に筆者が目にした興味深い記事があるので紹介したい。2016年4月4日付「日経MJ」の「ブランド決別の勝算」とい

あとがき　235

う1面の特集記事である。

　そこではアメリカ企業のブランドであるイソジンやナビスコの販売権がそれ
ぞれ明治、山崎製パングループとの契約終了を迎えたことで、日本側企業が同様
の商品開発・販売に乗り出すというのが主たる内容となっていた。ただ、本書に
とって示唆的なのは、同記事で紹介されていた高級アイスクリーム「レディボー
デン」のケースである。日本における当初の販売元、明治乳業（現：明治）との
契約が1991年に終了したことで、米ボーデン社の日本法人が自ら販売したもの
の、配送や営業面でうまくいかず、1994年にはロッテアイスへ商標使用権を渡
した。しかし、その時には高級アイスクリーム市場は「ハーゲンダッツ」に席巻
されていたというのである。

　本書にとって興味深いのは、いかに製品が優れておりブランド・イメージが確
立していても、流通面において優位性がなければブランドとしての地位を維持す
るのは容易ではないという点である。「レディボーデン」という確立されたブラ
ンドにおいてすらこのようなことが起きる。テレビなどのCMも含め、流通に
大きな力を有する日本企業の存在は無視できない。ブランド・エクイティの構成
要素でもある流通こそは、国や地方自治体の観光政策の中で欠落しているもので
ある。特に地域でこれから観光ブランドを構築しようとするならば流通を意識す
ること、さらにはその具体的な手立てを用意できないことは致命的である。

　ここまで来て本書の執筆動機に触れることができる。動機には二つのことがあ
る。

　一つは、上記で触れた流通のこともあるが、本書で主張している観光マーケ
ティングの第一歩・第二歩が無視されたままの観光振興策が国や地方自治体に推
進されつつあるとの思いが否定し難いからである。思い返してみれば、民主党政
権時代の事業仕分けで観光庁の観光圏整備事業は予算8割削減を言い渡された。
この事業はその後、着地型観光、プラットフォーム整備事業と名称を変えなが
ら、現在では本書の第7章第1節で触れたDMOに引き継がれている。これら
の基本的な発想は、地域が総ぐるみで努力すれば観光客はやって来るというもの
である。そこには流通への意識が欠落している。着地型観光の目覚ましい成功例
とされている（株）南信州観光公社は、第7章で詳述しているように、流通を理

解した上でのランドオペレーターの役割に徹していることが成功理由である。他の地域が同公社に学ぼうとしても、流通に注目していなければ、そして観光マーケティングの第一歩・第二歩に目を向けていなければ成功は覚束ない。

本書の執筆動機の二つ目は個人的なものである。

約20年間の旅行会社勤務で経験したことや、大学を定年退職するまでの観光研究の成果を自分なりに纏めておきたいという気持ちからである。これまで筆者が上梓してきた3冊の研究書と1冊の新書で明らかにしてきた日本人の旅行形態の分析や、マス・ツーリズムとスモール・ツーリズムの区分が、実は観光マーケティング研究の基本的、かつ必須の道筋ではないかと思い至ったからである。10年ほど前から参考文献に挙げているコトラーやアーカー、ケラー、あるいはシュミットやパインⅡ＆ギルモアの著書を読むにつけ、同感するところや違和感を感じる所以が自分の中で明らかになってきたことも大きかった。定年退職を機に自分なりに整理しておきたいと考えたのである。

二つの執筆動機の後者については自分自身の20代の頃を振り返ってみても思い当たるところがあった。

40年も前に旅行会社内ではいま筆者が主張している顧客の旅行形態による細分化を行なっていたのである。当時はもっぱら団体旅行に関してのことであるが、どの業種の企業がどのような旅行形態のツアーを出しているかを全国的な資料として内部で回覧していたのである。ある業種では招待旅行が、別の業種では組織内募集旅行が、また別の業種では報奨旅行を実施しているというように、ある地域で行なわれているその業種での旅行形態は、他の地域の営業担当社員にとってはとても参考になる情報だった。

観光形態の細分化については、さすがにその時代では今日のように多彩ではなかった。ただ、旅行会社の営業現場での旅行形態を細分化する手法については強く筆者の印象に残っている。もちろん、パッケージツアーを造成する箇所ではライフスタイルに合わせた商品造成も行なわれていたけれども、そのような個人に焦点を合わせたツアーだけで需要を拾いきれるはずはないのである。

今日、大都市や大手旅行会社、有力都市ホテルが力を入れているMICEにしても、旅行形態として明確なⅠのIncentive（報奨旅行）ばかりでなく、ロータ

あとがき　*237*

リークラブやライオンズクラブの国際大会、青年会議所の世界会議が該当する
C の Congress も組織内募集旅行となるのか仲間・親睦旅行になるのかを理解で
きなければマーケティングへの取り組みようもないはずである。E で意味される
Event と Exhibition の特に後者については本書でも若干触れているが、大規模
な見本市に関しては単に業務出張で旅行が発生するだけでなく組織内募集旅行と
して理解しなければ旅行会社であれ、地方自治体であれ、有力ホテルであれ、標
的マーケティングの絞りようがないであろう（MICE については拙著『新しい観
光の時代』を参照いただきたい）。

　以上、長々と述べてきたが、これまでの観光マーケティングの書物とはまった
く異なる視点で書かれていることをご理解いただければ幸いである。

　最後になるが、出版事情の厳しい折にもかかわらず、本書の意義を理解してい
ただき、出版の労を取って頂いた（株）大学教育出版の佐藤守氏には深く感謝す
る次第です。

　2016 年 5 月

吉田春生

■ 著者紹介

吉田　春生　（よしだ　はるお）

1947 年　名古屋生まれ

1970 年　大阪外国語大学（現：大阪大学外国語学部）ドイツ語学科卒
業、（株）日本交通公社（現：JTB）入社、約 20 年間勤務

2000 年　専門学校の非常勤講師を経て、この年より鹿児島国際大学勤
務（専門は観光論）

2016 年 3 月　同大学で生涯学習センター長、附属図書館長を併任、経
済学部教授を最後に定年退職

現在は名古屋在住

主な著書

『村上春樹、転換する』（1997　彩流社）

『エコツーリズムとマス・ツーリズム』（2003　大明堂）

『観光と地域社会』（2006　ミネルヴァ書房　日本観光研究学会「第
1 回学会賞　観光著作賞」受賞）

『新しい観光の時代』（2010　原書房）

『ツアー事故はなぜ起こるのか —— マス・ツーリズムの本質』（2014
平凡社新書）

など

観光マーケティングの現場
—— ブランド創出の理論と実践 ——

2016 年 8 月 30 日　初版第 1 刷発行

- ■ 著　者——吉田春生
- ■ 発 行 者——佐藤　守
- ■ 発 行 所——株式会社 **大学教育出版**
  〒 700-0953　岡山市南区西市 855-4
  電話（086）244-1268　FAX（086）246-0294
- ■ 印刷製本——モリモト印刷㈱

©Haruo Yoshida 2016, Printed in Japan

検印省略　　落丁・乱丁本はお取り替えいたします。

本書のコピー・スキャン・デジタル化等の無断複製は著作権法上での例外を除き禁じられ
ています。本書を代行業者等の第三者に依頼してスキャンやデジタル化することは、た
とえ個人や家庭内での利用でも著作権法違反です。

ISBN978 - 4 - 86429 - 356 - 3